《会计学》学习指导与案例实训

张巍　姚晖　袁广达　编

经济科学出版社

图书在版编目（CIP）数据

《会计学》学习指导与案例实训/张巍，姚晖，袁广达编．
—北京：经济科学出版社，2013.5
ISBN 978－7－5141－3147－5

Ⅰ.①会…　Ⅱ.①张…②姚…③袁…　Ⅲ.①会计学－高等学校－自学参考资料　Ⅳ.①F230

中国版本图书馆 CIP 数据核字（2013）第 056072 号

责任编辑：段　钢　卢元孝
责任校对：杨　海
版式设计：代小卫
责任印制：邱　天

《会计学》学习指导与案例实训
张　巍　姚　晖　袁广达　编
经济科学出版社出版、发行　新华书店经销
社址：北京市海淀区阜成路甲 28 号　邮编：100142
总编部电话：88191217　发行部电话：88191537
网址：www.esp.com.cn
电子邮件：esp@esp.com.cn
北京万友印刷有限公司印装
710×1000　16 开　16.75 印张　330000 字
2013 年 5 月第 1 版　2013 年 5 月第 1 次印刷
ISBN 978－7－5141－3147－5　定价：29.00 元
（图书出现印装问题，本社负责调换。电话：88191502）

前　言

《会计学》课程具有较强的实践性和应用性，在教学过程中给予学生适当的学习指导，并贯穿包括案例实训、真题测试在内的大量实践环节，是非常必要的。因此，为了适应经济、管理类专业学生及会计从业人员学习《会计学》课程，备考“会计从业资格”等考试的需要，我们编写了这本《〈会计学〉学习指导与案例实训》。

本书根据《会计学》课程相关教材、《企业会计准则2006》及其他相关会计法规进行编写。全书分为三个部分：第一部分“学习指导”，按章设计了学习目的与要求、主要内容讲解及重点提示等，进一步深化学生对《会计学》课程内容的掌握，有助于提升学生的学习效率。第二部分“案例实训”，提供了大量有针对性的案例，将理论学习与实践操作结合起来，有助于培养学生职业判断和分析、解决问题的能力。第三部分“真题测试”，提供了历年江苏省会计从业资格考试《会计基础》科目的试题，帮助学生在测试中消化吸收所学知识，有助于提高学生的应试能力。

本书具有强化专业理论知识及实践性、实战性强等特点。在注重提高学生对会计基础理论的理解和认识水平的基础上，强调通过实训案例的仿真性，将课堂理论讲授与会计核算实践相结合，真正培养、锻炼学生的动手能力和日后的专业岗位适应性。在实训案例的选择上突出形式的多样性和内容的典型性，并充分关注历年国家会计从业资格证书考试的题型、内容和难度。这样，不仅能够培养学生在实务中的实战能力，而且能够兼顾学生参加各类会计职业考试的应试能力。

本书由张巍负责编写，姚晖、袁广达在立意、结构安排等方面提供了大量的建设性意见。参与本书编写的还有孙薇、王南、钟念、戴悦、丁江贤等。

在本书的编写过程中，我们引用了媒体上的一些案例，以及会计从业资格考试的试题和会计网校的相关资料，在此一并表示感谢。

由于编者的理论水平和时间、精力的制约，本书不可避免地会存在一定的疏漏和不足，恳请读者不吝指出，以便能够在将来修订时予以订正。也真诚欢迎任何有益于提高本书质量的建议与批评。

张 巍

2013 年 2 月 18 日于南京

目　录

第一篇　学习指导

第二篇　案例实训

第三篇　真题测试

第一篇　学 习 指 导

第一章

总　论

一、学习目的与要求

通过本章的学习，了解会计产生和发展的主要历程；掌握会计本质、会计对象与会计职能；理解会计目标的两种主流观点，并掌握我国现行的财务会计报告目标以及会计核算基础；掌握会计核算基本前提和会计信息质量要求的具体内容；初步理解会计核算的专门方法及其相互之间的关系。

二、主要内容讲解

（一）会计的产生与发展

会计是适应管理生产的需要而产生的，其产生动因可以归结为：提高经济效益（以尽可能少的投入换取尽可能多的产出）。

会计的发展大致可以划分为以下三个阶段：

1. 古代会计阶段（15 世纪前）

文字产生前的"结绳记事"、"垒石计数"即为会计的雏形；在文字产生后的低生产力阶段，会计仅是生产的附带工作，而在高生产力阶段，会计逐渐从生产中分离出来，成为一项独立的职能。

2. 近代会计阶段（15 世纪至 20 世纪初）

近代会计阶段的两个里程碑式事件：

（1）1494 年，意大利数学家卢卡·帕乔利（Luca Pacioli）出版《算术、几何、比与比例概要》一书，系统描述了复式记账法，从而使复式记账法得以在世界各国传播，并促使会计学科形成。

（2）19 世纪至 20 世纪早期，英国工业革命爆发，股份有限公司这种新的企业组织形式应运而生。股份有限公司所有权与经营权分离的特征，产生了查核管理层受托责任履行情况的需要，从而导致独立会计师（注册会计师）的出现。1853 年，世界上第一个注册会计师专业团体——英国爱丁堡会计师协会成立。

3. 现代会计阶段（20 世纪 50 年代后）

一种新的以经营管理为中心的会计观——管理会计产生，是会计由近代阶段迈向现代阶段的标志。由此，财务会计与管理会计成为现代会计的两大基础分支。

在这一阶段，电子计算技术在会计领域得到广泛应用，会计学科日益成熟。

（二）会计的分类

1. 按会计所服务的对象分类

（1）财务会计：对外服务；

（2）管理会计：对内服务。

2. 按会计所服务的领域分类

（1）企业会计；

（2）非营利组织会计；

（3）政府会计。

本课程主要是以企业作为会计主体，阐述财务会计的基本原理。

（三）会计本质

理论界对于会计本质的理解存在两种主流观点：

1. 信息系统论：会计是一个经济信息系统

美国会计学家利特尔顿提出："会计的显著目的在于对一个企业的经济活动提供某种有意义的信息。"我国的余绪缨教授指出："根据当前的现实及其今后的发展，应把会计看做是一个信息系统，它主要是通过客观而科学的信息，为管理提供咨询服务。"

2. 管理活动论：会计是一种经济管理活动

20 世纪 80 年代初，我国的杨纪琬教授与阎达五教授共同提出并完善了会计管理论。

会计作为经济管理的重要组成部分，体现在：

（1）为管理的各个环节提供信息；

（2）直接参与管理（通过对资金与成本的核算）。

（四）会计对象

会计对象，即会计所要核算和监督的内容，可以归纳为"能够用货币表现的客观经济活动"。这意味着，一方面，会计选择了货币作为统一的计量尺度；另一方面，会计对象仅限于能够用货币表现的经济活动。

由于经济活动发生会引起企业各种财产物资的价值发生增减变动，这种增减变动即为资金运动。因此，也可以将会计对象归结为“企业的资金运动”。

（五）会计职能

会计职能，即会计在经济管理中所具有的功能或能够发挥的作用。

《中华人民共和国会计法》规定：会计的基本职能有两个：核算和监督。

1. 会计核算职能

会计核算：以货币为主要计量单位，通过确认、计量、记录、报告等环节，反映客观经济活动的情况，为有关各方提供会计信息。其本质为对经济活动的“反映”。

确认——是否记录、作为什么要素记录、何时记录。

计量——金额多少。

记录——记录在哪里，按照什么记账方法记录，记录什么内容。

报告——对日常会计记录进行汇总、分类整理后提供给使用者。

2. 会计监督职能

会计监督：通过专门的方法控制经济活动的运行，以实现预定目标。其本质为对经济活动的“控制”。

监督的标准为合法性与合理性，包括事前监督、事中监督和事后监督。

3. 会计核算与会计监督的关系

二者相辅相成：会计核算是会计监督的前提条件，会计监督是会计核算的质量保证。

（六）会计目标

会计的终极目标——提高经济效益。

关于会计核算目标的两种主流观点：

1. 决策有用观——向会计信息使用者提供对其决策有用的信息。

2. 受托责任观——向资源提供者（委托方）报告资源管理者（受托方）受托责任的履行情况。

我国现行的会计核算目标（财务会计报告目标）是：

《企业会计准则——基本准则》第一章总则第四条：企业应当编制财务会计报告。财务会计报告的目标是向财务会计报告使用者提供与企业财务状况、经营成果和现金流量等有关的会计信息，反映企业管理层受托责任履行情况，有助于财务会计报告使用者作出经济决策。

由此可见，我国现行的财务会计报告目标是对决策有用观和受托责任观的兼顾。

财务会计报告使用者（会计信息使用者）包括：

1. 内部使用者：管理层。

2. 外部使用者：投资者、债权人、政府及其有关部门、社会公众等。

（七）会计核算基础

1. 权责发生制

《企业会计准则——基本准则》第一章总则第九条：企业应当以权责发生制为基础进行会计确认、计量和报告。

权责发生制（应收应付制）：凡是当期已经实现的收入和已经发生或应当负担的费用，不论款项是否收付，都应当作为当期的收入和费用；凡是不属于当期的收入和费用，即使款项已在当期收付，也不应当作为当期的收入和费用。

收付实现制（实收实付制）：凡是当期收到和支付的款项，不论是否属于当期的收入和费用，都应当作为当期的收入和费用；凡是当期没有收到和支付的款项，即使属于当期已经实现的收入和已经发生或应当负担的费用，也不应当作为当期的收入和费用。

我国的行政单位采用收付实现制，事业单位除经营业务采用权责发生制外，其他业务也采用收付实现制。

权责发生制与收付实现制同为确认当期收入和费用的标准，不同的是，权责发生制以“应收应付”为标准，注重款项的“归属”而不论其是否实际收付；收付实现制则以“实收实付”为标准，注重款项的“实际收付”而不论其是否归属于本期。

2. 配比原则

配比原则：企业在进行会计核算时，收入与其成本、费用应当相互配比，同一会计期间内的各项收入与其相关的成本、费用，应当在该会计期间内确认。

遵循配比原则的目的是为了正确计算当期损益，配比包括因果配比（如产品销售收入与产品销售成本的配比）和时间配比（即同一期间的收入与该期间的费用相互配比）。

（八）会计核算基本前提

1. 会计主体

《企业会计准则——基本准则》第一章总则第五条：企业应当对其本身发生的交易或者事项进行会计确认、计量和报告。

这一规定划定了企业需要核算的交易或事项的范围，而这一范围的界定便与明确会计主体有关。所谓会计主体（会计实体、会计个体），即会计信息所反映的特定单位，它规范了会计工作的空间范围。

明确会计主体的意义：

（1）划定会计所要处理的各项交易或者事项的范围——该主体本身发生的交易或者事项。

（2）把握会计处理的立场——站在该主体的立场上进行会计核算。

（3）将会计主体的经济活动与会计主体所有者的经济活动区分开来。尽管该主体的经济活动与该主体所有者的经济活动都会影响到所有者的经济利益，但会计核算只以该主体的经济活动为限，而不涉及该主体所有者的经济活动。

会计主体与法律主体的区别：法律主体必然是会计主体，会计主体不一定是法律主体。

2. 持续经营

《企业会计准则——基本准则》第一章总则第六条：企业会计确认、计量和报告应当以持续经营为前提。

持续经营：在可以预见的将来，企业将会按当前的规模和状态继续经营下去，不会停业，也不会大规模削减业务。

明确持续经营前提的意义：会计人员可以在此基础上选择会计原则和会计方法。例如，计提固定资产折旧，将固定资产的原价扣除其预计净残值后的金额，按照确定的方法系统地分摊在固定资产的使用寿命之内，这一会计方法是以固定资产属于企业的长期资产为前提的，而长期资产的确认则需要以企业持续经营为前提。

3. 会计分期

《企业会计准则——基本准则》第一章总则第七条：企业应当划分会计期间，分期结算账目和编制财务会计报告。

会计分期：将一个企业持续经营的生产经营活动划分为一个个连续的、长短相同的期间。

进行会计分期的意义：定期结算盈亏，按期编制财务会计报告，及时向各方面提供有关企业财务状况、经营成果和现金流量的信息。

会计期间分为年度、半年度、季度和月度（均按公历起讫日期确定）。半年度、季度和月度均称为会计中期。所谓会计中期，是指短于一个完整的会计年度的报告期间。

4. 货币计量

《企业会计准则——基本准则》第一章总则第八条：企业会计应当以货币计量。

货币计量：会计核算采用货币作为计量单位。在我国，企业会计通常以人民币为记账本位币。业务收支以外币为主的企业，可以选定一种外币作为记账本位币，但是编报的财务会计报告应当折算为人民币。在境外设立的中国企业向国内报送的财务会计报告，应当折算为人民币。

货币计量的局限性：影响企业财务状况、经营成果和现金流量的因素，不是都能用货币计量的，例如，企业的经营战略、在消费者中的信誉度、企业的地理位置、企业的技术开发能力等，这些因素由于无法用货币计量而被排除在财务报表之外。为了弥补货币计量的局限性，要求企业采用一些非货币指标作为财务会计报告的补充。

（九）会计信息质量要求

1. 可靠性

《企业会计准则——基本准则》第二章会计信息质量要求第十二条：企业应当以实际发生的交易或者事项为依据进行会计确认、计量和报告，如实反映符合确认和计量要求的各项会计要素及其他相关信息，保证会计信息真实可靠、内容完整。

可靠性的质量特征包括：（1）真实性，即如实表达；（2）正确性，即符合确认和计量要求；（3）可验证性，即由独立的、专业和文化素养基本相同的人员，分别采用同一核算方法，对同一事项进行核算，能够得出相同的结果；（4）中立性，即会计核算应不偏不倚，不带主观成分。

2. 相关性

《企业会计准则——基本准则》第二章会计信息质量要求第十三条：企业提供的会计信息应当与财务会计报告使用者的经济决策需要相关，有助于财务会计报告使用者对企业过去、现在或者未来的情况作出评价或者预测。

相关性的质量特征包括：（1）预测价值，如果一项信息能够帮助决策者对未来事项的可能结果进行预测，则该信息具有预测价值；（2）反馈价值，如果一项信息能够帮助决策者验证或修正过去的决策，则该信息具有反馈价值。

3. 可理解性

《企业会计准则——基本准则》第二章会计信息质量要求第十四条：企业提供的会计信息应当清晰明了，便于财务会计报告使用者理解和使用。

财务会计报告使用者利用会计信息进行决策，是以理解会计信息为前提的，这就要求会计信息应当通俗易懂，清晰明了。

4. 可比性

《企业会计准则——基本准则》第二章会计信息质量要求第十五条：企业提供的会计信息应当具有可比性。同一企业不同时期发生的相同或者相似的交易或者事项，应当采用一致的会计政策，不得随意变更。确需变更的，应当在附注中说明。不同企业发生的相同或者相似的交易或者事项，应当采用规定的会计政策，确保会计信息口径一致、相互可比。

可比性应包括两个层面：

（1）纵向可比，即同一企业不同时期之间的会计信息相互可比。这就要求同一企业不同时期发生的相同或者相似的交易或者事项，应当采用一致的会计政策，不得随意变更。只有在以下两种情况下可以变更会计政策：一是依法变更，即法律、行政法规以及国家统一会计制度要求企业采用新的会计政策，则企业应当变更原会计政策；二是自行变更，即由于环境等的改变，导致企业按原会计政策提供的会计信息已不能恰当反映企业的财务状况、经营成果和现金流量等情况，则企业应当变更原会计政策，以保证会计信息的可靠性和相关性。企业应当在财务报表附注中披露会计政策变更的原因、内容、影响等信息。

（2）横向可比，即不同企业之间的会计信息相互可比。这就要求不同企业发生的相同或者相似的交易或者事项，应当采用规定的会计政策。

5. 实质重于形式

《企业会计准则——基本准则》第二章会计信息质量要求第十六条：企业应当按照交易或者事项的经济实质进行会计确认、计量和报告，不应仅以交易或者事项的法律形式为依据。

当交易或事项的外在法律形式与其内在经济实质不吻合时，会计核算应重实质而不是形式。例如，对企业融资租入固定资产业务的核算，就体现了实质重于形式原则。

融资租赁租期长（可占租赁资产使用寿命的大部分）、租金高（包括固定资产买价在内）但可以分期支付、租期满可以很低的名义价格留购从而取得固定资产的所有权等特点，决定该项业务的内在经济实质是，在租期内，与租赁资产有关的经济利益归承租企业享有，风险也由承租企业承担，从而承租企业对租赁资产具有实质控制权。而该项业务的外在法律形式是，在租期内，承租企业不具有租赁资产的所有权。在这种外在法律形式与内在经济实质不吻合的情况下，会计核算应当依据经济实质而不是法律形式，即企业应将融资租入的固定资产视为自有固定资产核算。

6. 重要性

《企业会计准则——基本准则》第二章会计信息质量要求第十七条：企业提供的会计信息应当反映与企业财务状况、经营成果和现金流量等有关的所有重要交易或者事项。

重要性原则的实质是将企业的交易或事项区分主次，对于重要交易或事项，应当严格按照规定程序和方法进行会计核算，而对于次要交易或事项，在不影响会计信息质量的前提下，可以适当简化核算。

坚持重要性原则，能够使提供会计信息的收益大于成本。因为对次要事项的简化核算可以降低核算成本，从而有利于收益大于成本。

评价项目的重要与否，很大程度上取决于会计人员的职业判断。一般来说，应当根据企业所处环境，从项目的性质和金额两方面加以判断。

7. 谨慎性

《企业会计准则——基本准则》第二章会计信息质量要求第十八条：企业对交易或者事项进行会计确认、计量和报告应当保持应有的谨慎，不应高估资产或者收益、低估负债或者费用。

谨慎性原则意味着企业应当预计可能发生的负债和费用，而不应当预计可能发生的资产和收入。企业按期估计资产减值损失（计入当期费用），同时计提资产减值准备（作为资产价值的抵减项目），体现了谨慎性原则。

但是，谨慎性并不意味着企业可以任意设置各种秘密准备，否则，就属于滥用谨慎性，应按照会计差错更正的要求进行相应的会计处理。

8. 及时性

《企业会计准则——基本准则》第二章会计信息质量要求第十九条：企业对于已经发生的交易或者事项，应当及时进行会计确认、计量和报告，不得提前或者延后。

及时性体现在：及时收集会计信息；及时处理会计信息；及时传递会计信息。

（十）会计核算方法

会计核算方法包括：

1. 设置账户；
2. 复式记账；
3. 填制和审核凭证；
4. 登记账簿；
5. 成本计算；
6. 财产清查；
7. 编制会计报表。

在本章中，只需初步了解这七种会计核算方法，从第三章开始则是对这七种方法的系统学习，这也正是本课程的核心内容之所在。

三、重点提示

本章的重点内容包括：会计本质；会计对象；会计职能；会计目标；会计核算基础；会计核算基本前提；会计信息质量要求。

第二章

会计要素

一、学习目的与要求

通过本章的学习，掌握各会计要素的定义、特征、分类和主要内容，理解会计确认的含义、确认基础和确认标准，理解会计计量的含义、计量单位和计量属性。

二、主要内容讲解

（一）会计要素的含义及分类

会计要素是对会计对象进行的基本分类，是会计核算对象的具体化，是会计用于反映会计主体财务状况、确定经营成果的基本单位。

如前所述，会计对象是能够用货币表现的客观经济活动。但是，这一表述笼统而不具体，于是可将企业的经济活动划分为几个方面，使其得以具体化，由此产生了会计要素。

《企业会计准则——基本准则》第一章总则第十条：企业应当按照交易或者事项的经济特征确定会计要素。会计要素包括资产、负债、所有者权益、收入、费用和利润。

会计要素可以分为两类：

1. 反映财务状况的会计要素

财务状况是指企业一定日期的资产、负债及所有者权益的情况，是资金运动相对静止状态的表现。因此，反映财务状况的要素包括资产、负债和所有者权益，也称为静态会计要素。

2. 反映经营成果的会计要素

经营成果是指企业在一定时期内从事生产经营活动所取得的最终成果，是资金运动显著变动状态的主要体现。经营成果即利润（或亏损），而利润不能独立存在，是对收入和费用进行计量的结果。因此，反映经营成果的要素包括收入、费用和利润，也称为动态会计要素。

（二）资产

1. 资产的定义和特征

《企业会计准则——基本准则》第三章资产第二十条：资产是指企业过去的交易或者事项形成的、由企业拥有或者控制的、预期会给企业带来经济利益的资源。

资产具有以下特征：

（1）资产是过去的交易或者事项形成的。企业过去的交易或者事项包括购买、生产、建造行为或其他交易或者事项。预期在未来发生的交易或者事项不形成资产。这一特征强调资产的“现实性”。

（2）资产是由企业拥有或者控制的。由企业拥有或者控制，是指企业享有某项资源的所有权，或者虽然不享有某项资源的所有权，但该资源能被企业所控制（如融资租入固定资产）。

（3）资产最重要的特征，是预期会给企业带来经济利益。预期会给企业带来经济利益，是指直接或者间接导致现金和现金等价物流入企业的潜力。反之，不能给企业带来未来经济利益的项目，不能确认为资产；丧失给企业带来未来经济利益能力的原资产项目，应当从资产中予以剔除。

2. 资产的分类

资产按照流动性（即变现能力）可以分为：

（1）流动资产

资产满足下列条件之一的，应当归类为流动资产：

①预计在一个正常营业周期中变现、出售或耗用。不同行业的企业正常营业周期的长短不同，但只要能在企业一个正常营业周期以内变现的资产即为流动资产。

②主要为交易目的而持有，如交易性金融资产。

③预计在资产负债表日起一年内（含一年）变现。

④自资产负债表日起一年内，交换其他资产或清偿负债的能力不受限制的现金或现金等价物。

流动资产主要包括库存现金、银行存款、交易性金融资产、应收及预付款、存货等。

（2）非流动资产

流动资产以外的资产应当归类为非流动资产。

非流动资产主要包括长期股权投资、固定资产、无形资产等。

3. 资产的确认条件

《企业会计准则——基本准则》第三章资产第二十一条：符合本准则第二十

条规定的资产定义的资源，在同时满足以下条件时，确认为资产：

（1）与该资源有关的经济利益很可能流入企业；

（2）该资源的成本或者价值能够可靠地计量。

4. 主要的资产项目

（1）库存现金：保管在企业出纳人员手中的现金，这部分现金有一个最高额度，即库存现金限额，由企业根据3～5天的日常零星现金开支的需要确定（边远地区和交通不发达地区最多不超过15天），并报经开户银行核准。企业的库存现金若超过限额，超过部分必须在当天或次日上午解存银行；企业若需要补充库存现金，必须签发现金支票，向银行提取现金。企业必须严格按照《现金管理暂行条例》规定的8个使用范围支用现金。凡不符合该支付范围的，应通过银行办理转账结算。

（2）银行存款：企业存入银行或其他金融机构的各种款项。企业根据业务需要，在其所在地银行开设账户，运用所开设的账户，进行存款、取款以及各种收支转账业务的结算。

（3）交易性金融资产：即短期证券投资，是企业为了近期内出售而持有的金融资产，企业持有交易性金融资产的主要目的，是为了从其价格的短期波动中获利。

（4）应收票据：企业因销售商品、提供劳务等而收到的商业汇票，该票据是对方的一种付款承诺。商业汇票具有一定期限（最长6个月），待票据到期，企业可向付款人收取票款。

（5）应收账款：企业因销售商品、提供劳务等经营活动应向购货单位或接受劳务单位收取的款项。其形成原因与应收票据相同，但显然应收票据对企业更有收款保障。

（6）预付账款：企业按照购货合同规定预付给供应单位的款项。虽然是企业已经支付的款项，但其与应收票据和应收账款一样，同为企业的债权，因为对方将来需以商品偿付。尽管其形成也是基于商品交易，但与应收票据、应收账款不同的是，在应收票据和应收账款结算下，企业是商品交易的销售方，并且债权形成时商品交易已经成立，而在预付账款结算下，企业是商品交易的购买方，并且债权形成时商品交易尚未成立。

（7）存货：包括原材料、在产品（未完工，未入库）、半成品（未完工，已入库）、产成品（已完工，已入库）、包装物（为了包装本企业商品而储备的各种包装容器，如桶、箱、瓶、坛、袋等）、低值易耗品（不能作为固定资产的各种用具物品，如工具、管理用具、玻璃器皿、劳动保护用品，其特点是单位价值较低，或使用期限相对于固定资产较短）。

（8）长期股权投资：企业准备长期持有的权益性投资，包括购入的股票和其他股权投资等。

(9) 固定资产：有形资产；可供企业长期使用，使用寿命超过一个会计年度；为生产商品、提供劳务、出租或经营管理而持有，不以投资和销售为目的；具有可衡量的未来经济利益。如厂房、机器设备、运输工具等。

(10) 无形资产：不具有实物形态；属于非货币性长期资产；持有目的是生产商品、提供劳务、出租给他人、或是用于企业的管理而不是其他方面；能够给企业提供的未来经济效益的大小具有较大的不确定性。主要包括专利权、非专利技术、商标权、著作权、土地使用权、特许权等。

(三) 负债

1. 负债的定义和特征

《企业会计准则——基本准则》第四章负债第二十三条：负债是指企业过去的交易或者事项形成的、预期会导致经济利益流出企业的现时义务。

负债具有以下特征：

(1) 负债是由过去的交易或事项形成的。

(2) 负债是企业承担的现时义务。

现时义务是指企业在现行条件下已承担的义务。未来发生的交易或者事项形成的义务，不属于现时义务，不应当确认为负债。

(3) 负债的清偿预期会导致经济利益流出企业（交付资产或提供劳务）。

2. 负债的分类

负债按照流动性（即偿还期限长短）可以分为：

(1) 流动负债

负债满足下列条件之一的，应当归类为流动负债：

①预计在一个正常营业周期中清偿。

②主要为交易目的而持有。如交易性金融负债。

③自资产负债表日起一年内到期应予以清偿。

④企业无权自主地将清偿推迟至资产负债表日后一年以上。

流动负债主要包括短期借款、应付票据、应付账款、预收账款、应付职工薪酬、应交税费、应付股利等。

(2) 非流动负债

流动负债以外的负债应当归类为非流动负债。

非流动负债主要包括长期借款、应付债券、长期应付款等。

3. 负债的确认条件

《企业会计准则——基本准则》第四章负债第二十四条：符合准则规定的负债定义的义务，在同时满足以下条件时，确认为负债：

（1）与该义务有关的经济利益很可能流出企业；

（2）未来流出的经济利益的金额能够可靠地计量。

4. 主要的负债项目

（1）短期借款：企业向银行或其他金融机构等借入的期限在一年以下（含一年）的各种款项。债权人不仅包括银行，还包括其他非银行金融机构；借款期限较短；到期时不仅要归还借款本金，还应支付相应的利息。

（2）应付票据：企业购买材料、商品和接受劳务供应等而开出、承兑的商业汇票，该票据是企业的一种付款承诺。商业汇票具有一定期限（最长6个月），待票据到期，付款人需向收款人支付票款。

（3）应付账款：企业因购买材料、商品和接受劳务供应等经营活动而应支付的款项。其形成原因与应付票据相同。

（4）预收账款：企业按照合同规定预收的款项。虽然是企业已经收到的款项，但其与应付票据和应付账款一样，同为企业的债务，因为企业将来需以商品偿付对方。尽管其形成也是基于商品交易，但与应付票据、应付账款不同的是，在应付票据和应付账款结算下，企业是商品交易的购买方，并且债务形成时商品交易已经成立，而在预收账款结算下，企业是商品交易的销售方，并且债务形成时商品交易尚未成立。

（5）应付职工薪酬：企业为获得职工提供的服务而给予各种形式的报酬以及其他相关支出。职工薪酬包括：职工工资、奖金、津贴和补贴；职工福利费；医疗保险费、养老保险费、失业保险费、工伤保险费和生育保险费等社会保险费；住房公积金；工会经费和职工教育经费；非货币性福利；因解除与职工的劳动关系给予的补偿；其他与获得职工提供的服务相关的支出。

（6）应交税费：企业按照税法等规定计算应交纳的各种税费。包括：增值税；消费税；营业税；资源税；所得税；土地增值税；城市维护建设税；房产税；土地使用税；车船税；个人所得税；教育费附加；矿产资源补偿费等。

（7）应付股利：企业经董事会或股东大会，或类似机构决议确定分配的现金股利或利润。

（8）长期借款：企业向银行或其他金融机构借入的期限在一年以上（不含一年）的各项借款。

（9）应付债券：企业为筹集长期资金而发行的一年期以上债券。

（10）长期应付款：企业除长期借款和应付债券以外的其他各种长期应付款项。如应付融资租入固定资产的租赁费。

（四）所有者权益

1. 所有者权益的定义和特征

《企业会计准则——基本准则》第五章所有者权益第二十六条：所有者权益

是指企业资产扣除负债后由所有者享有的剩余权益。即资产－负债＝所有者权益。公司的所有者权益又称为股东权益。

所有者权益较之债权人权益具有以下特征：

（1）除非发生减资、清算，企业不需要偿还所有者权益，而负债必须偿还。

（2）企业清算时，只有在清偿所有的负债后，所有者权益才返还给所有者。即所有者权益后于债权人权益。

（3）所有者凭借所有者权益能够参与企业利润的分配，而债权人权益则是要求企业还本付息。

2. 所有者权益的构成

《企业会计准则——基本准则》第五章所有者权益第二十七条：所有者权益的来源包括所有者投入的资本、直接计入所有者权益的利得和损失、留存收益等。

（1）投入资本：包括实收资本（股份公司为股本）和资本公积。

实收资本：投资者按照企业章程或合同、协议的约定，实际投入企业的资本。投资者可以用现金投资，也可以用现金以外的其他有形资产投资；符合国家规定比例的，还可以用无形资产投资。实收资本为法定资本，应当与注册资本相一致。

资本公积：主要来源为资本溢价和股本溢价。资本溢价，是企业收到的投资者出资额超过其在注册资本中所占份额的部分。股本溢价，是在企业溢价发行股票的情况下，发行股票所取得的收入超过股票面值总额的溢价部分。

（2）直接计入所有者权益的利得和损失：不应计入当期利润，而是直接计入所有者权益（资本公积）的利得和损失。

（3）留存收益：企业从历年实现的利润中提取或形成的留存于企业的内部积累。包括盈余公积和未分配利润。留存收益的目的，一是固本培元，满足企业扩大再生产的资金需要；二是未雨绸缪，弥补企业未来可能发生的亏损。

盈余公积：包括法定盈余公积和任意盈余公积。法定盈余公积，是指企业按照规定的比例从净利润中提取的盈余公积。根据我国公司法的规定，公司制企业应按照净利润的10%提取法定盈余公积。任意盈余公积，是指企业经股东大会或类似机构批准按照规定的比例从净利润中提取的盈余公积。法定盈余公积与任意盈余公积的区别在于，前者依据国家有关法规提取，提取比例是法定的，而后者由企业自行决定提取，提取比例也由企业自行决定。盈余公积的主要用途是弥补亏损和转增资本等。

未分配利润：有两层含义，一是留待以后年度处理的利润；二是未指定用途的利润。其在数量上等于期初未分配利润加上本期实现的净利润、减去本期分配出去的净利润。

（五）收入

1. 收入的定义和特征

《企业会计准则第 14 号——收入》第一章总则第二条：收入，是指企业在日常活动中形成的、会导致所有者权益增加的、与所有者投入资本无关的经济利益的总流入。

收入具有以下特征：

（1）收入是从企业的日常活动中产生的，而不是从偶发的交易或事项中产生的。

现行准则规定，日常活动，是指企业为完成其经营目标所从事的经常性活动以及与之相关的活动。

我国的收入概念是狭义的，不包括利得。收入与利得的主要区别在于，收入是源于日常活动的经济利益流入，而利得是源于偶发交易或事项的经济利益流入。

（2）收入可能表现为企业资产的增加或负债的减少，或者二者兼而有之。

（3）收入会导致企业所有者权益的增加。

依据资产 - 负债 = 所有者权益这一会计等式，结合收入的第二个特征，便可得出收入的这一特征。反之，不符合这一特征的，不能确认为收入。

《企业会计准则第 14 号——收入》第一章总则第二条：企业代第三方收取的款项，应当作为负债处理，不应当确认为收入。如旅行社代收门票款，导致负债形成，所有者权益并未增加，因此不能确认为其收入。

（4）收入不包括所有者向企业投入资本导致的经济利益流入。

2. 收入的分类

（1）按照企业所从事日常活动的性质，收入可以分为销售商品收入、提供劳务收入和让渡资产使用权收入（包括让渡现金资产使用权获得的利息收入、让渡无形资产使用权获得的使用费收入等）。

（2）按照日常活动在企业中所处的地位，收入可以分为主营业务收入和其他业务收入。主营业务收入即主业给企业带来的收入，如制造业企业的产品销售收入，其在收入中所占比重较大。其他业务收入即副业给企业带来的收入，如制造业企业的材料销售收入，其在收入中所占比重较小。

（六）费用

1. 费用的定义和特征

《企业会计准则——基本准则》第七章费用第三十三条：费用，是指企业在日常活动中发生的、会导致所有者权益减少的、与向所有者分配利润无关的经济利益的总流出。

费用具有以下特征：

（1）费用是企业在日常活动中发生的经济利益的流出，而不是偶发的交易或事项中发生的经济利益的流出。

我国的费用概念是狭义的，不包括损失。费用与损失的主要区别在于，费用是由日常活动引起的经济利益流出，而损失是由偶发交易或事项引起的经济利益流出。

（2）费用可能表现为资产的减少或负债的增加，或者二者兼而有之。

（3）费用会导致所有者权益的减少。

依据资产－负债＝所有者权益这一会计等式，结合费用的第二个特征，便可得出费用的这一特征。

（4）费用不包括向所有者分配利润导致的经济利益流出。

2. 费用的分类

费用按照经济用途进行分类，首先划分为应计入产品成本、劳务成本的费用和不应计入产品成本、劳务成本的费用两大类。

（1）应计入产品成本、劳务成本的费用：与生产产品或提供劳务有关的费用，故应计入产品成本或劳务成本。可继续划分为直接费用和间接费用。

直接费用：通常与某种产品相联系，发生后可直接计入该产品的生产成本。包括直接材料费用、直接人工费用和其他直接费用。

间接费用：即制造费用，通常与几种产品相联系，发生后无法计入产品的生产成本，月末需按照一定方法对其进行分配后，再转入相关产品的生产成本。如生产车间一般性消耗材料、车间管理人员的工资、车间用固定资产的折旧等。

（2）不应计入产品成本、劳务成本的费用：与生产产品或提供劳务无关的费用，故不应计入产品成本或劳务成本。其通常与某一会计期间相联系，称为期间费用。可继续划分为销售费用、管理费用和财务费用。

销售费用：企业在销售商品和材料、提供劳务的过程中发生的各项费用，如广告费、展览费等。

管理费用：企业为组织和管理生产经营所发生的各种费用，如管理部门一般性消耗材料、管理部门的人员工资、管理部门用固定资产的折旧等。

财务费用：企业为筹集生产经营所需资金等而发生的筹资费用，如向银行借款的利息费用等。

（七）利润

1. 利润的定义

《企业会计准则——基本准则》第八章利润第三十七条：利润是指企业在一定会计期间的经营成果。利润包括收入减去费用后的净额、直接计入当期利润的利得和损失等。

2. 利润的构成

（1）营业利润：源于日常活动，在数量上等于收入减去费用。

营业利润 = 营业收入 - 营业成本 - 营业税金及附加 - 销售费用 - 管理费用 - 财务费用 - 资产减值损失 +/- 公允价值变动损益 +/- 投资损益

营业收入 = 主营业务收入 + 其他业务收入

营业成本 = 主营业务成本 + 其他业务成本

（2）利润总额：源于日常活动和偶发交易或事项，在数量上等于收入减去费用，加上利得，减去损失。

利润总额 = 营业利润 + 营业外收入 - 营业外支出

（3）净利润：即税后利润。

净利润 = 利润总额 - 所得税费用

（八）会计确认

1. 会计确认的含义

美国财务会计准则委员会在第 5 号《财务会计概念公告》中把确认定义为“是将某一项目，作为一项资产、负债、营业收入、费用等正式记入或列入某一主体的财务报表的过程。它包括同时用文字和数字表达某一项目，其金额包括在财务报表的合计数中。对于一项资产或负债，确认不仅要记录该项目的取得或发生，而且要记录随后的变动，包括导致该项目从财务报表上予以剔除的变动。”

会计确认实际上是分两次进行的，第一次解决会计的记录问题，称为初始确认；第二次解决财务报表的披露问题，称为再确认。

初始确认是将某项业务记作某会计要素或项目，其首要解决的问题是，确定企业各项经济业务产生的经济数据哪些应在复式簿记系统中记录。初始确认要解决的第二个问题是，要记入会计信息系统的经济数据，应在何时、记入何种会计科目。通过初始确认，将会计信息记录到各个账户中，即形成账簿中的会计信息。

从账簿中的会计信息到财务报告信息，是财务会计加工信息的第二阶段，也就是会计再确认。

以上关于会计确认的含义，在目前的知识储备下恐怕难以理解，待后续内容陆续跟进，这一问题即可迎刃而解。

2. 会计确认的基础

会计确认的基础，主要是确认的时间基础。在传统的会计理论和实务中，可选择的确认基础一般有两个：权责发生制和收付实现制。长期以来，世界各国普遍将权责发生制作为财务报表的确认基础，我国亦如此。

有关权责发生制和收付实现制的内容，已在第一章有所阐述，这里不再赘述。

3. 会计确认的标准

美国财务会计准则委员会在第 5 号《财务会计概念公告》中提出了会计确认

的四个标准：(1) 可定义性，即符合某会计要素的定义；(2) 可计量性，即金额能够可靠计量；(3) 相关性，同第一章“会计信息质量要求”中的相关性；(4) 可靠性，同第一章“会计信息质量要求”中的可靠性。

(九) 会计计量

企业在将符合确认条件的会计要素登记入账并列报于会计报表及其附注时，应当按照规定的会计计量属性进行计量，确定其金额。会计计量是一个模式，由两个要素构成，即计量单位和计量属性。

1. 计量单位

计量单位，是指对计量对象量化时采用的具体标准。对会计计量来说，是以货币作为其主要计量单位。为了满足会计信息的决策有用性，产生了名义货币计量单位和一般购买力货币计量单位两种计量单位供企业选择。

名义货币计量单位，是指各国主要流通货币的法定单位，如美国的美元、我国的人民币等。按名义货币计量单位计量时，对货币购买力随着时间的推移而发生的变动不做任何调整都采用法定的货币单位，因此也称作“变动的货币单位”。

一般购买力货币单位，是指以各国货币的一般购买力或实际交换比率作为计量单位。按一般购买力货币单位计量时，应当对不同时期货币购买力的变动加以调整，使不同时期的货币保持在不变的计量基础上，因此也称作“不变货币单位”。

在不存在恶性通货膨胀的情况下，一般都以名义货币作为会计的计量单位。

2. 计量属性

计量属性，是指被计量对象的特性或外在表现形式，即予以被计量对象数量化的特征。

《企业会计准则——基本准则》第九章会计计量第四十二条：会计计量属性主要包括：

(1) 历史成本，是指购置资产时支付的现金或者现金等价物的金额，或者购置资产时所付出的对价的公允价值。

(2) 重置成本，是指现在购买相同或者相似资产所需支付的现金或者现金等价物的金额。

(3) 可变现净值，是指资产正常对外销售所能收到现金或者现金等价物的金额扣减该资产至完工时估计将要发生的成本、估计的销售费用以及相关税费后的金额。

(4) 现值，是指预计从资产的持续使用和最终处置中所产生的未来净现金流入量的折现金额。

(5) 公允价值，是指在公平交易中，熟悉情况的交易双方自愿进行资产交换或者债务清偿的金额。

《企业会计准则——基本准则》第九章会计计量第四十三条：企业在对会计要素进行计量时，一般应当采用历史成本，采用重置成本、可变现净值、现值、公允价值进行计量的，应当保证所确定的会计要素金额能够取得并可靠计量。

三、重点提示

本章的重点内容包括：资产的定义、特征、分类和主要项目；负债的定义、特征、分类和主要项目；所有者权益的定义、特征和构成项目；收入的定义、特征和分类；费用的定义、特征和分类；利润的定义和构成。

第三章

会计科目、账户与会计等式

一、学习目的与要求

通过本章的学习，掌握会计恒等式、经济业务及其对会计恒等式的影响；掌握会计科目的含义和分类，理解设置会计科目的原则；掌握账户的含义和分类，重点掌握借贷记账法下各种性质账户的结构。

二、主要内容讲解

（一）会计恒等式

会计恒等式：反映会计要素之间在数量上平衡关系的等式，包括会计基本恒等式和会计扩展恒等式。

1. 会计基本恒等式

资产 = 负债 + 所有者权益

企业资产的来源无外乎两个方面：一是向债权人借入，由此产生债权人对企业资产的要求权（还本付息），这便是债权人权益，即企业负债；二是由所有者投入，由此产生所有者对企业资产的要求权（参与利润分配），这便是所有者权益。于是，资产 = 负债 + 所有者权益。

会计基本恒等式的变形：

资产 - 负债 = 所有者权益（净资产），这一变形等式不仅在金额上成立，而且具有经济意义。

资产 - 所有者权益 = 负债，这一变形等式仅仅在金额上成立，却不具有经济意义。

2. 收入、费用和利润的关系

收入 - 费用 = 利润（或亏损）

3. 扩展的会计恒等式

因为利润由所有者分享，亏损由所有者负担。所以利润使所有者权益增加，亏损使所有者权益减少。

由此，扩展的会计恒等式为：

资产 = 负债 + 所有者权益 + 利润

或资产 = 负债 + 所有者权益 +（收入 − 费用）

注意，这一扩展等式不符合数学规律，但具有会计学上的意义。

（二）经济业务及其对会计恒等式的影响

经济业务：企业生产经营过程中发生的、能够引起会计要素增减变化的事项，会计上通常称为会计事项。

企业发生的经济业务，从其对基本会计恒等式的影响来看，不外乎 9 种类型（注意，企业的经济业务种类繁多，这“9 种类型”的得出，是以会计恒等式的成立为前提，依据经济业务发生引起的三个要素增减变动情况，从数学角度推导而来）：

1. 发生的经济业务，使得资产和负债有关项目同时等额增加。如，企业购买机器设备一台，价值 3 万元，款项尚未支付。这项经济业务使得一项资产（固定资产）和一项负债（应付账款）同时增加 3 万元。

2. 发生的经济业务，使得资产和所有者权益有关项目同时等额增加。如，企业收到外单位的投资款 60 万元，存入银行账户。这项经济业务使得一项资产（银行存款）和一项所有者权益（实收资本）同时增加 60 万元。

3. 发生的经济业务，使得资产和负债有关项目同时等额减少。如，企业用银行存款 20 万元归还银行临时性贷款。这项经济业务使得一项资产（银行存款）和一项负债（短期借款）同时减少 20 万元。

4. 发生的经济业务，使得资产和所有者权益有关项目同时等额减少。如，企业用银行存款退还外单位投资款 10 万元。这项经济业务使得一项资产（银行存款）和一项所有者权益（实收资本）同时减少 10 万元。

5. 发生的经济业务，使得资产内部有关项目同时等额增减。如，企业从银行提取现金 2 万元。这项经济业务使得一项资产（库存现金）增加 2 万元，另一项资产（银行存款）同时减少 2 万元。

6. 发生的经济业务，使得负债有关项目金额增加，所有者权益有关项目同时等额减少。如，某投资单位委托企业偿还购货款 5 万元作为其投资的抽回，企业尚未支付。这项经济业务使得一项负债（应付账款）增加 5 万元，一项所有者权益（实收资本）同时减少 5 万元。

7. 发生的经济业务，使得所有者权益有关项目金额增加，负债有关项目同时等额减少。如，将企业欠外单位的货款5万元转作对企业的投资。这项经济业务使得一项所有者权益（实收资本）增加5万元，一项负债（应付账款）同时减少5万元。

8. 发生的经济业务，使得负债内部有关项目同时等额增减。如，企业从银行借入半年期贷款8万元，用于偿还前欠外单位货款。这项经济业务使得一项负债（短期借款）增加8万元，另一项负债（应付账款）同时减少8万元。

9. 发生的经济业务，使得所有者权益内部有关项目同时等额增减。如，企业同意乙公司将其投资1万元转让给甲公司。这项经济业务使得一项所有者权益（实收资本——甲公司）增加1万元，另一项所有者权益（实收资本——乙公司）同时减少1万元。

以上9种类型的经济业务，尽管会引起会计要素的增减变动，但不会破坏会计等式的平衡，变动以后等式依然成立，故称为会计恒等式。

（三）会计科目

1. 会计科目的含义

会计科目：对会计要素按照其经济内容所作的进一步分类的标志或名称。例如，对资产按照不同经济内容，可以进一步分为银行存款、原材料、固定资产等，则每一类资产的名称如“银行存款”、“原材料”、“固定资产”即为会计科目。

2. 会计科目的分类

（1）按反映的经济内容分类，会计科目可以分为资产类、负债类、所有者权益类、成本类和损益类（包括收入类和费用类）会计科目。这种分类方式，基本上与会计要素的划分是一致的。

（2）按反映经济内容的详细程度分类，会计科目可以分为总分类会计科目（也叫总账科目或一级科目）和明细分类会计科目（简称明细科目）。总分类科目是对经济内容的总括反映，提供总括指标；明细科目则是对经济内容的具体说明，提供详细指标。

例如，原材料——甲材料，其中“原材料”为总分类科目，反映库存所有原材料，“甲材料”为明细科目，反映库存原材料中的甲材料而非其他材料。再如，应付账款——华联公司，其中“应付账款”为总分类科目，反映所有应付未付的购货款，“华联公司”为明细科目，反映应付账款中应付华联公司的账款而非其他单位。

总分类科目与明细科目之间关系密切，总分类科目控制、统驭着明细科目，明细科目则辅助、从属于总分类科目。

当某一总分类会计科目所属的明细分类会计科目较多时，可以在总分类会计科目和明细分类会计科目之间增设二级科目。

3. 设置会计科目的原则

（1）根据企业会计准则和国家统一会计制度的要求设置会计科目体系（国家统一会计制度明确规定了总分类会计科目及其编号，而明细分类会计科目则由企业根据自身情况设置）。

（2）全面、完整地反映企业的经济活动。

（3）统一性与灵活性相结合，充分反映行业特点和企业特点。

（4）满足企业内外会计信息使用者的要求。

在本章的学习过程中，要熟悉教材所列会计科目表中的常用会计科目，理解其所反映的经济内容，为后续学习做好准备。

（四）账户

1. 账户的含义

账户：按照会计科目设置的、登记会计要素增减变动及其结果的特定结构。

会计科目与账户的关系：

联系——二者一一对应，反映相同的经济内容，会计科目就是账户的名称。

区别——会计科目没有结构，账户有一定结构。

例如，“银行存款”是一个资产类会计科目，对应着一个“银行存款”账户，在该账户中登记银行存款的增减变动及其结果。

2. 账户的分类

（1）按反映的经济内容分类，账户可以分为资产类、负债类、所有者权益类、成本类和损益类（包括收入类和费用类）账户。

（2）按反映经济内容的详细程度分类，账户可以分为总分类账户（也叫总账账户或一级账户）和明细分类账户（简称明细账户）。总分类账户用于登记总括指标的增减变动及其结果，明细账户用于登记详细指标的增减变动及其结果。

例如，原材料——甲材料，其中“原材料”为总分类账户，用于登记库存所有原材料的增减变动及其结果，“甲材料”为明细账户，用于登记库存原材料中甲材料的增减变动及其结果而非其他材料。再如，应付账款——华联公司，其中“应付账款”为总分类账户，用于登记所有应付账款的增减变动及其结果，“华联公司”为明细账户，用于登记应付账款中应付华联公司账款的增减变动及其结果而非其他单位。

总分类账户与明细账户之间关系密切，总分类账户控制、统驭着明细账户，明细账户则辅助、从属于总分类账户。

3. 账户的结构

完整的账户结构应包括：①账户的名称（会计科目）；②登账的日期；③凭证种类和号数（登账的依据）；④经济业务内容摘要；⑤增加额、减少额和余额。

这一结构存在于账簿之中，即账簿中的账页格式。如表 3－1 所示。

表 3－1　　完整账户结构

账户名称（会计科目）

年		凭证		摘要	借方	贷方	借或贷	余额
月	日	种类	号数					

教学中多采用账户的简化结构——T 型账户，包括：①账户的名称；②增加额、减少额和余额。如图 3－1 所示。

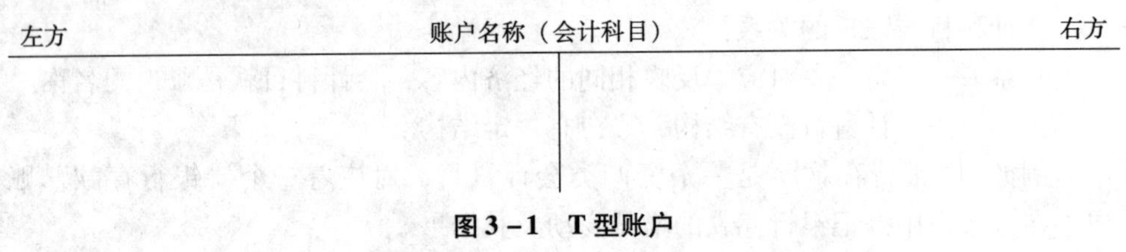

图 3－1　T 型账户

4. 借贷记账法下的账户结构

借贷记账法下的 T 型账户，如图 3－2 所示。

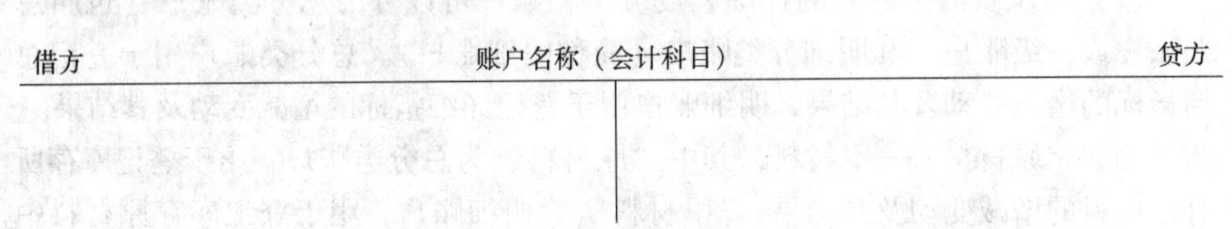

图 3－2　借贷记账法下的 T 型账户

其中，借、贷双方分别按相反方向登记增加额和减少额。具体哪一方登记增加额、哪一方登记减少额，取决于账户的性质。

账户中的相关金额：

本期发生额，是指一定时期（如月度、季度或年度）内账户所登记的增加或减少金额的合计，包括本期借方发生额和本期贷方发生额。

期末余额，是指本期增加额和减少额的差额，包括借方余额和贷方余额，并且余额总是与记录的增加额在同一方向。本期的期末余额结转下期，即为下期的期初余额。

（1）资产类账户的结构

资产类账户的结构是：借方登记资产的增加额，贷方登记资产的减少额，期末余额和期初余额均在账户的借方。资产的这种结构纯属会计惯例。如图 3 – 3 所示。

资产类账户

借方	贷方
期初余额	
本期增加额	本期减少额
本期发生额	本期发生额
期末余额	

图 3 – 3　资产类账户结构

（2）负债和所有者权益类账户的结构

根据会计恒等式，可以推导出负债和所有者权益类账户的结构应当与资产类账户的结构相反，即贷方登记负债和所有者权益的增加额，借方登记负债和所有者权益的减少额，期末余额和期初余额均在账户的贷方。如图 3 – 4 所示。

负债及所有者权益类账户

借方	贷方
	期初余额
本期减少额	本期增加额
本期发生额	本期发生额
	期末余额

图 3 – 4　负债及所有者权益类账户结构

（3）损益类账户的结构

根据收入的特征（收入会导致所有者权益增加），可以推导出收入类账户的结构应当与所有者权益类账户的结构相似，即贷方登记收入的增加额，借方登记收入的减少额。

根据费用的特征（费用会导致所有者权益减少），可以推导出费用类账户的结构应当与所有者权益类账户的结构相反，即借方登记费用的增加额，贷方登记费用的减少额。

由于收入和费用最终要用来确定利润。因此，收入类账户和费用类账户借、贷方发生额的差额期末要结转至“本年利润”账户，正是这种结转使得收入类账户和费用类账户无期末余额。如图 3 – 5 和图 3 – 6 所示。

借方	收入类账户 贷方
本期减少额	本期增加额
结转本期借、贷方发生额的差额	本期借、贷方发生额的差额

图3-5 收入类账户结构

借方	费用类账户 贷方
本期增加额	本期减少额
本期借、贷方发生额的差额	结转本期借、贷方发生额的差额

图3-6 费用类账户结构

(4) 成本类账户的结构

由于成本就是对象化了费用，因此成本类账户的结构与费用类账户的结构基本相同，即借方登记成本的增加额，贷方登记成本的减少额。与费用类账户的结构不同的是，如果期末尚未完成某一阶段生产经营活动，成本类账户则会出现借方余额。

以“生产成本”账户为例，期末存在两种情况：如果期末产品完工验收入库，则借方所归集的成本均由贷方转出，因此该账户期末无余额；如果期末产品未完工入库，则不能从贷方结转成本，因此该账户有期末借方余额。如图3-7所示。

借方	生产成本 贷方
期初在产品的成本 本期发生的生产费用	期末结转完工入库产品的成本
期末在产品的成本	

图3-7 生产成本账户结构

账户按照期末有无余额，可以分为实账户和虚账户，有期末余额的账户为实账户，如资产、负债、所有者权益类账户，无期末余额的账户为虚账户，如收入、费用类账户。

实账户的期初余额、本期增加额、本期减少额、期末余额之间存在如下平衡关系：

期末余额＝期初余额＋本期增加额－本期减少额

具体：

资产类账户期末借方余额＝期初借方余额＋本期借方发生额（增加额）－本期贷方发生额（减少额）

负债和所有者权益类账户期末贷方余额＝期初贷方余额＋本期贷方发生额（增加额）－本期借方发生额（减少额）

三、重点提示

本章的重点内容包括：会计恒等式；经济业务及其对会计恒等式的影响；会计科目的含义和分类；账户的含义和分类；借贷记账法下资产类、负债类、所有者权益类、损益类和成本类账户的结构。

第四章

复式记账

一、学习目的与要求

通过本章的学习，了解单式记账法；掌握复式记账法的含义和特征；掌握借贷记账法的特点；掌握会计分录的编制；掌握过账和试算平衡。

二、主要内容讲解

（一）单式记账法

单式记账法：经济业务发生后，只在一个账户中进行单方面登记。

特点：(1) 没有一套完整的账户体系；(2) 账户之间没有直接的联系；(3) 账户之间没有数字平衡关系。

缺点：不能反映经济业务的来龙去脉；不便于检查账户记录的正确性。

（二）复式记账法

复式记账法：经济业务发生后，以相等的金额，在相互联系的两个或两个以上的账户中进行登记。

特点：(1) 有一套完整的账户体系；(2) 账户之间有直接的联系；(3) 账户之间有数字平衡关系。

优点：能够反映经济业务的来龙去脉；便于检查账户记录的正确性。

正是由于复式记账法能够克服单式记账法的缺陷，因此，成为当前各国普遍采用的记账方法。

（三）借贷记账法

借贷记账法是当前各国所普遍采用的一种复式记账方法。

借贷记账法的特点如下：

（1）以“借”、“贷”二字作为记账符号。

“借”、“贷”二字原义分别是人欠和欠人，随后逐渐失去其原有含义，变成纯粹的记账符号。

注意，必须将“借”、“贷”二字的原意抛开，否则会干扰对相关内容的理解，使学习陷入困境。

（2）对不同性质的账户，“借”和“贷”具有不同的含义（借贷记账法下的账户结构）。

“借”：资产的增加及余额；负债和所有者权益的减少；收入的减少或结转；费用、成本的增加。

“贷”：资产的减少；负债和所有者权益的增加及余额；收入的增加；费用、成本的减少或结转。

此处不是新的知识点，只是对上一章所学“借贷记账法下各种性质账户的结构”进行概括总结。必须熟练掌握各种性质账户的结构，为后续内容——会计分录的编制打下良好基础。

（3）记账规则是“有借必有贷，借贷必相等”。

一项经济业务发生，必然在一个或几个账户的借方登记，同时在另一个或另几个账户的贷方登记；并且借方金额与贷方金额必然相等。

必须牢记这十字记账规则，其将在会计分录的编制中加以运用并得到验证。

（四）对应账户与会计分录

经济业务发生后形成的借方账户和贷方账户之间的相互依存关系，称为账户的对应关系。具有对应关系的账户，称为对应账户。例如，企业用银行存款归还银行的短期借款 10 万元。这项经济业务使得“银行存款”与“短期借款”这两个账户具有相互依存关系，即对应关系，则这两个账户互为对应账户。

为了保证账户记录的正确性，应当在经济业务发生后首先编制会计分录，然后再登记到有关账户中。所谓会计分录，是指按照借贷记账法的规则，在记账凭证中列示某项经济业务应借、应贷的账户名称以及应记入账户金额的记录。

这体现了会计核算的基本程序，即经济业务发生后，先取得或填制会计凭证（会计分录的载体是记账凭证），然后再根据会计凭证登记账簿（账户的载体是账簿）。对于会计核算程序，将在以后进行深入的学习。

1. 会计分录的基本格式

借：账户名称　　　　　　　　　　　　　　　　金额

　　贷：账户名称　　　　　　　　　　　　　　　　金额

书写时需注意：第一，先借后贷，借和贷要分行写，并且文字和金额的数字都应错开；在有多借或多贷的情况下，要求借方或贷方的文字和金额数字必须对齐。第二，贷方记账符号、账户名称、金额都要比借方退后两格，表明借方在左，贷方在右。

2. 编制会计分录的步骤

（1）确定经济业务所涉及的账户名称和类别；

（2）确定这些账户的变动方向是增加还是减少；

（3）确定应记入账户的借方还是贷方；

（4）确定应记入账户的金额。

初学者最好按照以上步骤编制会计分录，以保证其正确性。

3. 会计分录举例

现以 ABC 公司 2007 年 8 月发生的部分经济业务为例，说明会计分录的编制。

（1）ABC 公司向银行借入 1 个月期限借款 10 000 元，存入银行账户。

①这项经济业务涉及“银行存款”（资产类）和“短期借款”（负债类）两个账户；

②“银行存款”增加，“短期借款”增加；

③“银行存款”账户借记（资产增加），“短期借款”账户贷记（负债增加）；

④“银行存款”账户入账金额 10 000 元，“短期借款”账户入账金额 10 000 元。

借：银行存款　　　　　　　　　　　　10 000

　　贷：短期借款　　　　　　　　　　　　10 000

（2）ABC 公司接受甲公司入股，甲公司投入货币资金 50 000 元，存入 ABC 公司银行账户。

①这项经济业务涉及“银行存款”（资产类）和“实收资本”（所有者权益类）两个账户；

②“银行存款”增加，“实收资本”增加；

③“银行存款”账户借记（资产增加），“实收资本”账户贷记（所有者权益增加）；

④“银行存款”账户入账金额 50 000 元，“实收资本”账户入账金额 50 000 元。

借：银行存款　　　　　　　　　　　　50 000

　　贷：实收资本　　　　　　　　　　　　50 000

（3）ABC 公司用银行存款 1 000 元，偿还前欠外单位的材料款。

①这项经济业务涉及“应付账款”（负债类）和“银行存款”（资产类）两个账户；

②“应付账款”减少，“银行存款”减少；

③“应付账款”账户借记（负债减少），“银行存款”账户贷记（资产减少）；

④“应付账款”账户入账金额1 000元，“银行存款”账户入账金额1 000元。

借：应付账款　　1 000

　贷：银行存款　　1 000

(4) ABC公司退还A公司投资100 000元，用银行存款支付。

①这项经济业务涉及“实收资本”（所有者权益类）和“银行存款”（资产类）两个账户；

②“实收资本”减少，“银行存款”减少；

③“实收资本”账户借记（所有者权益减少），“银行存款”账户贷记（资产减少）；

④“实收资本”账户入账金额100 000元，“银行存款”账户入账金额100 000元。

借：实收资本　　100 000

　贷：银行存款　　100 000

(5) ABC公司收回外单位前欠的货款3 000元，存入银行账户。

①这项经济业务涉及“银行存款”（资产类）和“应收账款”（资产类）两个账户；

②“银行存款”增加，“应收账款”减少；

③“银行存款”账户借记（资产增加），“应收账款”账户贷记（资产减少）；

④“银行存款”账户入账金额3 000元，“应收账款”账户入账金额3 000元。

借：银行存款　　3 000

　贷：应收账款　　3 000

(6) C公司所欠某单位货款50 000元委托ABC公司代为偿还，作为C公司对ABC公司投资的收回，ABC公司尚未偿还。

①这项经济业务涉及“实收资本”（所有者权益类）和“应付账款”（负债类）两个账户；

②“实收资本”减少，“应付账款”增加；

③“实收资本”账户借记（所有者权益减少），“应付账款”账户贷记（负债增加）；

④“实收资本”账户入账金额50 000元，“应付账款”账户入账金额50 000元。

借：实收资本　　50 000

　贷：应付账款　　50 000

(7) 甲公司代ABC公司偿还即将到期的短期借款10 000元，作为甲公司对ABC公司的追加投资。

①这项经济业务涉及“短期借款”（负债类）和“实收资本”（所有者权益

类）两个账户；

②“短期借款”减少，“实收资本”增加；

③“短期借款”账户借记（负债减少），“实收资本”账户贷记（所有者权益增加）；

④“短期借款”账户入账金额10 000元，“实收资本”账户入账金额10 000元。

借：短期借款　　10 000

　　贷：实收资本　　10 000

（8）ABC公司向银行申请借入6个月期限借款1 000元，偿还前欠的材料款。

①这项经济业务涉及“应付账款”（负债类）和“短期借款”（负债类）两个账户；

②“应付账款”减少，“短期借款”增加；

③“应付账款”账户借记（负债减少），“短期借款”账户贷记（负债增加）；

④“应付账款”账户入账金额1 000元，“短期借款”账户入账金额1 000元。

借：应付账款　　1 000

　　贷：短期借款　　1 000

（9）ABC公司同意B公司将其投资的100 000元转让给甲公司。

①这项经济业务涉及“实收资本——B公司”（所有者权益类）和“实收资本——甲公司”（所有者权益类）两个账户；

②“实收资本——B公司”减少，“实收资本——甲公司”增加；

③“实收资本——B公司”账户借记（所有者权益减少），“实收资本——甲公司”账户贷记（所有者权益增加）；

④“实收资本——B公司”账户入账金额100 000元，“实收资本——甲公司”账户入账金额100 000元。

借：实收资本——B公司　　100 000

　　贷：实收资本——甲公司　　100 000

4. 简单会计分录和复合会计分录

一借一贷的会计分录为简单会计分录；一借多贷、一贷多借、多借多贷的会计分录为复合会计分录。

复合会计分录可以分解为几个简单会计分录。

会计分录举例：

（1）ABC公司购进材料10 000元，材料验收入库，用银行存款支付货款6 000元，余款暂欠。

①这项经济业务涉及“原材料”（资产类）、“应付账款”（负债类）和“银行存款”（资产类）三个账户；

②“原材料”增加，“应付账款”增加，“银行存款”减少；

③“原材料”账户借记（资产增加），“应付账款”账户贷记（负债增加），“银行存款”账户贷记（资产减少）；

④“原材料”账户入账金额10 000元，“应付账款”账户入账金额4 000元，“银行存款”账户入账金额6 000元。

借：原材料　　10 000
　　贷：银行存款　　6 000
　　　　应付账款　　4 000

以上复合分录也可以分解为两个简单分录：

借：原材料　　6 000
　　贷：银行存款　　6 000

借：原材料　　4 000
　　贷：应付账款　　4 000

（2）ABC公司收到甲公司投资转入新设备一部，价值10 000元，材料一批，价值5 000元。

①这项经济业务涉及“原材料”（资产类）、“固定资产”（资产类）和“实收资本”（所有者权益类）三个账户；

②“原材料”增加，“固定资产”增加，“实收资本”增加；

③“原材料”账户借记（资产增加），“固定资产”账户借记（资产增加），“实收资本”账户贷记（所有者权益增加）；

④“原材料”账户入账金额5 000元，“固定资产”账户入账金额10 000元，“实收资本”账户入账金额15 000元。

借：原材料　　5 000
　　固定资产　　10 000
　　贷：实收资本　　15 000

以上复合分录也可以分解为两个简单分录：

借：原材料　　5 000
　　贷：实收资本　　5 000

借：固定资产　　10 000
　　贷：实收资本　　10 000

从上述经济业务的会计分录中可以看出，不论是简单分录或是复合分录，都体现了借贷记账法的记账规则“有借必有贷，借贷必相等”。

（五）过账与试算平衡

1. 过账与试算平衡的含义

过账：将会计分录过入有关账户中的过程。

试算平衡：根据借贷记账法的记账规则，检查所有账户记录是否正确的过程。进行试算平衡，是在月末根据试算平衡公式编制试算平衡表。

一项经济业务发生，借方账户金额与贷方账户金额必然相等；某一会计期间全部经济业务发生，则所有账户的借方发生额合计与贷方发生额合计必然相等；期末，则所有账户的借方余额合计与贷方余额合计必然相等。由此可以得到：

（1）发生额试算平衡公式：

全部账户本期借方发生额合计 = 全部账户本期贷方发生额合计

（2）余额试算平衡公式：

全部账户期末借方余额合计 = 全部账户期末贷方余额合计

全部账户期初借方余额合计 = 全部账户期初贷方余额合计

2. 试算平衡表的编制

（1）期初，登记各账户的期初余额；

（2）根据本期发生经济业务的会计分录登记各账户的发生额（过账）；

（3）期末，计算各账户的本期借、贷方发生额合计及期末余额；

（4）根据账户记录，将各账户的期初余额、本期借方发生额、本期贷方发生额和期末余额列入试算平衡表相应栏次，进行试算平衡。

试算不平衡，则记账肯定有误；试算平衡，则记账不一定无误。因为某些差错并不影响试算平衡，无法通过试算平衡发现，如重记、漏记经济业务，借贷方向记反等。

三、重点提示

本章的重点内容包括：复式记账法的含义；借贷记账法的特点；会计分录的编制；试算平衡。

第五章

会计确认与计量的应用

一、学习目的与要求

通过本章的学习，掌握制造业企业生产经营过程的主要经济业务——筹资业务、购进业务、生产业务和销售业务；掌握企业主要经济业务的核算；掌握基本的成本计算；掌握企业利润确定与分配的核算。

二、主要内容讲解

（一）企业主要经济业务

企业从事生产经营活动，首先要筹集一定数量的资金。资金到位后，即可购置厂房、设备等固定资产，采购原材料，为生产做准备。通过生产过程，企业生产出产品。产品一旦销售出去，企业即可回笼资金，补偿生产经营过程中发生的成本、费用。收入与费用相抵即为利润，企业再按照利润分配程序进行利润的分配。这便是制造业企业生产经营过程中的主要经济业务。

1. 筹资业务

企业筹集资金，无外乎两个来源：

（1）所有者投资

所有者投资是指企业开创之初所有者以资产对企业进行的投资或生产经营过程中所有者对企业的追加投资。

所有者投资，一方面企业会获得资产，并且所获得的资产形态多样，可以是货币资金，可以是存货、固定资产等有形资产，也可以是无形资产；另一方面企业资本增加，形成所有者权益。

（2）向债权人举债

向债权人举债是指企业向债权人借入资金用于生产经营。这里的债权人主要是指银行等金融机构，不包括生产经营活动中由于结算关系（如应付账款、应付票据等）形成的债权人。

向债权人举债，一方面企业会获得资产，而且通常是货币资金；另一方面会形成企业负债。

2. 采购业务

采购业务主要是指制造业企业为满足生产经营的需要，而通过市场取得必要的材料物资所进行的经济业务。

通过采购活动，企业一方面会取得原材料，并验收入库保管，以备生产车间或管理部门领用，此时需要计算材料的采购成本。另一方面，企业还要与供应单位办理款项结算，结算包括三种情况：（1）直接支付货款及采购费用；（2）购进材料未付款；（3）预付材料款。

3. 生产业务

制造业企业的产品生产过程是指从材料投入生产开始，到产品完工入库为止的全部过程。这一过程中必然发生各种耗费，同时形成产品以供销售。

在生产过程中会发生各种各样资产的耗费，主要包括：

（1）材料耗费

材料耗费的特点是，原材料一经投入生产会改变其原有的实物形态，并且其价值一次性地转移。此时，需要对材料的耗费进行计量。

（2）活劳动耗费，即发生的人工费用。

（3）劳动资料耗费，主要是固定资产的耗费。

固定资产耗费的特点是，固定资产投入生产后，会保持原有的实物形态不变，并且其价值是分次转移的。此时，需要对固定资产的耗费进行计量，即计提固定资产折旧。

（4）其他耗费

对于上述资产的耗费应区别两种情况：如果是为生产产品而发生的耗费，应计入产品制造成本；如果是与生产产品无关的耗费，则不应计入产品制造成本。

与此同时，通过生产过程，会形成产品并验收入库，需要计算产品的生产成本。

4. 销售业务

销售过程是指从制造完工的商品验收入库开始，到产品销售给购买方为止的过程。

通过销售，企业一方面会获得销售收入，具体收入的获取包括三种情况：（1）销售时直接收取货款；（2）销售时未收到货款；（3）预先收取货款。另一方面，依据配比原则，企业需要确认与销售收入相关的费用，主要包括：（1）产品销售成本；（2）产品销售税金；（3）产品销售费用。

5. 分配业务

分配业务，即企业确定当期实现的利润并予以分配。

利润的计算包括三个层次（第二章中已有介绍）：

（1）营业利润

营业利润 = 营业收入 - 营业成本 - 营业税金及附加 - 销售费用 - 管理费用 - 财务费用 - 资产减值损失 +／- 公允价值变动损益 +／- 投资损益

营业收入 = 主营业务收入 + 其他业务收入

营业成本 = 主营业务成本 + 其他业务成本

（2）利润总额

利润总额 = 营业利润 + 营业外收入 - 营业外支出

（3）净利润

净利润 = 利润总额 - 所得税费用

企业当期实现的净利润，加上年初未分配利润后的数额，即为当期可供分配的利润。可供分配的利润，应按下列顺序进行分配：

（1）提取法定盈余公积（有关内容见第二章）；

（2）提取任意盈余公积（有关内容见第二章）；

（3）向投资者分派现金股利或利润；

（4）向投资者分派股票股利。

（二）筹资业务的核算

1. 所有者投资的核算

核算使用的账户：

资产类——“银行存款”、“原材料”、“库存商品”、“固定资产”、“无形资产”等。

所有者权益类——“实收资本”等。

【例】宏大公司创立于2006年1月1日，当时A、B两位投资人各投资500万元。A投资500万元现款，B投资专利权和使用过的固定资产。投资合同中约定专利权价值80万元，固定资产价值420万元。

①这项经济业务涉及“银行存款”（资产类）、“固定资产”（资产类）、“无形资产”（资产类）和“实收资本——A”、“实收资本——B”（所有者权益类）五个账户；

②“银行存款”增加，“固定资产”增加，“无形资产”增加，“实收资本——A”增加，“实收资本——B”增加；

③“银行存款”账户借记（资产增加），“固定资产”账户借记（资产增加），“无形资产”账户借记（资产增加），“实收资本——A”账户贷记（所有者权益增加），“实收资本——B”账户贷记（所有者权益增加）；

④“银行存款”账户入账金额500万元，“固定资产”账户入账金额420万元，“无形资产”账户入账金额80万元，“实收资本——A”账户入账金额500万元，“实收资本——B”账户入账金额500万元。

借：银行存款　　5 000 000
　　固定资产　　4 200 000
　　无形资产　　800 000
　　贷：实收资本——A　　5 000 000
　　　　　　　　——B　　5 000 000

【例】远大公司经中国证监会批准，发行每股面值1元的普通股1 000万股，每股发行价1.20元，股款已存入银行。

①这项经济业务涉及“银行存款”（资产类）、“股本”（所有者权益类）、“资本公积——股本溢价”（所有者权益类）三个账户；

②“银行存款”增加，“股本”增加，“资本公积——股本溢价”增加；

③“银行存款”账户借记（资产增加），“股本”账户贷记（所有者权益增加），“资本公积——股本溢价”账户贷记（所有者权益增加）；

④“银行存款”账户入账金额1 200万元 = 1.20元/股 ×1 000万股，“股本”账户入账金额1 000万元 = 股票面值总额1元/股 ×1 000万股，“资本公积——股本溢价”账户入账金额200万元 = 溢价发行收入（1.2 – 1）元/股 ×1 000万元。

借：银行存款　　12 000 000
　　贷：股本　　10 000 000
　　　　资本公积——股本溢价　　2 000 000

2. 向债权人举债的核算

核算使用的账户：

资产类——“银行存款”等。

负债类——“短期借款”、“长期借款”等。

费用类——“财务费用”。

【例】华夏公司2006年1月1日从银行取得短期借款10万元，年利率6%，期限6个月，利息按月支付，到期偿还本金。

1月1日借入款项时：

①这项经济业务涉及“银行存款”（资产类）、“短期借款”（负债类）两个账户；

②“银行存款”增加，“短期借款”增加；

③“银行存款”账户借记（资产增加），“短期借款”账户贷记（负债增加）；

④“银行存款”账户入账金额100 000元，“短期借款”账户入账金额100 000元。

借：银行存款　　100 000

　　贷：短期借款　　100 000

1~6月，各月支付利息时：

①这项经济业务涉及“财务费用”（费用类）、“银行存款”（资产类）两个账户；

②“财务费用”增加，“银行存款”减少；

③“财务费用”账户借记（费用增加），“银行存款”账户贷记（资产减少）；

④“财务费用”账户入账金额500元，“银行存款”账户入账金额500元。

[利息=本金×利率×期限=100 000×6%×1/12=500（元）]

借：财务费用　　500

　　贷：银行存款　　500

6月30日到期归还借款本金时：

①这项经济业务涉及“短期借款”（负债类）、“银行存款”（资产类）两个账户；

②“短期借款”减少，“银行存款”减少；

③“短期借款”账户借记（负债减少），“银行存款”账户贷记（资产减少）；

④“短期借款”账户入账金额100 000元，“银行存款”账户入账金额100 000元。

借：短期借款　　100 000

　　贷：银行存款　　100 000

（三）采购业务的核算

核算使用的账户：

反映取得材料的账户——“原材料”等。

反映款项结算的账户——“银行存款”、“应付账款”、“预付账款”等。

原材料验收入库时需要确定其采购成本，计算材料的采购成本必须要明确采购成本的构成：

（1）购买价款——企业购入的材料或商品的发票账单上列明的价款。

（2）相关税金——进口关税和其他税金。其中其他税金是指企业购买、自制或委托加工存货发生的消费税、资源税等。

（3）采购费用——在存货采购过程中发生的运输费、装卸费、保险费、仓储费、包装费、运输途中的合理损耗、入库前的挑选整理费用等。

【例】新世纪股份有限公司从友谊工厂购入下列材料：甲材料 3 000 千克，单价 9 元/千克；乙材料 2 000 千克，单价 14 元/千克，增值税进项税额 9 350 元，全部款项通过银行付清，甲、乙材料验收入库。

①这项经济业务涉及“原材料——甲材料”、“原材料——乙材料”（资产类）、“应交税费——应交增值税（进项税额）”（负债类）和“银行存款”（资产类）四个账户；

②“原材料——甲材料”增加，“原材料——乙材料”增加，“应交税费”减少，“银行存款”减少（注：当期应交增值税 = 当期销项税额 - 当期进项税额，故进项税额使得“应交税费”减少）；

③“原材料——甲材料”账户借记（资产增加），“原材料——乙材料”账户借记（资产增加），“应交税费——应交增值税（进项税额）”账户借记（负债减少），“银行存款”账户贷记（资产减少）；

④“原材料——甲材料”账户入账金额 27 000（3 000 × 9）元，“原材料——乙材料”账户入账金额 28 000（2 000 × 14）元，“应交税费——应交增值税（进项税额）”账户入账金额 9 350 元，“银行存款”账户入账金额 64 350（27 000 + 28 000 + 9 350）元。

借：原材料——甲材料　　27 000
　　　　　——乙材料　　28 000
　　应交税费——应交增值税（进项税额）　　9 350
　　贷：银行存款　　64 350

【例】新世纪股份有限公司从红星工厂购入丙材料 6 000 千克，发票注明价款 30 000 元，增值税进项税额 5 100 元，材料的运杂费 1 400 元。材料已运达公司并已验收入库，但价款、税金及运杂费尚未支付。

①这项经济业务涉及“原材料——丙材料”（资产类）、“应交税费——应交增值税（进项税额）”（负债类）和“应付账款”（负债类）三个账户；

②“原材料——丙材料”增加，“应交税费”减少，“应付账款”增加（注：当期应交增值税 = 当期销项税额 - 当期进项税额，故进项税额使得“应交税费”减少）；

③“原材料——丙材料”账户借记（资产增加），“应交税费——应交增值税（进项税额）”账户借记（负债减少），“应付账款”账户贷记（负债增加）；

④“原材料——丙材料”账户入账金额 31 400（30 000 + 1 400）元，“应交税费——应交增值税（进项税额）”账户入账金额 5 100 元，“应付账款”账户入账金额 36 500（31 400 + 5 100）元。

借：原材料——丙材料　　31 400

应交税费——应交增值税（进项税额）　　5 100

贷：应付账款　　36 500

【例】新世纪股份有限公司从外地购入一批原材料，价款 100 000 元，专用发票注明的增值税进项税额为 17 000 元，运输费等 5 000 元。价款、税款、运输费通过银行支付，材料尚未到达公司。

①这项经济业务涉及“在途物资”（资产类）、“应交税费——应交增值税（进项税额）”（负债类）和“银行存款”（资产类）三个账户（注：由于“原材料”（资产类）账户反映库存材料的增减变动及其结果，因此，在材料尚未验收入库时，不能使用“原材料”账户，而只能使用“在途物资”账户）；

②“在途物资”增加，“应交税费”减少，“银行存款”减少（注：当期应交增值税 = 当期销项税额 – 当期进项税额，故进项税额使得“应交税费”减少）；

③“在途物资”账户借记（资产增加），“应交税费——应交增值税（进项税额）”账户借记（负债减少），“银行存款”账户贷记（资产减少）；

④“在途物资”账户入账金额 105 000（100 000 + 5 000）元，“应交税费——应交增值税（进项税额）”账户入账金额 17 000 元，“银行存款”账户入账金额 122 000（105 000 + 17 000）元。

借：在途物资　　105 000

应交税费——应交增值税（进项税额）　　17 000

贷：银行存款　　122 000

待材料到达验收入库时：

①这项经济业务涉及“原材料”（资产类）、“在途物资”（资产类）两个账户；

②“原材料”增加，“在途物资”减少；

③“原材料”账户借记（资产增加），“在途物资”账户贷记（资产减少）；

④“原材料”账户入账金额 105 000 元，“在途物资”账户入账金额 105 000 元。

借：原材料　　105 000

贷：在途物资　　105 000

【例】新世纪股份有限公司 6 月 20 日向乙公司预付货款 70 000 元，采购一批原材料。乙公司于 7 月 10 日交付所购材料，并开来增值税专用发票，材料价款为 62 000 元，增值税进项税额为 10 540 元。7 月 12 日，新世纪公司将应补付的货款 2 540 元通过银行转账支付。

6 月 20 日预付货款时：

①这项经济业务涉及“预付账款”（资产类）、“银行存款”（资产类）两个账户；

②“预付账款”增加，“银行存款”减少；

③“预付账款”账户借记（资产增加），“银行存款”账户贷记（资产减少）；

④“预付账款”账户入账金额70 000元，“银行存款”账户入账金额70 000元。

借：预付账款——乙公司　　70 000

　　贷：银行存款　　70 000

7月10日材料验收入库时：

①这项经济业务涉及“原材料”（资产类）、“应交税费——应交增值税（进项税额）”（负债类）和“预付账款”（资产类）三个账户（注：收到材料意味着“预付账款”这项债权得以收回）；

②“原材料”增加，“应交税费”减少，“预付账款”减少（注：当期应交增值税=当期销项税额-当期进项税额，故进项税额使得“应交税费”减少）；

③“原材料”账户借记（资产增加），“应交税费——应交增值税（进项税额）”账户借记（负债减少），“预付账款”账户贷记（资产减少）；

④“原材料”账户入账金额62 000元，“应交税费——应交增值税（进项税额）”账户入账金额10 540元，“预付账款”账户入账金额72 540（62 000+10 540）元。

借：原材料　　62 000

　　应交税费——应交增值税（进项税额）　　10 540

　　贷：预付账款——乙公司　　72 540

7月12日补付货款时：

①这项经济业务涉及“预付账款”（资产类）、“银行存款”（资产类）两个账户；

②“预付账款”增加（注：原“预付账款”不足，现需要补付），“银行存款”减少；

③“预付账款”账户借记（资产增加），“银行存款”账户贷记（资产减少）；

④“预付账款”账户入账金额2 540元，“银行存款”账户入账金额2 540元。

借：预付账款——乙公司　　2 540

　　贷：银行存款　　2 540

（四）生产业务的核算

核算使用的账户：

反映资产耗费的账户——“原材料”、“应付职工薪酬”、“累计折旧”、“生产成本”、“制造费用”、“管理费用”等。

反映产品形成的账户——“库存商品”。

【例】新世纪股份有限公司2007年9月发生部分经济业务如下：

1. 本月从仓库领用甲、乙、丙材料，以生产A、B两种产品和其他一般耗用。期末编制的“发出材料汇总表”列明：生产A产品耗用甲材料6 000元，乙材料1 200元，丙材料16 000元；生产B产品耗用甲材料6 000元，乙材料600元，丙材料8 000元；车间一般耗用甲材料3 000元，丙材料800元；行政管理部门耗用乙材料200元。

①这项经济业务涉及“生产成本——A产品”、“生产成本——B产品”（成本类）、“制造费用”（成本类）、“管理费用”（费用类）、“原材料——甲材料”、“原材料——乙材料”、“原材料——丙材料”（资产类）七个账户（注：生产产品领用原材料属于生产的直接费用，直接计入产品的生产成本；车间一般性耗用原材料属于生产的间接费用，计入制造费用；管理部门耗用原材料与生产产品无关，计入当期管理费用）；

②“生产成本——A产品”增加，“生产成本——B产品”增加，“制造费用”增加，“管理费用”增加，“原材料——甲材料”减少，“原材料——乙材料”减少，“原材料——丙材料”减少；

③“生产成本——A产品”账户借记（成本增加），“生产成本——B产品”账户借记（成本增加），“制造费用”账户借记（成本增加），“管理费用”账户借记（费用增加），“原材料——甲材料”账户贷记（资产减少），“原材料——乙材料”账户贷记（资产减少），“原材料——丙材料”账户贷记（资产减少）；

④“生产成本——A产品”账户入账金额23 200（6 000 + 1 200 + 16 000）元，“生产成本——B产品”账户入账金额14 600（6 000 + 600 + 8 000）元，“制造费用”账户入账金额3 800（3 000 + 800）元，“管理费用”账户入账金额200元，“原材料——甲材料”账户入账金额15 000（6 000 + 6 000 + 3 000）元，“原材料——乙材料”账户入账金额2 000（1 200 + 600 + 200）元，“原材料——丙材料”账户入账金额24 800（16 000 + 8 000 + 800）元。

借：生产成本——A产品	23 200	
——B产品	14 600	
制造费用	3 800	
管理费用	200	
贷：原材料——甲材料		15 000
——乙材料		2 000
——丙材料		24 800

2. 期末编制的“工资结算汇总表”列明：生产A产品工人工资12 000元；生产B产品工人工资20 000元；车间管理人员工资5 000元；行政管理人员工资

10 000 元。

①这项经济业务涉及“生产成本——A 产品”、“生产成本——B 产品”（成本类）、“制造费用”（成本类）、“管理费用”（费用类）、“应付职工薪酬”（负债类）五个账户（注：产品生产工人工资属于生产的直接费用，直接计入产品的生产成本；车间管理人员工资属于生产的间接费用，计入制造费用；管理部门人员工资与生产产品无关，计入当期管理费用）；

②“生产成本——A 产品”增加，“生产成本——B 产品”增加，“制造费用”增加，“管理费用”增加，“应付职工薪酬”增加；

③“生产成本——A 产品”账户借记（成本增加），“生产成本——B 产品”账户借记（成本增加），“制造费用”账户借记（成本增加），“管理费用”账户借记（费用增加），“应付职工薪酬”账户贷记（负债增加）；

④“生产成本——A 产品”账户入账金额 12 000 元，“生产成本——B 产品”账户入账金额 20 000 元，“制造费用”账户入账金额 5 000 元，“管理费用”账户入账金额 10 000 元，“应付职工薪酬”账户入账金额 47 000（12 000 + 20 000 + 5 000 + 10 000）元。

借：生产成本——A 产品 12 000
　　　　　　——B 产品 20 000
　　制造费用 5 000
　　管理费用 10 000
　　贷：应付职工薪酬 47 000

3. 期末编制的“固定资产折旧计算表”列明：本月车间固定资产应计提折旧 6 000 元；行政管理部门固定资产应计提折旧 4 400 元。

①这项经济业务涉及“制造费用”（成本类）、“管理费用”（费用类）、“累计折旧”（资产类）三个账户（注：车间固定资产折旧属于生产的间接费用，计入制造费用；管理部门固定资产折旧与生产产品无关，计入当期管理费用）；

②“制造费用”增加，“管理费用”增加，“累计折旧”增加；

③“制造费用”账户借记（成本增加），“管理费用”账户借记（费用增加），“累计折旧”账户贷记（注：“累计折旧”账户属于资产类，但其结构与资产类账户结构相反，因为它是“固定资产”账户的备抵调整账户，有关内容将在第六章“账户的分类”中做具体介绍。故该账户的结构是：贷方记录增加额，借方记录减少额，余额在账户的贷方）；

④“制造费用”账户入账金额 6 000 元，“管理费用”账户入账金额 4 400 元，“累计折旧”账户入账金额 10 400（6 000 + 4 400）元。

借：制造费用 6 000
　　管理费用 4 400

贷：累计折旧　　10 400

4. 以银行存款支付本月办公费、水电费 1 600 元：其中车间应负担 400 元；行政管理部门应负担 1 200 元。

①这项经济业务涉及“制造费用”（成本类）、“管理费用”（费用类）、“银行存款”（资产类）三个账户（注：车间办公费、水电费属于生产的间接费用，计入制造费用；管理部门办公费、水电费与生产产品无关，计入当期管理费用）；

②“制造费用”增加，“管理费用”增加，“银行存款”减少；

③“制造费用”账户借记（成本增加），“管理费用”账户借记（费用增加），“银行存款”账户贷记（资产减少）；

④“制造费用”账户入账金额 400 元，“管理费用”账户入账金额 1 200 元，“银行存款”账户入账金额 1 600 元。

借：制造费用　　400

管理费用　　1 200

贷：银行存款　　1 600

5. 按生产工人工资比例将本月发生的制造费用分配转入“生产成本”账户。

该业务是对制造费用的分配和结转，即月末对本月所归集的制造费用按照一定标准在相关产品之间进行分配，计算各种产品应负担的制造费用，并转入相关产品的生产成本。

制造费用的分配过程如下：

（1）确定分配标准（生产工人工资、生产工人工时、机器工时、耗用原材料的数量或成本、直接成本、产成品产量等）。本例中的分配标准为生产工人工资。

（2）计算分配率 = 制造费用总额 / 分配标准总和。

本例中，本月制造费用总额 = 3 800（例 1）+ 5 000（例 2）+ 6 000（例 3）+ 400（例 4）= 15 200（元）；分配标准总和 = 12 000（A 产品生产工人工资）+ 20 000（B 产品生产工人工资）= 32 000（元）。故，分配率 = 15 200/32 000 = 0. 475。

（3）计算某种产品应负担的制造费用 = 该产品的分配标准量 × 分配率

本例中，A 产品应负担的制造费用 = 12 000 × 0. 475 = 5 700（元）；B 产品应负担的制造费用 = 20 000 × 0. 475 = 9 500（元）。

①这项经济业务涉及“生产成本——A 产品”、“生产成本——B 产品”（成本类）、“制造费用”（成本类）三个账户；

②“生产成本——A 产品”增加，“生产成本——B 产品”增加，“制造费用”减少；

③“生产成本——A 产品”账户借记（成本增加），“生产成本——B 产品”账户借记（成本增加），“制造费用”账户贷记（成本减少）；

④“生产成本——A 产品”账户入账金额 5 700 元，“生产成本——B 产品”

账户入账金额9 500元，“制造费用”账户入账金额15 200元。

借：生产成本——A产品　　5 700
　　　　　　——B产品　　9 500
　　贷：制造费用　　15 200

6. 本月投入生产的A、B产品分别为100件和80件，期末A、B产品全部完工并已验收入库，结转完工入库产品的生产成本。

产品完工验收入库，需确定并结转其生产成本。计算产品的生产成本，必须明确生产成本的构成：

（1）直接费用（直接材料、直接人工、其他直接费用）——直接记入“生产成本”账户。

（2）间接费用（制造费用）——先归集在“制造费用”账户，月末采用一定标准分配后转入“生产成本”账户。

本例中，A、B两种产品均为本月投产，本月完工。故A产品生产成本 = 23 200（直接材料费用，例1）+12 000（直接人工费用，例2）+5 700（制造费用，例5）=40 900（元）；B产品生产成本 =14 600（直接材料费用，例1）+20 000（直接人工费用，例2）+9 500（制造费用，例5）=44 100（元）。

①这项经济业务涉及“库存商品——A产品”、“库存商品——B产品”（资产类）、“生产成本——A产品”、“生产成本——B产品”（成本类）四个账户；

②“库存商品——A产品”增加，“库存商品——B产品”增加，“生产成本——A产品”减少，“生产成本——B产品”减少；

③“库存商品——A产品”账户借记（资产增加），“库存商品——B产品”账户借记（资产增加），“生产成本——A产品”账户贷记（成本减少），“生产成本——B产品”账户贷记（成本减少）；

④“库存商品——A产品”账户入账金额40 900元，“库存商品——B产品”账户入账金额44 100元，“生产成本——A产品”账户入账金额40 900元，“生产成本——B产品”账户入账金额44 100元。

借：库存商品——A产品　　40 900
　　　　　　——B产品　　44 100
　　贷：生产成本——A产品　　40 900
　　　　　　　　——B产品　　44 100

（五）销售业务的核算

核算使用的账户：

反映收入实现的账户——“主营业务收入”、“银行存款”、“应收账款”、“预收账款”等。

反映与收入配比的费用账户——“主营业务成本”、“销售费用”等。

【例】新世纪股份有限公司2007年10月发生部分经济业务如下：

1. 向通达公司出售A产品200件，每件售价200元，计货款40 000元，增值税销项税额6 800元，产品已发出，货款和税款已通过银行收到。

①这项经济业务涉及“银行存款”（资产类）、“主营业务收入”（收入类）、“应交税费——应交增值税（销项税额）”（负债类）三个账户；

②“银行存款”增加，“主营业务收入”增加，“应交税费”增加（注：当期应交增值税＝当期销项税额－当期进项税额，故销项税额使得“应交税费”增加）；

③“银行存款”账户借记（资产增加），“主营业务收入”账户贷记（收入增加），“应交税费——应交增值税（销项税额）”账户贷记（负债增加）；

④“银行存款”账户入账金额46 800（40 000＋6 800）元，“主营业务收入”账户入账金额40 000元（货款），“应交税费——应交增值税（销项税额）”账户入账金额6 800元。

借：银行存款 46 800

　　贷：主营业务收入 40 000

　　　　应交税费——应交增值税（销项税额） 6 800

2. 向苏纳公司出售B产品100件，每件售价1 060元，计货款106 000元，增值税销项税额18 020元，产品已发出，货款和税款尚未收到。

①这项经济业务涉及“应收账款”（资产类）、“主营业务收入”（收入类）、“应交税费——应交增值税（销项税额）”（负债类）三个账户；

②“应收账款”增加，“主营业务收入”增加，“应交税费”增加（注：当期应交增值税＝当期销项税额－当期进项税额，故销项税额使得“应交税费”增加）；

③“应收账款”账户借记（资产增加），“主营业务收入”账户贷记（收入增加），“应交税费——应交增值税（销项税额）”账户贷记（负债增加）；

④“应收账款”账户入账金额124 020（106 000＋18 020）元，“主营业务收入”账户入账金额106 000元（货款），“应交税费——应交增值税（销项税额）”账户入账金额18 020元。

借：应收账款——苏纳公司 124 020

　　贷：主营业务收入 106 000

　　　　应交税费——应交增值税（销项税额） 18 020

3. 10日根据销货合同预收迪亚公司购买C产品货款10 000元，已存入银行。20日向迪亚公司发出C产品100件，每件售价500元，发票上注明的货款为50 000元，增值税销项税额为8 500元。22日收到迪亚公司购买C产品的余款48 500元，存入银行。

10日预收货款时：

①这项经济业务涉及"银行存款"（资产类）、"预收账款"（负债类）两个账户；

②"银行存款"增加，"预收账款"增加；

③"银行存款"账户借记（资产增加），"预收账款"账户贷记（负债增加）；

④"银行存款"账户入账金额10 000元，"预收账款"账户入账金额10 000元。

借：银行存款　　10 000

　　贷：预收账款——迪亚公司　　10 000

20日发出商品时：

①这项经济业务涉及"预收账款"（负债类）、"主营业务收入"（收入类）、"应交税费——应交增值税（销项税额）"（负债类）三个账户（注：发出商品意味着"预收账款"这项债务得以偿还）；

②"预收账款"减少，"主营业务收入"增加，"应交税费"增加（注：当期应交增值税 = 当期销项税额 - 当期进项税额，故销项税额使得"应交税费"增加）；

③"预收账款"账户借记（负债减少），"主营业务收入"账户贷记（收入增加），"应交税费——应交增值税（销项税额）"账户贷记（负债增加）；

④"预收账款"账户入账金额58 500（50 000 + 8 500）元，"主营业务收入"账户入账金额50 000元（货款），"应交税费——应交增值税（销项税额）"账户入账金额8 500元。

借：预收账款——迪亚公司　　58 500

　　贷：主营业务收入　　50 000

　　　　应交税费——应交增值税（销项税额）　　8 500

22日收到余款时：

①这项经济业务涉及"银行存款"（资产类）、"预收账款"（负债类）两个账户；

②"银行存款"增加，"预收账款"增加（注：原"预收账款"不足，现需要补收）；

③"银行存款"账户贷记（资产增加），"预收账款"账户贷记（负债增加）；

④"银行存款"账户入账金额48 500元，"预收账款"账户入账金额48 500元。

借：银行存款　　48 500

　　贷：预收账款——迪亚公司　　48 500

4. 以银行存款支付销售 A 产品的广告费 30 000 元。

①这项经济业务涉及“销售费用”（费用类）、“银行存款”（资产类）两个账户；

②“销售费用”增加，“银行存款”减少；

③“销售费用”账户借记（费用增加），“银行存款”账户贷记（资产减少）；

④“销售费用”账户入账金额 30 000 元，“银行存款”账户入账金额 30 000 元。

借：销售费用　　30 000

　　贷：银行存款　　30 000

5. 结转本月销售的 A 产品、B 产品、C 产品的销售成本。本月销售 A 产品 200 件，B 产品 100 件，C 产品 100 件。A 产品的单位生产成本为 150 元，B 产品的单位生产成本为 320 元，C 产品的单位生产成本为 250 元。

①这项经济业务涉及“主营业务成本”（费用类）、“库存商品——A 产品”、“库存商品——B 产品”、“库存商品——C 产品”（资产类）四个账户（注：制造业企业的产品销售收入通过“主营业务收入”账户核算，根据配比原则，产品销售成本通过“主营业务成本”账户核算）；

②“主营业务成本”增加，“库存商品——A 产品”减少，“库存商品——B 产品”减少，“库存商品——C 产品”减少；

③“主营业务成本”账户借记（费用增加），“库存商品——A 产品”账户贷记（资产减少），“库存商品——B 产品”账户贷记（资产减少），“库存商品——C 产品”账户贷记（资产减少）；

④“主营业务成本”账户入账金额 87 000 元 = 30 000 + 32 000 + 25 000，“库存商品——A 产品”账户入账金额 30 000 元 = 已销 A 产品生产成本 200 × 150，“库存商品——B 产品”账户入账金额 32 000 元 = 已销 B 产品生产成本 100 × 320，“库存商品——C 产品”账户入账金额 25 000 元 = 已销 C 产品生产成本 100 × 250。

借：主营业务成本　　87 000

　　贷：库存商品——A 产品　　30 000

　　　　　　　　——B 产品　　32 000

　　　　　　　　——C 产品　　25 000

6. 向维凌公司出售一批暂不需要的甲原材料 80 千克，售价 3 200 元，增值税税额 544 元，款项尚未收到。

①这项经济业务涉及“应收账款”（资产类）、“其他业务收入”（收入类）、“应交税费——应交增值税（销项税额）”（负债类）三个账户（注：制造业企业销售原材料的业务属于其副业，因此销售收入应通过“其他业务收入”账户核算）；

②“应收账款”增加，“其他业务收入”增加，“应交税费”增加（注：当期应交增值税 = 当期销项税额 - 当期进项税额，故销项税额使得“应交税费”增加）；

③“应收账款”账户借记（资产增加），“其他业务收入”账户贷记（收入增加），“应交税费——应交增值税（销项税额）”账户贷记（负债增加）；

④“应收账款”账户入账金额 3 744（3 200 + 544）元，“其他业务收入”账户入账金额 3 200 元（货款），“应交税费——应交增值税（销项税额）”账户入账金额 544 元。

借：应收账款——维凌公司	3 744	
贷：其他业务收入		3 200
应交税费——应交增值税（销项税额）		544

7. 结转上述已售原材料的销售成本 2 000 元。

①这项经济业务涉及“其他业务成本”（费用类）、“原材料”（资产类）两个账户（注：制造业企业的材料销售收入通过“其他业务收入”账户核算，根据配比原则，材料的销售成本通过“其他业务成本”账户核算）；

②“其他业务成本”增加，“原材料”减少；

③“其他业务成本”账户借记（费用增加），“原材料”账户贷记（资产减少）；

④“其他业务成本”账户入账金额 2 000 元，“原材料”账户入账金额 2 000 元。

借：其他业务成本	2 000	
贷：原材料——甲材料		2 000

8. 业务员李四外出推销产品预借差旅费 1 000 元，财务科付给其现金。

①这项经济业务涉及“其他应收款”（资产类）、“库存现金”（资产类）两个账户；

②“其他应收款”增加，“库存现金”减少；

③“其他应收款”账户借记（资产增加），“库存现金”账户贷记（资产减少）；

④“其他应收款”账户入账金额 1 000 元，“库存现金”账户入账金额 1 000 元。

借：其他应收款——李四	1 000	
贷：库存现金		1 000

9. 李四出差回来报销差旅费 888 元，余款退还财务科。

①这项经济业务涉及“销售费用”（费用类）、“库存现金”（资产类）、“其他应收款”（资产类）三个账户（注：差旅费应记入何种账户，取决于出差人员所处岗位。本例中李四是业务员，出差推销产品，故差旅费应记入“销售费用”账户）；

②“销售费用”增加，“库存现金”增加，“其他应收款”减少；

③“销售费用”账户借记（费用增加），“库存现金”账户借记（资产增加），“其他应收款”账户贷记（资产减少）；

④“销售费用”账户入账金额 888 元，即实际报销金额，“库存现金”账户入账金额 112（1 000 - 888）元，“其他应收款”账户入账金额 1 000 元。

借：销售费用　　888

　　库存现金　　112

　　贷：其他应收款——李四　　1 000

10. 出租包装物一批给兴成公司，收到对方 1 600 元作为押金，存入银行账户。

①这项经济业务涉及“银行存款”（资产类）、“其他应付款”（负债类）两个账户（注：企业收取的押金属暂收性质，需偿还，故形成企业负债，通过“其他应付款”账户核算）；

②“银行存款”增加，“其他应付款”增加；

③“银行存款”账户借记（资产增加），“其他应付款”账户贷记（负债增加）；

④“银行存款”账户入账金额 1 600 元，“其他应付款”账户入账金额 1 600 元。

借：银行存款　　1 600

　　贷：其他应付款——兴成公司　　1 600

（六）经营成果确定与分配的核算

核算使用的账户：

反映经营成果的账户——“主营业务收入”、“其他业务收入”、“公允价值变动损益”、“投资收益”、“营业外收入”、“主营业务成本”、“其他业务成本”、“营业税金及附加”、“销售费用”、“管理费用”、“财务费用”、“资产减值损失”、“营业外支出”、“所得税费用”、“本年利润”。

反映利润分配的账户——“利润分配”、“盈余公积”、“应付股利”等。

【例】新世纪股份有限公司 2007 年取得主营业务收入 5 000 万元，其他业务收入 1 800 万元，投资净收益 700 万元，营业外收入 250 万元；发生主营业务成本 3 500 万元，其他业务成本 1 400 万元，营业税金及附加 60 万元，销售费用 380 万元，管理费用 340 万元，财务费用 120 万元，资产减值损失 150 万元，公允价值变动净损失 100 万元，营业外支出 200 万元。

（1）2007 年 12 月 31 日将本年度收入、利得与费用、损失结转至“本年利润”账户，结转后收入、利得和费用、损失账户无余额。

结转收入、利得：

①这项经济业务涉及“主营业务收入”、“其他业务收入”、“投资收益”、“营业外收入”账户（收入、利得类）和“本年利润”账户（所有者权益类）；

②“主营业务收入”、“其他业务收入”、“投资收益”、“营业外收入”减少，“本年利润”增加；

③“主营业务收入”、“其他业务收入”、“投资收益”、“营业外收入”账户借记（收入、利得减少），“本年利润”账户贷记（所有者权益增加）；

④“主营业务收入”账户入账金额5 000万元，“其他业务收入”账户入账金额1 800万元，“投资收益”账户入账金额700万元，“营业外收入”账户入账金额250万元，“本年利润”账户入账金额7 750（5 000 + 1 800 + 700 + 250）万元。

借：主营业务收入　　　　50 000 000
　　其他业务收入　　　　18 000 000
　　投资收益　　　　　　7 000 000
　　营业外收入　　　　　2 500 000
　　贷：本年利润　　　　　　77 500 000

结转费用、损失：

①这项经济业务涉及“本年利润”账户（所有者权益类）和“主营业务成本”、“其他业务成本”、“营业税金及附加”、“销售费用”、“管理费用”、“财务费用”、“资产减值损失”、“公允价值变动损益”、“营业外支出”账户（费用、损失类）；

②“本年利润”减少，“主营业务成本”、“其他业务成本”、“营业税金及附加”、“销售费用”、“管理费用”、“财务费用”、“资产减值损失”、“公允价值变动损益”、“营业外支出”减少；

③“本年利润”账户借记（所有者权益减少），“主营业务成本”、“其他业务成本”、“营业税金及附加”、“销售费用”、“管理费用”、“财务费用”、“资产减值损失”、“公允价值变动损益”、“营业外支出”账户贷记（费用、损失减少）；

④“主营业务成本”账户入账金额3 500万元，“其他业务成本”账户入账金额1 400万元，“营业税金及附加”账户入账金额60万元，“销售费用”账户入账金额380万元，“管理费用”账户入账金额340万元，“财务费用”账户入账金额120万元，“资产减值损失”账户入账金额150万元，“公允价值变动损益”账户入账金额100万元，“营业外支出”账户入账金额200万元，“本年利润”账户入账金额6 250（3 500 + 1 400 + 60 + 380 + 340 + 120 + 150 + 100 + 200）万元。

借：本年利润　　　　　　62 500 000

贷：主营业务成本 35 000 000

其他业务成本 14 000 000

营业税金及附加 600 000

销售费用 3 800 000

管理费用 3 400 000

财务费用 1 200 000

资产减值损失 1 500 000

公允价值变动损益 1 000 000

营业外支出 2 000 000

（2）2007 年 12 月 31 日计算并结转本年度的所得税费用，假设本年没有任何调整事项，企业根据利润总额计算应交纳的所得税（所得税率为 25%）。

所得税费用 =（7 750 – 6 250）×25% =375（万元）

计算应缴纳的所得税费用：

①这项经济业务涉及“所得税费用”（费用类）和“应交税费——应交所得税”（负债类）两个账户；

②“所得税费用”增加，“应交税费”增加；

③“所得税费用”账户借记（费用增加），“应交税费——应交所得税”账户贷记（负债增加）；

④“所得税费用”账户入账金额 375 万元，“应交税费——应交所得税”账户入账金额 375 万元。

借：所得税费用 3 750 000

贷：应交税费——应交所得税 3 750 000

结转所得税费用：

①这项经济业务涉及“本年利润”（所有者权益类）和“所得税费用”（费用类）两个账户；

②“本年利润”减少，“所得税费用”减少；

③“本年利润”账户借记（所有者权益减少），“所得税费用”账户贷记（费用减少）；

④“本年利润”账户入账金额 375 万元，“所得税费用”账户入账金额 375 万元。

借：本年利润 3 750 000

贷：所得税费用 3 750 000

（3）2007 年 12 月 31 日将本年实现的净利润结转至“利润分配——未分配利润”账户，结转后“本年利润”账户无余额。

净利润 =7 750 – 6 250 – 375 =1 125（万元）

或：

营业利润 =（5 000 +1 800）-（3 500 +1 400）-60 -380 -340 -120 -150 -100 +700 =1 450（万元）

利润总额 =1 450 +250 -200 =1 500（万元）

净利润 =1 500 -375 =1 125（万元）

①这项经济业务涉及“本年利润”（所有者权益类）和“利润分配——未分配利润”（所有者权益类）两个账户；

②“本年利润”减少，“未分配利润”增加；

③“本年利润”账户借记（所有者权益减少），“利润分配——未分配利润”账户贷记（所有者权益增加）；

④“本年利润”账户入账金额 1 125 万元，“利润分配——未分配利润”账户入账金额 1 125 万元。

借：本年利润　　11 250 000

　　贷：利润分配——未分配利润　　11 250 000

【例】新世纪股份有限公司 2007 年度实现净利润 1 125 万元，按净利润的 10% 提取法定盈余公积，按净利润的 15% 提取任意盈余公积，向股东分派现金股利 350 万元，同时分派每股面值 1 元的股票股利 250 万股。

（1）提取盈余公积

①这项经济业务涉及“利润分配——提取法定盈余公积”、“利润分配——提取任意盈余公积”（所有者权益类）和“盈余公积——法定盈余公积”、“盈余公积——任意盈余公积”（所有者权益类）四个账户；

②“利润分配——提取法定盈余公积”、“利润分配——提取任意盈余公积”减少，“盈余公积——法定盈余公积”、“盈余公积——任意盈余公积”增加；

③“利润分配——提取法定盈余公积”、“利润分配——提取任意盈余公积”账户借记（所有者权益减少），“盈余公积——法定盈余公积”、“盈余公积——任意盈余公积”账户贷记（所有者权益增加）；

④“利润分配——提取法定盈余公积”账户入账金额 1 125 000（11 250 000 × 10%）元，“利润分配——提取任意盈余公积”账户入账金额 1 687 500（11 250 000 × 15%）元，“盈余公积——法定盈余公积”账户入账金额 1 125 000 元，“盈余公积——任意盈余公积”账户入账金额 1 687 500 元。

借：利润分配——提取法定盈余公积　　1 125 000

　　　　　　——提取任意盈余公积　　1 687 500

　　贷：盈余公积——法定盈余公积　　1 125 000

　　　　　　　　——任意盈余公积　　1 687 500

（2）分派现金股利

①这项经济业务涉及“利润分配——应付现金股利”（所有者权益类）和“应付股利”（负债类）两个账户；

②“利润分配——应付现金股利”减少，“应付股利”增加；

③“利润分配——应付现金股利”账户借记（所有者权益减少），“应付股利”账户贷记（负债增加）；

④“利润分配——应付现金股利”账户入账金额350万元，“应付股利”账户入账金额350万元。

借：利润分配——应付现金股利　　3 500 000

　　贷：应付股利　　3 500 000

（3）分派股票股利，已办妥增资手续

①这项经济业务涉及“利润分配——转作股本的股利”（所有者权益类）和“股本”（所有者权益类）两个账户；

②“利润分配——转作股本的股利”减少，“股本”增加；

③“利润分配——转作股本的股利”账户借记（所有者权益减少），“股本”账户贷记（所有者权益增加）；

④“利润分配——转作股本的股利”账户入账金额250万元，“股本”账户入账金额250万元＝股票面值总额。

借：利润分配——转作股本的股利　　2 500 000

　　贷：股本　　2 500 000

（4）将“利润分配”账户所属其他明细账户的余额结转至“未分配利润”明细账户，结转后“利润分配”账户所属其他明细账户无余额。

本例中“利润分配”账户所属其他四个明细账户在结转前均为借方余额，故应从其贷方结转至“利润分配——未分配利润”账户的借方。

借：利润分配——未分配利润　　8 812 500

　　贷：利润分配——提取法定盈余公积　　1 125 000

　　　　　　　　——提取任意盈余公积　　1 687 500

　　　　　　　　——应付现金股利　　3 500 000

　　　　　　　　——转作股本的股利　　2 500 000

经过年末的三次结转，只有“利润分配——未分配利润”账户年末有余额，如为贷方余额，表示年末未分配利润；如为借方余额，表示年末未弥补亏损。

（七）成本计算

本章中涉及了一些基本的成本计算。在会计中，成本与费用是两个不同的概念。成本可以理解为按一定对象所归集的费用，是对象化了的费用。

所谓成本计算，是指对应计入一定对象的全部费用进行归集、计算，并确定该对象总成本和单位成本的会计方法。包括：（1）确定成本计算对象；（2）归集全部费用；（3）计算；（4）结转。

关于成本计算方法，是成本会计这一会计分支的主要内容，本课程所涉及的是最基本的成本计算。

关于成本计算内容，主要包括：资产取得成本的计算、资产转化成本的计算和产品制造成本的计算。

1. 资产取得成本的计算

由于资产种类繁多，不可能一一介绍各种资产取得成本的计算。在本章“采购业务的核算”部分，已经涉及原材料这种资产取得成本（主要为采购成本）的计算。在此，仅以固定资产为例，介绍外购固定资产取得成本的计算。

外购固定资产的成本，包括实际支付的购买价款，加上进口关税等相关税金，以及为使固定资产达到预定可使用状态前发生的可直接归属于该资产的其他支出，如场地整理费、运输费、装卸费、包装费、保险费、安装费和专业人员服务费等。

外购固定资产如不需安装，其成本直接记入“固定资产”账户；如果需要安装，其成本先记入“在建工程”账户，待安装完毕达到预定可使用状态再转入“固定资产”账户。可以将“在建工程”理解为“固定资产”的前身，二者的区别就在于所建造项目是否达到预定可使用状态，在该项目达到预定可使用状态前，通过“在建工程”账户核算，达到预定可使用状态后，通过“固定资产”账户核算。

【例】公司购入需要安装的机器设备一台，买价 240 000 元，增值税 40 800 元，包装费、运杂费共计 10 000 元，全部款项已经用银行存款支付；此外，在安装过程中发生工人工资 5 000 元。安装完毕，经过验收合格已经交付使用。

安装前：

①这项经济业务涉及“在建工程”（资产类）、“应交税费——应交增值税（进项税额）”（负债类）和“银行存款”（资产类）三个账户；

②“在建工程”增加，“应交税费”减少，“银行存款”减少（注：当期应交增值税 = 当期销项税额 - 当期进项税额，故进项税额使得“应交税费”减少）；

③“在建工程”账户借记（资产增加），“应交税费——应交增值税（进项税额）”账户借记（负债减少），“银行存款”账户贷记（资产减少）；

④“在建工程”账户入账金额 250 000（240 000 + 10 000）元，“应交税费——应交增值税（进项税额）”账户入账金额 40 800 元，“银行存款”账户入账金额 290 800（250 000 + 40 800）元。

借：在建工程　　　　250 000

应交税费——应交增值税（进项税额）　40 800

　　贷：银行存款　290 800

安装时：

①这项经济业务涉及“在建工程”（资产类）和“应付职工薪酬”（负债类）两个账户；

②“在建工程”增加，“应付职工薪酬”增加；

③“在建工程”账户借记（资产增加），“应付职工薪酬”账户贷记（负债增加）；

④“在建工程”账户入账金额 5 000 元，“应付职工薪酬”账户入账金额 5 000 元。

借：在建工程　5 000

　　贷：应付职工薪酬　5 000

安装后：

①这项经济业务涉及“固定资产”（资产类）和“在建工程”（资产类）两个账户；

②“固定资产”增加，“在建工程”减少；

③“固定资产”账户借记（资产增加），“在建工程”账户贷记（资产减少）；

④“固定资产”账户入账金额 255 000 元，“在建工程”账户入账金额 255 000（250 000 + 5 000）元。

借：固定资产　255 000

　　贷：在建工程　255 000

2. 资产转化成本的计算

资产转化成本，即耗费的资产价值。本章仅以材料资产转化为材料费用为例，介绍材料费用的计算。

材料费用 = 耗费材料数量 × 耗费材料单价

其中，耗费材料数量的确定，取决于存货的盘存制度，有关内容将在第九章“财产清查”予以介绍。

而耗费材料单价的确定，则取决于所采用的存货发出计价方法。

（1）个别计价法：以材料购入时的实际单位成本作为发出材料的计价单价。

（2）先进先出法：假定先入库的材料先发出，故以库存中最先入库的材料的单位成本作为发出材料的计价单价。

（3）月末一次加权平均法：月末计算材料的加权平均单位成本，以此作为发出材料的计价单价。

（4）移动加权平均法：每购进一次材料计算一次加权平均单位成本，以此作为其后发出材料的计价单价。

3. 产品制造成本计算

在本章“生产业务的核算”部分，已经涉及产品生产成本的计算及制造费用的分配等内容，故不再赘述。

注意，期末，如果产品未完工，其已经发生的制造成本仍然保留在“生产成本”账户中，成为“生产成本”账户的期末余额；如果产品完工验收入库，其制造成本从“生产成本”账户转入“库存商品”账户，则“生产成本”账户无期末余额。

三、重点提示

本章的重点内容包括：筹资业务的核算；采购业务的核算；生产业务的核算；销售业务的核算；利润确定与分配业务的核算；基本的成本计算。

第六章

账户的分类

一、学习目的与要求

通过本章的学习，掌握账户按经济内容的分类；掌握账户按用途和结构的分类；掌握账户按提供指标的详细程度分类。

二、主要内容讲解

（一）账户按经济内容分类

账户按经济内容分类，可以分为：

1. 资产类账户；
2. 负债类账户；
3. 所有者权益类账户；
4. 成本类账户；
5. 损益类账户。

这种分类方式，与会计要素基本上是对应的。在第三章中已有涉及。

（二）账户按用途和结构分类

账户的用途：通过账户的记录，所能够提供的核算指标。

账户的结构：账户的借方和贷方所登记的内容，余额的方向及其内容。

账户按用途和结构分类，可以分为：

1. 盘存账户

用途：核算和监督各种财产物资的增减变动及其结存情况。

范围："库存现金"、"银行存款"、"原材料"、"库存商品"、"固定资产"等账户。

结构：由于盘存账户均为资产类账户，故符合资产账户基本结构。如图 6－1 所示。

借方 盘存账户	贷方
期初财产物资结存数额 本期财产物资增加数额	本期财产物资减少数额
期末财产物资结存数额	

图 6－1 盘存账户结构

2. 结算账户

按照结算业务性质的不同，结算账户可以分为：

（1）债权结算账户

用途：核算和监督企业同各个债务单位或个人之间的结算业务。

范围："应收账款"、"应收票据"、"其他应收款"、"预付账款" 等账户。

结构：由于债权结算账户均为资产类账户，故符合资产账户基本结构。如图 6－2 所示。

借方 债权结算账户	贷方
期初债权实有数额 本期债权增加数额	本期债权减少数额
期末债权实有数额	

图 6－2 债权结算账户结构

（2）债务结算账户

用途：核算和监督企业同各个债权单位或个人之间的结算业务。

范围："应付账款"、"应付票据"、"预收账款"、"应付职工薪酬"、"应交税费"、"应付股利"、"其他应付款" 等账户。

结构：由于债务结算账户均为负债类账户，故符合负债账户基本结构。如图 6－3 所示。

借方 债务结算账户	贷方
本期债务减少数额	期初债务实有数额 本期债务增加数额
	期末债务实有数额

图 6－3 债务结算账户结构

（3）债权债务结算账户

用途：核算和监督企业同某一单位或个人之间的债权和债务结算业务。

范围：

①不设置“预收账款”账户，将预收款业务并入“应收账款”账户核算时的“应收账款”账户。“预收”与“应收”的区别仅在于企业是否交付商品，在此之前为预收款，属于债务，而在此之后为应收款，属于债权。因此，当“应收账款”账户同时核算预收款与应收款时，便具有双重性质，成为债权债务结算账户。

②不设置“预付账款”账户，将预付款业务并入“应付账款”账户核算时的“应付账款”账户。“预付”与“应付”的区别仅在于企业是否收到所购商品，在此之前为预付款，属于债权，而在此之后为应付款，属于债务。因此，当“应付账款”账户同时核算预付款与应付款时，便具有双重性质，成为债权债务结算账户。

结构：由于债权债务结算账户既核算债权，也核算债务，具有双重性质，故结构兼具资产和负债账户的结构特点。如图 6－4 所示。

借方　　　　债权债务结算账户	贷方
期初债权大于债务的差额 本期债权的增加额 本期债务的减少额	期初债务大于债权的差额 本期债务的增加额 本期债权的减少额
期末债权大于债务的差额	期末债务大于债权的差额

图 6－4　债权债务结算账户结构

3. 资本账户

用途：核算和监督资本和公积金的增减变动及其实有数额。

范围：“实收资本”、“资本公积”、“盈余公积”等账户。

结构：由于资本账户均为所有者权益类账户，故符合所有者权益类账户基本结构。如图 6－5 所示。

借方　　　　资本账户	贷方
本期资本和公积金的减少数额	期初资本和公积金的实有数额 本期资本和公积金的增加数额
	期末资本和公积金的实有数额

图 6－5　资本账户结构

4. 集合分配账户

用途：归集企业生产经营过程某一阶段发生的某种费用，并按一定标准在有关对象间进行分配。

范围：“制造费用”账户。

结构："制造费用"账户属于成本类账户，符合成本类账户基本结构。由于其借方所归集的费用，期末均由贷方转出，故该账户期末无余额。如图6－6所示。

借方	制造费用	贷方
本期发生的制造费用数额	期末将借方归集的费用在有关对象间分配	

图6－6 制造费用账户结构

5. 成本计算账户

用途：归集企业生产经营过程某一阶段某成本计算对象发生的全部费用，并据此计算该成本计算对象的实际成本。

范围："生产成本"、"材料采购"、"在建工程"等账户。

结构：成本计算账户的结构，如第三章中介绍的"生产成本"账户。其特点是，期末如果完成某一阶段的生产经营活动，则其借方所归集的成本均由贷方转出，故该账户无期末余额；反之，期末如果尚未完成某一阶段的生产经营活动，则不能结转其借方所归集的成本，故该账户有期末借方余额。

6. 损益计算账户

用途：归集企业某个会计期间的收益和费用损失，以计算确定最终的经营成果。

范围："主营业务收入"、"其他业务收入"、"投资收益"、"公允价值变动损益"、"营业外收入"、"主营业务成本"、"其他业务成本"、"营业税金及附加"、"销售费用"、"管理费用"、"财务费用"、"资产减值损失"、"营业外支出"、"所得税费用"账户。

结构：由于损益计算账户均为收入（包括利得）类和费用（包括损失）类账户，故符合收入类账户和费用类账户的基本结构。收入类账户和费用类账户结构见第三章"会计科目、账户与会计等式"。

7. 调整账户

用途：调整某个账户的余额，以表示该被调整账户的实际余额。

按对被调整账户的调整方式划分，调整账户可以分为：

（1）备抵调整账户

用途：抵减被调整账户余额，以求得其实际余额。

注意：备抵调整账户与被调整账户的余额所在方向必须相反，才能起到抵减被调整账户余额的作用。

举例："累计折旧"账户是"固定资产"账户的备抵调整账户，用"累计折旧"账户的期末贷方余额抵减"固定资产"账户的期末借方余额，即为固定资产的净值。如图6－7所示。

借方	固定资产 贷方
期初余额 本期增加额	本期减少额
期末余额	

借方 累计折旧	贷方
本期减少额	期初余额 本期增加额
	期末余额

图6-7 固定资产账户与累计折旧账户结构

（2）附加调整账户

用途：增加被调整账户余额，以求得其实际余额。

注意：附加调整账户与被调整账户的余额所在方向必须相同。

实践中没有纯粹的附加调整账户。

（3）备抵附加调整账户

用途：抵减或增加被调整账户余额。

注意：依据调整账户与被调整账户余额所在方向是否一致，来判定是抵减被调整账户余额还是增加被调整账户余额。如调整账户与被调整账户余额所在方向相同，则为附加调整账户；如调整账户与被调整账户余额所在方向相反，则为备抵调整账户。

举例："材料成本差异"账户是"原材料"账户的备抵附加调整账户。"材料成本差异"账户存在于原材料按计划成本法核算的情况下，反映原材料的实际成本与计划成本的差异。如果实际成本大于计划成本，称为超支差异；如果实际成本小于计划成本，称为节约差异。

在计划成本法下，"原材料"账户的期末借方余额反映期末结存原材料的计划成本。如图6-8所示。

借方 原材料	贷方
期初结存原材料的计划成本 本期入库原材料的计划成本	本期出库原材料的计划成本
期末结存原材料的计划成本	

图6-8 计划成本法下原材料账户结构

"材料成本差异"账户的期末余额存在两种情况：

如为借方余额，反映期末结存原材料负担的超支差异。在这种情况下，"材料成本差异"账户与"原材料"账户的余额所在方向一致，故属于附加调整账户，用"原材料"账户的期末借方余额（计划成本）加上"材料成本差异"账户的期末借方余额（超支差异），即为原材料的实际成本。

如为贷方余额，反映期末结存原材料负担的节约差异。在这种情况下，"材料成本差异”账户与“原材料”账户的余额所在方向相反，故属于备抵调整账户，用“原材料”账户的期末借方余额（计划成本）减去“材料成本差异”账户的期末贷方余额（节约差异），即为原材料的实际成本。如图6－9所示。

借方	材料成本差异 贷方
期初结存原材料负担的超支差异	期初结存原材料负担的节约差异
本期入库原材料形成的超支差异	本期入库原材料形成的节约差异
结转本期出库原材料负担的节约差异	结转本期出库原材料负担的超支差异
期末结存原材料负担的超支差异	期末结存原材料负担的节约差异

图6－9 计划成本法下材料成本差异账户结构

8. 暂记账户

用途：核算和监督某些一时难以确定其应借或应贷账户的经济业务，将其暂时记入某账户。一旦确定其应借或应贷账户，即从该账户中转出。

范围：“待处理财产损溢”账户。

“待处理财产损溢”账户主要用于对财产清查结果的账务处理，有关内容将在第九章“财产清查”作具体介绍。简言之，财产清查的结果无外乎三种情况：账存＝实存、账存＞实存（称为盘亏）和账存＜实存（称为盘盈），需要对盘亏和盘盈两种情况进行账务处理。具体分两步进行：

（1）在查明盘亏或盘盈的原因以前，先将盘亏或盘盈记入“待处理财产损溢”账户；

（2）在查明盘亏或盘盈的原因以后，报经批准，于期末结账前再将盘亏或盘盈从“待处理财产损溢”账户转出，记入其他相关账户，结转后该账户无余额。如图6－10所示。

借方	待处理财产损溢 贷方
本期发生的财产物资盘亏、毁损数额	本期发生的财产物资盘盈数额
报经批准转账的财产物资盘盈数额	报经批准转账的财产物资盘亏、毁损数额

图6－10 待处理财产损溢账户结构

（三）账户按提供指标的详细程度分类

账户按提供指标的详细程度分类，可以分为：

1. 总分类账户；

2. 明细分类账户。

这种分类方式，在第三章中已有涉及，不再赘述。

（四）账户按期末有无余额分类

账户按期末有无余额分类，可以分为：

1. 实账户；
2. 虚账户。

这种分类方式，在第三章中已有涉及，不再赘述。

三、重点提示

本章的重点内容包括：盘存账户；结算账户；资本账户；集合分配账户；成本计算账户；损益计算账户；调整账户和暂记账户的用途和结构。

第七章

会 计 凭 证

一、学习目的与要求

通过本章的学习，理解会计凭证的含义和作用；掌握会计凭证按填制程序和用途的分类；理解原始凭证的含义；掌握原始凭证的分类、填制和审核；理解记账凭证的含义；掌握记账凭证的分类、填制和审核；理解会计凭证传递的内涵；熟悉会计凭证保管的基本要求。

二、主要内容讲解

（一）会计凭证概述

会计凭证：记录经济业务的发生情况，明确经济责任，作为记账依据的书面证明。

作用：（1）反映经济业务的完成情况；（2）是记账的依据；（3）是监督经济业务的依据；（4）明确经济责任。

会计凭证按填制程序和用途，分为原始凭证和记账凭证。

（二）原始凭证的分类

原始凭证：也称单据，是经济业务发生时由业务经办人员取得或填制，用以表明经济业务已经发生或完成，并作为记账原始依据的一种会计凭证。是最具法律效力的会计记录。

凡不能证明经济业务的发生或完成情况的书面证明，如银行对账单、购货合同、购料申请单等，不能作为原始凭证。

1. 按照取得来源，原始凭证分为外来原始凭证和自制原始凭证

外来原始凭证是企业同外部的单位或个人发生经济业务往来时，从外部的单位、个人处取得的原始凭证。如购货发票、收据、各种报销凭证、银行结算凭证等。

自制原始凭证是本单位内部经办人员在办理经济业务时自行填制的原始凭证。如收料单、领料单、入库单、出库单等。

2. 按照填制手续，原始凭证分为一次凭证、累计凭证和汇总凭证

一次凭证，是指填制手续一次完成的原始凭证。

累计凭证，是指在一定时期内，将若干项同类经济业务登记在一起，期末按累计数作为记账依据的原始凭证。其特点是，一定时期内使用一张凭证登记同类经济业务，该经济业务每发生一次，在凭证上登记一次，故凭证的填制是分次进行的，至期末填制完成。典型的累计凭证是限额领料单。

汇总凭证，是指根据一定时期内若干张同类经济业务的原始凭证，期末时对其进行汇总编制而成的一张原始凭证，并按汇总数作为记账的依据。如发料凭证汇总表，就是将本月内若干张发料单于月末时进行汇总编制而成的汇总原始凭证。

注意：外来凭证基本都是一次凭证，自制凭证则既有一次凭证，也有累计凭证。

（三）原始凭证必须具备的内容

1. 凭证的名称；
2. 填制凭证的日期和凭证的号码；
3. 填制凭证的单位名称及公章或业务专用章，或填制个人姓名；
4. 经办人员的签名或盖章；
5. 接收凭证的单位名称；
6. 经济业务的内容摘要；
7. 经济业务的数量、计量单位、单价和金额；
8. 附件（如与业务有关的经济合同、费用预算等）。

（四）原始凭证填制要求

1. 基本要求

（1）真实可靠；

（2）内容完整；

（3）填制及时；

（4）书写清楚；

（5）顺序使用。

2. 附加要求

（1）从外单位取得的原始凭证，必须盖有填制单位的公章；从个人取得的原始凭证，必须有填制人员的签名或盖章。自制原始凭证必须有经办部门负责人或其指定人员的签名或盖章。对外开出的原始凭证，必须加盖本单位的公章。

（2）凡有大写和小写金额的原始凭证，大写与小写金额必须相符。

（3）购买实物的原始凭证，要有实物验收证明。需要入库的实物，由仓库保管人员验收后，在入库验收单上如实填写实收数额，并签名或盖章。不需要入库的实物，由实物保管人员或使用人员进行验收并签名或盖章。

（4）支付款项的原始凭证，必须要有收款单位和收款人的收款证明，不能仅仅以支付款项的有关凭证代替。

（5）一式几联的原始凭证，应当注明各联的用途，只能以一联作为报销凭证。一式几联的发票或收据用双面复写纸套写，并连续编号。作废时加盖“作废”戳记，连同存根一起保存，不得撕毁。

（6）发生销货退回时，必须以退货发票、退货验收证明作为原始凭证；退款时必须取得对方的收款收据，不得以退货发票代替收据。

（7）职工暂借款时填制的借款单，必须附在记账凭证后。收回借款时，应该另开收据或者退还借据副本，不得退还原借款收据。

（8）经上级有关部门批准的经济业务，应当将批准文件作为原始凭证附件。如批准文件需要单独归档的，应在凭证上注明批准机关名称、日期和文件字号。

（9）原始凭证记载的各项内容均不得涂改；原始凭证有错误的，应当由出具单位重开或者更正，更正处应当加盖出具单位印章。原始凭证金额有错误的，应当由出具单位重开，不得在原始凭证上更正。

（10）从外单位取得的原始凭证如有遗失，应当取得原开出单位盖有公章的证明，并注明原来凭证的号码、金额和内容等，由经办单位会计机构负责人、会计主管人员和单位领导人批准后才能代作原始凭证。如果确实无法取得证明的，如火车、轮船、飞机票等凭证，由当事人写出详细情况，由经办单位会计机构负责人、会计主管人员和单位领导人批准后，代作原始凭证。

（五）原始凭证的审核

1. 合法性的审核；
2. 合理性的审核；
3. 完整性的审核；
4. 正确性的审核。

其中，合法性和合理性审核，是针对原始凭证所记录的经济业务，审核经济业务的发生是否符合国家法律法规，是否符合市场经济基本规律等；完整性和正确性审核，则是针对原始凭证本身，审核其填制是否齐全、无误。

（六）记账凭证的分类

记账凭证：根据审核无误的原始凭证填制的，用来记录经济业务的简要内容、确定会计分录，作为登记账簿直接依据的一种会计凭证。记账凭证的主要内容是经济业务的会计分录，即该项经济业务应借记和贷记的账户名称，以及入账金额。

原始凭证和记账凭证的含义，体现了会计核算的基本程序：经济业务发生后，首先取得或填制原始凭证，审核无误后，再根据原始凭证编制记账凭证，记账凭证审核无误后，再根据其登记账簿。

记账凭证首先可以分为复式记账凭证和单式记账凭证：

1. 复式记账凭证

复式记账凭证：将一项经济业务所涉及的会计科目全部集中填列在一张记账凭证上。

复式记账凭证可以进一步分为专用记账凭证和通用记账凭证：

（1）专用记账凭证——专门用来记录某一特定种类经济业务的记账凭证。适用于企业规模较大、经济业务数量较多、记账凭证数量较多的情况。

按照经济业务是否涉及现金或银行存款，可将经济业务划分为三类，则分别对应三种记账凭证：

①收款凭证：专门记录现金或银行存款收入业务的记账凭证。可进一步分为现金收款凭证和银行存款收款凭证。

②付款凭证：专门记录现金或银行存款支出业务的记账凭证。可进一步分为现金付款凭证和银行存款付款凭证。

③转账凭证：记录不涉及现金或银行存款收付业务的记账凭证。

注意：现金和银行存款之间相互转化的经济业务，仅编制付款凭证，而不再编制收款凭证，以避免重复记账。具体，从银行提取现金的业务，编制银行存款付款凭证，无需再编制现金收款凭证；将现金存入银行的业务，编制现金付款凭证，无需再编制银行存款收款凭证。

（2）通用记账凭证——采用一种通用格式记录各种经济业务的记账凭证。即不对经济业务进行分类，采用一种格式的记账凭证记录所有的经济业务。适用于企业规模较小、经济业务数量较少、记账凭证数量较少的情况。

复式记账凭证的优点是，能够反映经济业务的全貌，减少凭证张数；缺点是不便于分工记账，不便于科目汇总。

2. 单式记账凭证

单式记账凭证：将一项经济业务所涉及的每个会计科目分别填列在两张或两张以上的记账凭证上。即每张单式记账凭证上只填列一个会计科目，所以一笔经济业务涉及几个会计科目，就必须填列几张单式记账凭证。

单式记账凭证可以进一步分为借项记账凭证和贷项记账凭证：

(1) 借项记账凭证：填列借方科目和金额的单式记账凭证。

(2) 贷项记账凭证：填列贷方科目和金额的单式记账凭证。

单式记账凭证的优点是，便于记账分工，便于科目汇总；缺点是不能反映经济业务的全貌，增加凭证张数。

(七) 记账凭证的基本内容

1. 记账凭证的名称；

2. 填制凭证的日期和凭证的编号；

3. 经济业务的摘要；

4. 会计分录（应记会计科目，包括一级科目、二级科目和明细科目、方向及金额)；

5. 记账符号；

6. 所附原始凭证的张数；

7. 填制人员、稽核人员、记账人员和会计主管人员（收款凭证和付款凭证还应有出纳人员）的签名或印章。

(八) 记账凭证的填制要求

1. 根据审核无误的原始凭证填制。记账凭证可以根据每一张原始凭证填制，或者根据若干张同类原始凭证汇总填制，也可以根据原始凭证汇总表填制。但不得将不同内容和类别的原始凭证汇总填制在一张记账凭证上。

2. 记账凭证包括的内容都应具备。记账凭证的日期，一般为编制记账凭证当天的日期。会计分录的填写应当准确，必须使用国家统一会计制度规定的会计科目，总账科目和明细科目要填写齐全，金额应对准借贷栏次和科目行次进行填写。

3. 应对记账凭证进行连续编号。

(1) 如果企业使用的是通用记账凭证，可以采用顺序编号法，即在同一月份内，按照编制记账凭证的先后顺序，从第 1 号开始，按阿拉伯数字依次编排。

如："记账第 × 号"。

(2) 如果企业使用的是专用记账凭证，可以采用字号编号法，即凭证类型——字，同类凭证顺序编号——号。

如："收字第 × 号"，"付字第 × 号"，"转字第 × 号"。

或："现收字第 × 号"，"现付字第 × 号"，"银收字第 × 号"，"银付字第 × 号"，"转字第 × 号"。

(3) 如果一笔经济业务需要编制 2 张或以上同一类型的记账凭证，可以采用分数编号法。

如:“转字28 1/3号”,“转字28 2/3号”,“转字28 3/3号”。

4. 除结账和更正错误的记账凭证可以不附原始凭证外，其他记账凭证必须附有原始凭证。如果一张原始凭证涉及几张记账凭证，可以把原始凭证附在一张主要的记账凭证后面，并在其他记账凭证上注明附有该原始凭证的记账凭证的编号或者附原始凭证复印件。

一张复始凭证所列支出需要几个单位共同负担的，应当将其他单位负担的部分，开给对方原始凭证分割单进行结算。原始凭证分割单必须具备原始凭证的基本内容：凭证名称、填制凭证日期、填制凭证单位名称或者填制人姓名、经办人的签名或者盖章、接受凭证单位名称、经济业务内容、数量、单价、金额和费用分摊情况等。

5. 如果在填制记账凭证时发生错误，应当重新填制。已经登记入账的记账凭证，在当年内发现填写错误时，可以用红字填写一张与原内容相同的记账凭证，在摘要栏注明“注销某月某日某号凭证”字样，同时再用蓝字重新填制一张正确的记账凭证，注明“订正某月某日某号凭证”字样。如果会计科目没有错误，只是金额错误，也可以将正确数字与错误数字之间的差额，另编一张调整的记账凭证，调增金额用蓝字，调减金额用红字。发现以前年度记账凭证有错误的，应当用蓝字填制一张更正的记账凭证。

6. 记账凭证填制完经济业务后如有空行，应当在金额栏最后一笔金额数字下的空行处至合计数上的空行处划线注销。

7. 记账凭证填制完毕，必须由填制人员、审核人员、记账人员和会计主管签章。

8. 实行会计电算化的单位，对于机制记账凭证，要认真审核，做到会计科目使用正确，数字准确无误。打印出的机制记账凭证要加盖制单人员、审核人员、记账人员及会计机构负责人、会计主管人员印章或者签字。

（九）记账凭证的审核

1. 真实性：是否依据审核无误的原始凭证填制，二者内容是否相符。
2. 正确性：会计分录是否正确无误。
3. 完整性：各项内容是否填写齐全、符合填制要求。

（十）会计凭证的书写要求

填制会计凭证，字迹必须清晰、工整，并符合下列要求：

1. 阿拉伯数字应当一个一个写，不得连笔写。阿拉伯金额数字前面应当书写货币币种符号或者货币名称简写和货币币种符号。币种符号与阿拉伯金额数字间不得留有空白。凡阿拉伯数字前写有币种符号的，数字后面不再写货币单位。

2. 所有以元为单位（其他货币种类为货币基本单位，下同）的阿拉伯数字，除表示单价等情况外，一律填写到角分；无角分的，角位和分位可写“00”，或者符号“——”；有角无分的，分位应当写“0”，不得用符号“——”代替。

3. 汉字大写数字金额如零、壹、贰、叁、肆、伍、陆、柒、捌、玖、拾、佰、仟、万、亿等，一律用正楷或者行书体书写，不得用〇、一、二、三、四、五、六、七、八、九、十等小写字代替，不得任意自造简化字。大写金额数字到元或者角为止的，在“元”或者“角”字之后应当写“整”字或者“正”字；大写金额数字有分的，分字后面不写“整”或者“正”字。

4. 大写金额数字前未印有货币名称的，应当加填货币名称，货币名称与金额数字之间不得留有空白。

5. 阿拉伯金额数字中间有“0”时，汉字大写金额要写“零”字；阿拉伯数字金额中间连续有几个“0”时，汉字大写金额中可以只写一个“零”字；阿拉伯金额数字元位是“0”，或者数字中间连续有几个“0”、元位也是“0”但角位不是“0”时，汉字大写金额可以只写一个“零”字，也可以不写“零”字。

（十一）会计凭证的传递

会计凭证的传递：会计凭证从填制到归档保管整个过程中，在单位内部各个有关部门和经办人员之间的传递程序与传递时间。即取得或填制会计凭证后，应在什么时间内交到哪个部门、哪个工作岗位上，由谁接办业务手续，直至归档保管为止的整个过程。

会计凭证传递包括：

1. 传递程序：根据业务情况，恰当规定各种会计凭证的联数和所流经的必要环节。

2. 传递时间：根据实际需要，合理规定会计凭证在各个环节停留的时间。

注意：只涉及会计部门的凭证，由会计部门自行确定传递程序和传递时间；涉及多部门的凭证，由会计部门会同有关部门和人员协商确定传递程序和传递时间。

（十二）会计凭证的保管

1. 每月记账完毕：

（1）将本月各种记账凭证加以整理，检查是否存在缺号以及附件是否齐全。

（2）记账凭证应当连同所附的原始凭证或者原始凭证汇总表，按照编号顺序，折叠整齐，按期装订成册。

（3）在装订成册的会计凭证上加上封面，注明：单位名称、年份和月份、起讫日期、记账凭证的种类、总计册数等经办人员的签章。

(4) 装订后，在装订线上加贴封签，会计主管的签章。

2. 如果月内会计凭证数量过多，可以分册进行装订。如果某些记账凭证所附原始凭证数量过多，可以单独装订保管，在封面上注明记账凭证日期、编号、种类，同时在记账凭证上注明“附件另订”和原始凭证名称及编号。各种经济合同、存出保证金收据以及涉外文件等重要原始凭证，应当另编目录，单独登记保管，并在有关的记账凭证和原始凭证上相互注明日期和编号。

3. 年度内装订成册的会计凭证应集中由会计部门指定专人负责保管。在年度会计决算后，由会计部门编造清册移交本单位的档案部门。

4. 原始凭证不得外借，其他单位如因特殊原因需要使用原始凭证时，经本单位会计机构负责人、会计主管人员批准，可以复制。向外单位提供的原始凭证复制件，应当在专设的登记簿上登记，并由提供人员和收取人员共同签名或者盖章。

三、重点提示

本章的重点内容包括：会计凭证的种类；原始凭证的分类、填制和审核；记账凭证的分类、填制和审核。

第八章

会计账簿

一、学习目的与要求

通过本章的学习，熟悉账簿的基本构成；掌握账簿的分类；掌握总分类账、明细分类账和日记账的设置；熟悉新账簿的启用和账簿的交接手续；掌握登记账簿的基本要求；掌握现金日记账和银行存款日记账的登记；掌握总分类账与明细分类账的平行登记；掌握更正错账的方法；掌握对账和结账。

二、主要内容讲解

（一）账簿的基本构成

账簿：是根据账户设置，由具有一定格式、相互连接的账页组成，以记账凭证为依据，全面、连续、系统地记录各项经济业务的簿籍。

从外表形式看，账簿是由账页组成的簿籍；从内在实质看，账簿是企业账户体系的载体。

账簿的构成：

1. 封面——标明账簿名称。
2. 扉页——列明科目索引、账簿启用交接表。
3. 账页（主体）——载明账户名称、记账日期、凭证种类和号数、摘要、金额。

（二）账簿的种类

1. 账簿按用途分类，可以分为：

（1）序时账簿，是指按经济业务发生时间的先后顺序，逐日逐笔登记经济业务的账簿。按记录经济业务的范围不同，可以分为：

①普通日记账：用来登记全部经济业务，实务中很少采用。

②特种日记账：用来登记某一类经济业务，如现金日记账和银行存款日记账。

(2) 分类账簿，是指对各项经济业务进行分类登记的账簿。按反映经济业务内容的详细程度不同，可以分为：

①总分类账簿：简称总账，根据总分类科目开设，是总分类账户的载体，提供总括核算资料。

②明细分类账簿：简称明细账，根据明细科目开设，是明细分类账户的载体，提供详细核算资料。

(3) 备查账簿，是指用于对某些日记账和分类账等主要账簿中未能登记或记载不全的经济业务进行补充登记以备查考的账簿。如“经营租入固定资产登记簿”、“委托加工材料登记簿”等。可根据企业需要灵活设置。

2. 账簿按外表形式分类，可以分为：

(1) 订本式账簿，是指在启用前，对账页进行顺序编号并固定装订成册的账簿。

(2) 活页式账簿，是指将若干具有专门格式的账页保存在账夹里，启用时不做固定装订，年终时才装订成册的账簿。

(3) 卡片式账簿，是指由专门格式的卡片作为账页，放置在卡片箱中，随取随用的账簿（见表8－1）。

表8－1　各种账簿的优缺点及适用情况比较

种类	优点	缺点	适用情况
订本账	避免账页散失，防止人为抽换	留页费踌躇，不便于分工记账	重要账簿，如总账、现金日记账和银行存款日记账
活页账	可以增添账页，便于分工记账	账页易散失和被抽换	明细账
卡片账	随时增添卡片，可以跨年使用，无须更换	同活页账	账页可以重新排列的重要账簿，如固定资产明细账

（三）账簿设置

账簿设置的内容包括：(1) 账簿的种类，一般应设置日记账、总账、明细账；(2) 账簿的数量，取决于账户设置的数量和详细程度；(3) 账簿中账页的格式；(4) 账簿的登记方法，取决于会计核算程序，将在第十一章“会计核算程序”中作具体介绍。本节中关于账簿设置主要涉及账页的格式。

1. 总分类账的设置

总账是企业的主要账簿，任何企业都要设置总账。总账必须使用订本账。

总账账页的格式一般采用三栏式，即“借方”、“贷方”和“余额”三个金额栏。

2. 明细分类账的设置

明细账是总账的必要补充，是对总账所反映的经济业务更为具体而详尽的反映。明细账多用活页账。

明细账账页的格式可以采用三栏式、多栏式和数量金额式（见表8-2）。

表8-2　　各种明细账账页格式及适用情况比较

种类	格式	适用情况
三栏式	借方、贷方、余额三栏	债权债务
数量金额式	收入、发出、结存三大栏内各设数量、单价、金额三小栏	原材料、库存商品等存货
多栏式	借方设置专栏或贷方设置专栏或借、贷方均设置专栏	收入、费用、成本、利润

3. 日记账的设置

现金日记账和银行存款日记账必须使用订本账。

现金日记账和银行存款日记账的格式可以采用三栏式和多栏式。

（四）新账簿的启用和账簿的交接

企业新创立或新会计年度开始，都应启用新账簿。启用会计账簿时，应当在账簿封面上写明单位名称和账簿名称。在账簿扉页上应当附启用表，内容包括：启用日期、账簿页数、记账人员和会计机构负责人、会计主管人员姓名，并加盖名章和单位公章。记账人员或者会计机构负责人、会计主管人员调动工作时，应当注明交接日期、接办人员或者监交人员姓名，并由交接双方人员签名或者盖章。某些重要账簿的交接，还应由会计主管人员或单位领导人监交，并由监交人签章。

启用订本式账簿，应当从第一页到最后一页顺序编定页数，不得跳页、缺号。使用活页式账页，应当按账户顺序编号，并须定期装订成册。装订后再按实际使用的账页顺序编定页码。另加目录，记明每个账户的名称和页次。如果是活页账，应在账夹上注明账簿名称、所登记的科目等；如果是卡片账，应在卡片匣上标明该卡片账的用途。

（五）登记账簿的基本要求

1. 准确完整：登记会计账簿时，应当以审核无误的会计凭证为依据，将会计凭证日期、凭证种类和编号、摘要、金额等有关资料逐项登记入账，做到数字准确、摘要清楚、登记及时、字迹工整。

2. 注明记账符号：账簿登记完毕后，要在记账凭证上签名或盖章，并注明已经登账的符号“√”，表示已经记账。

3. 书写留空：账簿中的文字和数字上面要留有适当空格，不要写满格，一般应占格距的1/2。

4. 正常记账使用蓝黑墨水：登记账簿要用蓝黑墨水或者碳素墨水书写，不得使用圆珠笔（银行的复写账簿除外）或者铅笔书写。

只有下列情形可以使用红色墨水记账：

（1）根据红字冲账的记账凭证，冲销错误记录；

（2）在不设借、贷等栏的多栏式账页中，登记减少数；

（3）在三栏式账户的余额栏前，如未印明余额方向的，在余额栏内登记负数余额；

（4）结账划线；

（5）根据国家统一会计制度的规定可以用红字登记的其他会计记录。

5. 顺序连续登记：账簿必须逐页、逐行登记，不得跳行或隔页，也不得在行上或行下任意填写。如果发生跳行或隔页，应当将空行、空页划红色对角线注销，或者注明“此行空白”、“此页空白”字样，并由记账人员签名或盖章。

6. 结出余额：凡要结出余额的账户，结出余额后，应当在“借或贷”等栏内写明“借”或“贷”等字样。没有余额的账户，应当在“借或贷”等栏内写“平”字，并在“余额”栏内用“0”表示（一般在“元”位）。

7. 转页手续：账页记录到倒数第二行时，应该办理转页手续。

在本页最后一行结出本页借方发生额合计、贷方发生额合计及余额，并在“摘要”栏注明“转次页”或“过次页”字样。然后将结出金额抄至下一页第一行有关栏次，并在“摘要”栏内注明“承前页”字样。也可以将本页合计数及金额只写在下页第一行有关栏内，并在摘要栏内注明“承前页”字样。

对需要结计本月发生额的账户，结计“过次页”的本页合计数应当为自本月初起至本页末止的发生额合计数；对需要结计本年累计发生额的账户，结计“过次页”的本页合计数应当为自年初起至本页末止的累计数；对既不需要结计本月发生额也不需要结计本年累计发生额的账户，可以只将每页末的余额结转次页。

8. 定期结账。

9. 更换新账：一般来说，总账、日记账和多数明细账应该每年更换一次。有些财产物资明细账和债权债务明细账，由于材料品种、规格过多和往来单位过多，如果更换新账，重抄一遍工作量很大，所以可以跨年度使用，不必每年度更换一次。各种备查账也可以连续使用。

10. 实行会计电算化的单位，总账和明细账应当定期打印。

发生收款和付款业务的，在输入收款凭证和付款凭证的当天必须打印出现金日记账和银行存款日记账，并与库存现金核对无误。

用计算机打印的会计账簿必须连续编号，经审核无误后装订成册，并由记账人员和会计机构负责人、会计主管人员签字或者盖章。

（六）现金日记账和银行存款日记账的登记

根据钱账分管的内部牵制原则，现金日记账和银行存款日记账应由专职的出纳人员负责登记和保管，并且出纳人员不得登记除现金日记账和银行存款日记账以外的任何账簿。

1. 现金日记账的登记

现金日记账由出纳人员根据现金收、付款凭证，逐日逐笔顺序登记。

现金日记账必须每天结出余额，并与库存现金相核对。

注意：现金日记账收入栏的登记依据是现金收款凭证和银行存款付款凭证（从银行提取现金的业务）。

2. 银行存款日记账的登记

银行存款日记账由出纳人员根据银行存款收、付款凭证，逐日逐笔顺序登记。

银行存款日记账必须每天结出余额，以便与开户银行送来的对账单相核对。

注意：银行存款日记账收入栏的登记依据是银行存款收款凭证和现金付款凭证（将现金存入银行的业务）。

（七）总分类账和明细分类账的平行登记

总账与明细账的登记，应当遵循平行登记的原则：

1. 同时登记——一笔经济业务应同时在总账及其所属的明细账中进行登记（注意：这里的“同时”是指在同一会计期间，而非同一时点）；

2. 依据相同——登记总账和明细账依据的是相同的会计凭证；

3. 方向一致——一笔经济业务如记入总账的借方（或贷方），也应同时记入所属明细账的借方（或贷方）；

4. 金额相等——登记在总账的金额应与登记在所属明细账的金额或金额合计相等。

（八）账簿记录错误的更正

1. 划线更正法

适用情况：账簿记录的文字或数字有误，而据以登账的记账凭证正确。

更正方法：

(1) 在错误的文字或数字上划一条红线，表示将错误文字或数字注销；

（2）用蓝黑字将正确文字或数字填写在划线的上方位置，并由更正人员在更正处盖章。

注意：划线时，原有文字仍清晰可辨。对于数字错误，即使只是某位数错误也必须全部划线注销；而对于文字错误，可以只划掉错误的文字。

2. 红字更正法

适用情况 1：记账凭证所载会计科目或方向有误，并据以登账，从而导致账簿记录错误。

更正方法：

（1）用红字填制一张与原错误凭证会计科目相同的记账凭证，摘要栏注明"冲销×月×日×号凭证"（注意：只有金额用红字）；

（2）根据红字凭证登记账簿；

（3）用蓝字填制一张正确的记账凭证，摘要栏注明"订正×月×日×号凭证"；

（4）根据蓝字凭证登记账簿。

适用情况 2：记账凭证所载会计科目和方向无误，但所记金额大于应记金额，并据以登账，从而导致账簿记录错误。

更正方法：

（1）将多记金额用红字填制一张与原错误凭证会计分录相同的记账凭证，摘要栏注明"冲销×月×日×号凭证多记数"（注意：只有金额用红字）；

（2）根据红字凭证登记账簿。

3. 补充登记法

适用情况：记账凭证所载会计科目和方向无误，但所记金额小于应记金额，并据以登账，从而导致账簿记录错误。

更正方法：

（1）将少记金额用蓝字填制一张与原错误凭证会计分录相同的记账凭证，摘要栏注明"补记×月×日×号凭证少记数"；

（2）根据蓝字凭证登记账簿。

（九）对账

为了保证账簿记录的正确性，会计人员必须进行账簿记录的核对。

对账的内容包括：

1. 账证核对：核对会计账簿记录与原始凭证、记账凭证的时间、凭证字号、内容、金额是否一致，记账方向是否相符。

2. 账账核对：核对不同会计账簿之间的账簿记录是否相符，包括：

（1）所有总账账户借方余额之和 = 所有总账账户贷方余额之和。

(2) 各总分类账户的余额 = 其所属明细账户余额之和。

(3) 现金日记账余额 = 现金总账余额;

银行存款日记账余额 = 银行存款总账余额。

(4) 会计部门的财产物资明细账余额 = 财产物资保管和使用部门的有关明细账余额。

3. 账实核对：核对会计账簿记录与财产等实有数额是否相符。包括：

(1) 现金日记账余额与现金实际库存数额相核对，每日进行一次。

(2) 银行存款日记账余额与银行对账单余额相核对，每月至少进行一次。

(3) 财产物资明细账余额与财产物资实存数额相核对，每年至少进行一次。

(4) 债权债务账面余额与债务债权单位或个人的账目相核对，每年至少进行一次。

(十) 结账

1. 结账的内容

(1) 会计期末为结平所有虚账户而做的结账分录;

(2) 结出所有实账户的本期发生额和期末余额，并将期末余额转入下期。

2. 结账的前提

(1) 将本期发生的经济业务全部登记入账，尤其要注意检查是否进行了账项调整（所谓账项调整，即依据权责发生制原则，确认本期的应计收入和应计费用）;

(2) 对账。

3. 结账的手续

月度结账的手续：

(1) 在本月最后一笔经济业务下划通栏单红线，表示本月记录结束;

(2) 下一行在“摘要”栏注明“本期发生额和期末余额”或“本月合计”，并在相应金额栏填写本期借方发生额合计数、贷方发生额合计数和期末余额，最后沿该行底划通栏单红线，表示月结结束;

(3) 下一行在“日期”栏填写下月 1 日，在“摘要”栏填写“期初余额”，在“余额”栏转抄上月期末余额。

年度结账的手续：

(1) 在 12 月份月结记录下面划一通栏单红线，表示年度终了;

(2) 下一行在“摘要”栏注明“本年发生额和年末余额”或“本年合计”，并在相应金额栏填写本年借方发生额合计数、贷方发生额合计数和年末余额;

(3) 下一行在“摘要”栏填写“结转下年”，将年末余额以相反方向记入发生额栏内，在“借或贷”栏填写“平”字，在“余额”栏的元位上填写“0”

(或符号“－”)，也可直接将年末余额记入“余额”栏而不结平，最后沿该行底划通栏双红线，表示年结结束；

(4) 在下一会计年度新建有关会计账簿第一页第一行的“日期”栏填写1月1日，“摘要”栏填写“上年结转”，将上年末余额填入“余额”栏。

三、重点提示

本章的重点内容包括：账簿的分类；总分类账、明细分类账和日记账的账页格式；登记账簿的基本要求；现金日记账和银行存款日记账的登记；总分类账和明细分类账的平行登记；更正错账的三种方法；对账的内容；结账的内容和手续。

第九章

财产清查

一、学习目的与要求

通过本章的学习，理解财产清查的含义；熟悉财产清查的分类；掌握财产物资的盘存制度；了解清查前的准备工作；熟悉实物资产、货币资金和往来款项的清查方法；掌握未达账项及银行存款余额调节表的编制；掌握财产清查结果的账务处理。

二、主要内容讲解

（一）财产清查的含义

财产清查：通过对各种财产物资、货币资金和往来款项的实地盘点与核对，查明其实际结存数额，并与账面结存数额相核对，以确定账实是否相符的一种会计核算方法。

财产清查的作用：

1. 保证会计核算资料真实可靠。
2. 挖掘财产物资潜力，提高财产物资的利用效率。
3. 强化内部控制制度，保护财产的安全与完整。
4. 保证财经纪律和结算制度的贯彻执行。

（二）财产清查的分类

1. 按清查的对象和范围分类（见表 9－1）

表 9－1　　财产清查按清查对象和范围分类

种类	清查范围	适用情况
全面清查	全部财产物资、往来款项	年终决算以前；企业合并、撤销或改变隶属关系时；企业更换负责人时；企业需要进行资产评估时。
局部清查	部分财产物资、往来款项	存货轮流盘点或重点抽查；贵重物资每月盘点；现金每日核对；银行存、借款每月核对；往来款项至少每年一次核对。更换有关管理人员和非常损失时对有关财产物资进行的清查。

2. 按清查的时间分类（见表 9－2）

表 9－2　　财产清查按清查时间分类

种类	清查时间	适用情况
定期清查	根据事先计划安排的时间：月末、季末、年末	年终决算以前的全面清查；月末和季末对贵重物资的清查。
不定期清查	根据需要，临时进行	更换财产物资保管人员、财产遭受非常损失的局部清查。单位产权转移或变动的全面清查。相关部门会计检查时的局部清查或全面清查。

（三）财产物资的盘存制度

1. 永续盘存制

在永续盘存制下，平时存货明细账逐日逐笔登记存货的收入和发出情况。因此，可随时根据账簿记录得出存货的结存情况。

在永续盘存制下，并不排除实地盘点，目的是为了核对账实是否相符。

2. 实地盘存制

在实地盘存制下，平时存货明细账只登记存货的收入情况，不登记发出情况。因此，不能随时根据账簿记录得出存货结存情况。于是，期末通过实地盘点确定存货实际结存数量，据以计算期末存货成本，再倒挤本期发出存货成本：

本期发出存货成本＝期初结存存货成本＋本期收入存货成本－期末结存存货成本

3. 永续盘存制与实地盘存制的比较

永续盘存制的优点是有利于加强对存货的管理：存货的明细记录随时反映每一存货收入、发出和结存的状态——结合实地盘点，将实存与账存相核对，可以保证账实相符；同时反映出存货是否过多或不足，以便及时处理。永续盘存制的缺点是存货明细记录的工作量较大。

实地盘存制的优点是简化存货的日常核算工作。实地盘存制的缺点：一是不能随时反映存货收入、发出和结存的动态，不便于管理人员掌握情况；二是容易掩盖存货管理中存在的自然和人为损失，削弱了对存货的控制；三是不能随时结转成本，只能到期末盘点时结转发出存货成本。

（四）财产清查前的准备工作

1. 组织准备

组织准备：成立专门的财产清查小组。

2. 业务准备

（1）经济业务全部入账，进行账证核对、账账核对；

（2）使用、保管部门对财产物资进行分类整理，挂标签；

（3）校正度量器具；

（4）准备空白的清查盘点表册。

（五）实物资产的清查方法

实物资产的清查是指对存货、固定资产等的清查。

实物资产清查的方法包括：（1）实地盘点法，是指通过逐一清点或使用计量器具衡量，确定财产物资实际结存数量的方法。大部分实物资产均可采用。（2）技术推算法，是指通过技术推算（量方、计尺等），测算财产物资实际结存数量的方法。适用于大量、分散、成堆、笨重的难以逐一清点的实物资产。

存货、固定资产的清查一般采用实地盘点法。具体方法：

1. 进行实地盘点；

2. 登记盘存单；

3. 针对账实不符的资产，编制账存实存对比表（盘点盈亏报告单）。

（六）货币资金的清查方法

1. 库存现金的清查

库存现金的清查一般采用实地盘点法。具体方法：

（1）清点现金实有数额；

（2）将现金实有数额与现金日记账账面余额进行核对；

（3）填制现金盘点报告单（兼具盘存单和账存实存对比表的作用）。

库存现金的清查应注意：

（1）出纳人员必须在场，以明确经济责任。

（2）严格检查企业是否遵守有关现金管理制度的规定。

（3）“现金盘点报告单”必须由盘点人员和出纳人员共同签章才能生效。

2. 银行存款的清查

银行存款的清查采用与开户银行核对账目的方法。具体方法是将企业银行存款日记账与开户银行对账单进行逐笔核对。

企业银行存款日记账的余额应与银行对账单的余额相等。造成银行存款日记账余额与银行对账单余额不符的原因：一是企业和银行一方或双方发生记账错误，二是存在未达账项。

未达账项，是指企业与银行之间，由于结算凭证传递时间的不同，发生的一方已经登记入账，而另一方尚未接到有关结算凭证未登记入账的款项。包括：(1) 企业已收银行未收款项；(2) 企业已付银行未付款项；(3) 银行已收企业未收款项；(4) 银行已付企业未付款项。

将银行存款日记账余额和银行对账单余额调整相符，需要：

(1) 对企业或银行的记账错误予以更正；

(2) 编制银行存款余额调节表对未达账项进行调整。

银行存款余额调节表编制原理：

$$\begin{array}{c}\text{企业银行存款}\\\text{日记账余额}\end{array}+\begin{array}{c}\text{银行已收企业}\\\text{未收款项}\end{array}-\begin{array}{c}\text{银行已付企业}\\\text{未付款项}\end{array}=\begin{array}{c}\text{银行对}\\\text{账单余额}\end{array}+\begin{array}{c}\text{企业已收银行}\\\text{未收款项}\end{array}-\begin{array}{c}\text{企业已付银行}\\\text{未付款项}\end{array}$$

注意：

(1) 调整后双方的余额应当相等，并且是企业当时实际可以动用的款项。

(2) “银行存款余额调节表”只起到对账的作用，不能据此编制凭证和调整账簿记录。

(七) 往来款项的清查方法

应收、应付款项等往来款项的清查主要采用与对方单位核对账目的方法。具体方法：

1. 确认本单位的账簿记录准确无误后，编制“往来款项对账单（询证函）”，送往对方单位进行核对。

2. 对方单位核对相符后，在回单联上加盖公章退回，表示已核对。如发现数额不符，则在回单联上注明不符情况，或另抄对账单退回，以便进一步核对。如有未达账项，需要双方进行调节（调节方法与银行存款余额调节方法相同）。

(八) 财产清查结果的账务处理

1. 财产清查结果账务处理的原则

财产清查的结果：

(1) 账实相符：账存等于实存，不需要账务处理。

(2) 账实不符：账存大于实存（盘亏）与账存小于实存（盘盈），需要账务处理。如为盘亏，则调减账存，使得账实相符；如为盘盈，则调增账存，使得账实相符。

2. 财产清查结果账务处理的账户设置

设置“待处理财产损溢”总分类账户，下设“待处理流动资产损溢”和“待处理固定资产损溢”两个明细分类账户。其结构见第六章“账户的分类”。

3. 财产清查结果的账务处理

（1）盘盈的账务处理

①报经批准转账前

借：××资产账户

　　贷：待处理财产损溢

②报经批准转账

借：待处理财产损溢

　　贷：××账户

（2）盘亏的账务处理

①报经批准转账前

借：待处理财产损溢

　　贷：××资产账户

②报经批准转账

借：××账户

　　贷：待处理财产损溢

三、重点提示

本章的重点内容包括：永续盘存制与实地盘存制；未达账项与银行存款余额调节表；财产清查结果的账务处理。

第十章

财务报告与报表分析

一、学习目的与要求

通过本章的学习，掌握财务会计报告的内容、种类、目标和编制要求；掌握资产负债表的性质、结构和编制；掌握利润表的性质、结构和编制；掌握现金流量表的性质、编制基础和结构；掌握现金流量的分类；掌握所有者权益变动表的性质和结构；熟悉报表附注的主要内容；理解财务报表分析的目的、基础和方法；熟悉财务报表分析的主要财务比率。

二、主要内容讲解

（一）财务会计报告的内容

《企业会计准则——基本准则》第十章财务会计报告第四十四条：财务会计报告是指企业对外提供的反映企业某一特定日期的财务状况和某一会计期间的经营成果、现金流量等会计信息的文件。

财务会计报告包括财务报表和其他应当在财务会计报告中披露的相关信息和资料。

《企业会计准则第30号——财务报表列报》第一章总则第二条：财务报表是对企业财务状况、经营成果和现金流量的结构性表述。财务报表至少应当包括下列组成部分：

1. 资产负债表；
2. 利润表；
3. 现金流量表；
4. 所有者权益（或股东权益）变动表；
5. 附注。

（二）财务会计报告的种类

财务会计报告按编报时间包括：

1. 中期财务会计报告：月度财务会计报告；季度财务会计报告；半年度财务会计报告。

2. 年度财务会计报告。

（三）财务会计报告的目标和编制要求

《企业会计准则——基本准则》第一章总则第四条：企业应当编制财务会计报告。财务会计报告的目标是向财务会计报告使用者提供与企业财务状况、经营成果和现金流量等有关的会计信息，反映企业管理层受托责任履行情况，有助于财务会计报告使用者作出经济决策。

财务会计报告使用者包括投资者、债权人、政府及其有关部门和社会公众等。

财务会计报告的作用主要表现在以下几个方面：

1. 有助于财务会计报告使用者了解企业的财务状况、经营成果和现金流量，并据以作出经济决策、进行宏观经济管理。

2. 有助于考核企业管理层经济责任的履行情况。

3. 有助于企业管理层加强经营管理、提高经济效益。

财务会计报告的编制要求：

1. 数字真实；

2. 计算准确；

3. 内容完整；

4. 报送及时。

（四）资产负债表的性质和作用

资产负债表：反映企业在某一特定日期的财务状况的会计报表（静态报表）。

资产负债表的作用：

1. 提供某一日期的资产总额及其构成；

2. 提供某一日期的负债总额及其构成；

3. 反映所有者拥有的权益；

4. 提供进行财务分析的基本资料。

（五）资产负债表的结构

1. 资产负债表项目的分类

资产负债表是依据“资产 = 负债 + 所有者权益”这一会计恒等式，对资产、负债和所有者权益三个会计要素按照一定标准进行分类，并对分类后的各个项目按照一定顺序予以排列后形成的。

《企业会计准则第 30 号——财务报表列报》第三章资产负债表第十二条：资产和负债应当分别流动资产和非流动资产、流动负债和非流动负债列示。

可见，资产负债表中的资产和负债均按照其流动性进行分类，分类后按照流动性由强至弱的顺序对各个项目予以排列。

2. 资产负债表的格式

（1）表首，包括报表名称、编制单位、编制日期、报表编号、货币计量单位。

（2）正表（主体）的格式有：

①报告式——上下结构；

②账户式——左右结构。

我国的资产负债表采用的是账户式结构，并且各项目均对比填列“期末余额”和“年初余额”。

（六）资产负债表的编制

资产负债表“年初余额”栏各项目数字，应根据上年年末资产负债表“期末余额”栏所列数字填列。

资产负债表“期末余额”栏各项目数字的填列：

1. “货币资金”项目，根据“库存现金”、“银行存款”、“其他货币资金”科目的期末余额合计填列。

2. “交易性金融资产”项目，根据“交易性金融资产”科目的期末余额填列。

3. “应收票据”项目，根据“应收票据”科目的期末余额填列。

4. “应收账款”项目，根据“应收账款”科目所属各明细科目的期末借方余额合计，减去“坏账准备”科目中有关应收账款计提的坏账准备期末余额后的金额填列。

如“预收账款”科目所属明细科目有期末借方余额，也包括在本项目内。

5. “预付款项”项目，根据“预付账款”科目所属各明细科目的期末借方余额合计填列。

如“应付账款”科目所属明细科目有期末借方余额，也包括在本项目内。

6. “应收利息”项目，根据“应收利息”科目的期末余额填列。

7. “应收股利”项目，根据“应收股利”科目的期末余额填列。

8. “其他应收款”项目，根据“其他应收款”科目的期末余额，减去“坏账准备”科目中有关其他应收款计提的坏账准备期末余额后的金额填列。

9. “存货”项目，根据“材料采购”、“在途物资”、“原材料”、“库存商品”、“发出商品”、“委托加工物资”、“周转材料”、“委托代销商品”、“受托代销商品”、“生产成本”等科目的期末余额合计，减去“受托代销商品款”、“存货跌价准备”科目期末余额后的金额填列。

材料采用计划成本核算，以及库存商品采用计划成本或售价核算的企业，“存货”项目还应按加减“材料成本差异”、“商品进销差价”科目期末余额后的金额填列。

10.“其他流动资产”项目，根据有关科目的期末余额填列。

11.“可供出售金融资产”项目，根据“可供出售金融资产”科目的期末余额，减去“可供出售金融资产减值准备”科目的期末余额后的金额填列。

12.“持有至到期投资”项目，根据“持有至到期投资”科目的期末余额，减去“持有至到期投资减值准备”科目的期末余额后的金额填列。

13.“长期应收款”项目，根据“长期应收款”科目的期末余额，减去“坏账准备”科目中有关长期应收款计提的坏账准备期末余额，再减去“未实现融资收益”科目的期末余额后的金额填列。

长期应收款中将于一年内到期的部分，在流动资产下“一年内到期的非流动资产”项目中反映。

14.“长期股权投资”项目，根据“长期股权投资”科目的期末余额，减去“长期股权投资减值准备”科目的期末余额后的金额填列。

15.“投资性房地产”项目，根据“投资性房地产”科目的期末余额，减去“投资性房地产累计折旧（摊销）”、“投资性房地产减值准备”科目的期末余额后的金额填列。

16.“固定资产”项目，根据“固定资产”科目的期末余额，减去“累计折旧”、“固定资产减值准备”科目的期末余额后的金额填列。

17.“在建工程”项目，根据“在建工程”科目的期末余额，减去“在建工程减值准备”科目的期末余额后的金额填列。

18.“工程物资”项目，根据“工程物资”科目的期末余额，减去“工程物资减值准备”科目的期末余额后的金额填列。

19.“固定资产清理”项目，根据“固定资产清理”科目的期末借方余额填列。如为期末贷方余额，以“－”填列。

20.“生产性生物资产”项目，根据“生产性生物资产”科目的期末余额，减去“生产性生物资产累计折旧”、“生产性生物资产减值准备”科目的期末余额后的金额填列。

21.“油气资产”项目，根据“油气资产”科目的期末余额，减去“累计折耗”、“油气资产减值准备”科目的期末余额后的金额填列。

22.“无形资产”项目，根据“无形资产”科目的期末余额，减去“累计摊销”、“无形资产减值准备”科目的期末余额后的金额填列。

23. “研发支出”项目，根据“研发支出”科目的期末余额填列。

24. “商誉”项目，根据“商誉”科目的期末余额，减去“商誉减值准备”科目的期末余额后的金额填列。

25. “长期待摊费用”项目，根据“长期待摊费用”科目的期末余额填列。

长期待摊费用中将于一年内到期的部分，在流动资产下“一年内到期的非流动资产”项目中反映。

26. “递延所得税资产”项目，根据“递延所得税资产”科目的期末余额填列。

27. “其他非流动资产”项目，根据有关科目的期末余额填列。

28. “短期借款”项目，根据“短期借款”科目的期末余额填列。

29. “交易性金融负债”项目，根据“交易性金融负债”科目的期末余额填列。

30. “应付票据”项目，根据“应付票据”科目的期末余额填列。

31. “应付账款”项目，根据“应付账款”科目所属各明细科目的期末贷方余额合计填列。

如“预付账款”科目所属明细科目有期末贷方余额，也包括在本项目内。

32. “预收款项”项目，根据“预收账款”科目所属各明细科目的期末贷方余额合计填列。

如“应收账款”科目所属明细科目有期末贷方余额，也包括在本项目内。

33. “应付职工薪酬”项目，根据“应付职工薪酬”科目的期末贷方余额填列。如为期末借方余额，以“-”填列。

34. “应交税费”项目，根据“应交税费”科目的期末贷方余额填列。如为期末借方余额，以“-”填列。

35. “应付利息”项目，根据“应付利息”科目的期末余额填列。

36. “应付股利”项目，根据“应付股利”科目的期末余额填列。

37. “其他应付款”项目，根据“其他应付款”科目的期末余额填列。

38. “其他流动负债”项目，根据有关科目的期末余额填列。

39. “长期借款”项目，根据“长期借款”科目的期末余额填列。

40. “应付债券”项目，根据“应付债券”科目的期末余额填列。

41. “长期应付款”项目，根据“长期应付款”科目的期末余额，减去“未确认融资费用”科目的期末余额后的金额填列。

42. “专项应付款”项目，根据“专项应付款”科目的期末余额填列。

43. “预计负债”项目，根据“预计负债”科目的期末余额填列。

44. “递延所得税负债”项目，根据“递延所得税负债”科目的期末余额填列。

45. “其他非流动负债”项目，根据有关科目的期末余额填列。

注意：以上各长期负债项目中将于一年内到期的部分，应从各长期负债项目中予以扣除，在流动负债下“一年内到期的非流动负债”项目中反映。

46. “实收资本（或股本）”项目，根据“实收资本”（或“股本”）科目的期末余额填列。

47. “资本公积”项目，根据“资本公积”科目的期末余额填列。

48. “库存股”项目，根据“库存股”科目的期末余额填列。

49. “盈余公积”项目，根据“盈余公积”科目的期末余额填列。

50. “未分配利润”项目，根据“利润分配”科目所属“未分配利润”明细科目的期末贷方余额填列。如为期末借方余额，以“－”填列。

（七）利润表的性质和作用

利润表：反映企业在一定会计期间的经营成果的会计报表（动态报表）。

利润表的作用：

1. 反映一定会计期间的收入实现情况；
2. 反映一定会计期间的费用耗费情况；
3. 反映生产经营活动的成果；
4. 提供进行财务分析的基本资料。

（八）利润表的格式

1. 表首，包括报表名称、编制单位、编制时期、报表编号、货币计量单位。
2. 正表（主体）格式有：

①单步式——净利润的计算一步完成。

②多步式——利润分层次，净利润的计算分多步完成。

我国的利润表采用的是多步式结构，并且每个项目分“本期金额”和“上期金额”两栏填列。

（九）利润表的编制

利润表“上期金额”栏各项目数字，应根据上年该期利润表“本期金额”栏所列数字填列。

利润表“本期金额”栏各项目数字的填列：

1. “营业收入”项目，根据“主营业务收入”科目和“其他业务收入”科目的发生额分析填列。

2. “营业成本”项目，根据“主营业务成本”科目和“其他业务成本”科目的发生额分析填列。

3. “营业税金及附加”项目，根据“营业税金及附加”科目的发生额分析填列。

4. “销售费用”项目，根据“销售费用”科目的发生额分析填列。

5. “管理费用”项目，根据“管理费用”科目的发生额分析填列。

6. “财务费用”项目，根据“财务费用”科目的发生额分析填列。

7. “资产减值损失”项目，根据“资产减值损失”科目的发生额分析填列。

8. “公允价值变动收益”项目，根据“公允价值变动损益”科目的发生额分析填列。如为净损失，以“-”号填列。

9. “投资收益”项目，根据“投资收益”科目的发生额分析填列。如为净损失，以“-”号填列。

本项目下应当单独列示对联营企业和合营企业的投资收益。

10. “营业外收入”项目，根据“营业外收入”科目的发生额分析填列。

11. “营业外支出”项目，根据“营业外支出”科目的发生额分析填列。

本项目下应当单独列示非流动资产处置损失。

12. “所得税费用”项目，根据“所得税费用”科目的发生额分析填列。

13. “基本每股收益”项目，根据《企业会计准则第34号——每股收益》规定计算的金额填列。

14. “稀释每股收益”项目，根据《企业会计准则第34号——每股收益》规定计算的金额填列。

（十）现金流量表的性质和作用

《企业会计准则第31号——现金流量表》第一章总则第二条：现金流量表是指反映企业在一定会计期间现金和现金等价物流入和流出的报表。

现金流量表的作用：

1. 现金流量表可以提供企业的现金流量信息，从而对企业整体财务状况作出客观评价。

2. 通过现金流量表可以对企业的支付能力和偿债能力，以及企业对外部资金的需求情况作出较为可靠的判断。

3. 通过现金流量表不但可以了解企业当前的财务状况，还可以预测企业未来的发展情况。

4. 便于报表使用者评估报告期内与现金有关和无关的投资及筹资活动。

（十一）现金流量表的编制基础

现金流量表的编制基础是现金和现金等价物。

1. 现金

（1）库存现金——企业持有的、可随时用于支付的现金限额，也就是“库存现金”账户核算的现金。

(2) 银行存款——企业存在金融企业、随时可以用于支付的存款，它与“银行存款”账户核算的银行存款基本一致，主要区别是它是可以随时用于支付的银行存款，如结算户存款、通知存款等，而不包括定期存款。

注意：判断是否属于现金，要看管理部门的意图。定期存款实际上是管理部门进行的一种投资，不属于现金。

(3) 其他货币资金——企业存在金融企业有特定用途的资金，也就是“其他货币资金”账户核算的货币资金。包括外埠存款、银行汇票存款、银行本票存款、信用卡存款、信用证保证金存款、存出投资款。

2. 现金等价物

现金等价物——企业持有的期限短、流动性强、易于转换为已知金额现金、价值变动风险很小的投资。其中，“期限短”，一般是指从购买日起 3 个月内到期。

典型的现金等价物是自购买日起 3 个月内到期的债券投资（股票投资由于其变现金额不确定，不属于现金等价物）。

（十二）现金流量的分类

现金流量：现金和现金等价物的流入和流出。

现金净流量：现金和现金等价物流入与流出的差额。如果是正数，则为净流入；如果是负数，则为净流出。

《企业会计准则第 31 号——现金流量表》第二章基本要求第四条：现金流量表应当分别经营活动、投资活动和筹资活动列报现金流量。

1. 经营活动现金流量

《企业会计准则第 31 号——现金流量表》第三章经营活动现金流量第八条：经营活动是指企业投资活动和筹资活动以外的所有交易和事项。

对于工商企业而言，经营活动主要包括销售商品、提供劳务、购买商品、接受劳务、支付税费等。

2. 投资活动现金流量

《企业会计准则第 31 号——现金流量表》第四章投资活动现金流量第十二条：投资活动是指企业长期资产的购建和不包括在现金等价物范围的投资及其处置活动。

“长期资产”，是指固定资产、无形资产、在建工程和其他长期资产等持有期限在一年或一个营业周期以上的资产。

3. 筹资活动现金流量

《企业会计准则第 31 号——现金流量表》第五章筹资活动现金流量第十四

条：筹资活动是指导致企业资本及债务规模和构成发生变化的活动。

这里所说的债务，指对外举债，包括向银行借款、发行债券等。

注意：应付账款、应付票据等商业应付款属于经营活动，不属于筹资活动。

4. 特殊项目现金流量的分类

《企业会计准则第 31 号——现金流量表》第二章基本要求第六条：自然灾害损失、保险索赔等特殊项目，应当根据其性质，分别归并到经营活动、投资活动和筹资活动现金流量类别中单独列报。

（十三）现金流量表的结构

1. 正表

（1）经营活动产生的现金流量；

（2）投资活动产生的现金流量；

（3）筹资活动产生的现金流量；

（4）汇率变动对现金及现金等价物的影响；

（5）现金及现金等价物净增加额；

（6）期末现金及现金等价物余额。

2. 附注

（1）补充资料：

①将净利润调节为经营活动现金流量；

②不涉及现金收支的重大投资和筹资活动；

③现金及现金等价物净变动情况。

注意：正表第一项与补充资料第一项，金额应当核对相符；正表第五项与补充资料第三项，金额应当核对相符。

（2）取得或处置子公司及其他营业单位的有关信息。

（3）现金和现金等价物。

（十四）所有者权益变动表

1. 所有者权益变动表的性质

《企业会计准则第 30 号——财务报表列报》第五章所有者权益变动表第二十九条：所有者权益变动表应当反映构成所有者权益的各组成部分当期的增减变动情况。

2. 所有者权益变动表的格式

（1）表首，包括报表名称、编制单位、编制时期、报表编号、货币计量单位。

（2）正表（主体），各项目均对比填列“本年金额”和“上年金额”。

（十五）财务报表附注

《企业会计准则第30号——财务报表列报》第六章附注第三十一条：附注是对在资产负债表、利润表、现金流量表和所有者权益变动表等报表中列示项目的文字描述或明细资料，以及对未能在这些报表中列示项目的说明等。

《企业会计准则第30号——财务报表列报》第六章附注第三十三条：附注一般应当按照下列顺序披露：

1. 财务报表的编制基础。

2. 遵循企业会计准则的声明。

3. 重要会计政策的说明，包括财务报表项目的计量基础和会计政策的确定依据等。

4. 重要会计估计的说明，包括下一会计期间内很可能导致资产、负债账面价值重大调整的会计估计的确定依据等。

5. 会计政策和会计估计变更以及差错更正的说明。

6. 对已在资产负债表、利润表、现金流量表和所有者权益变动表中列示的重要项目的进一步说明，包括终止经营税后利润的金额及其构成情况等。

7. 或有和承诺事项、资产负债表日后非调整事项、关联方关系及其交易等需要说明的事项。

《企业会计准则第30号——财务报表列报》第六章附注第三十四条：企业应当在附注中披露在资产负债表日后、财务报告批准报出日前提议或宣布发放的股利总额和每股股利金额（或向投资者分配的利润总额）。

《企业会计准则第30号——财务报表列报》第六章附注第三十五条：下列各项未在与财务报表一起公布的其他信息中披露的，企业应当在附注中披露：（1）企业注册地、组织形式和总部地址。（2）企业的业务性质和主要经营活动。（3）母公司以及集团最终母公司的名称。

（十六）财务报表分析的目的和基础

财务报表分析，是以财务报表和其他资料为依据和起点，采用专门方法，系统分析和评价企业过去的和现在的财务状况、经营成果及其变动，目的是了解过去、评价现在、预测未来，帮助利益关系集团改善决策。

1. 财务报表分析的目的

（1）评价企业的偿债能力；

（2）评价企业的营运能力；

（3）评价企业的获利能力；

（4）评价企业的发展趋势。

2. 财务报表分析的基础

（1）资产负债表；

（2）利润表；

（3）现金流量表。

（十七）财务报表分析的方法

1. 比率分析法

比率分析法是将企业同一时期财务报表中的相关项目进行对比，得出一系列财务比率，以此揭示企业财务状况的分析方法。财务比率主要有三类：

（1）构成比率，又称结构比率，是反映某项经济指标的各个组成部分与总体之间关系的财务比率。

（2）效率比率，是反映某项经济活动投入与产出之间关系的财务比率。

（3）相关比率，是反映经济活动中某两个或两个以上相关项目比值的财务比率。

2. 比较分析法

比较分析法是将同一企业不同时期的财务状况或不同企业之间的财务状况进行比较，从而揭示企业财务状况所存在差异的分析方法。可以分为纵向比较分析法和横向比较分析法两种：

（1）纵向比较分析法，又称趋势分析法，是将同一企业连续若干期的财务状况进行比较，确定其增减变动的方向、数额和幅度，以此揭示企业财务状况发展变化趋势的分析方法。

（2）横向比较分析法，是将企业的财务状况与其他企业同期的财务状况进行比较，确定存在的差异及其程度，以此揭示企业财务状况中所存在问题的分析方法。

（十八）财务报表分析的主要财务比率

1. 短期偿债能力分析指标

（1）流动比率＝流动资产/流动负债

通常为2；不同行业存在差异；此比率越高，说明企业偿还流动负债的能力越强，但过高会影响企业的获利能力；存在人为调节的可能性，具有一定的片面性。

（2）速动比率＝速动资产/流动负债

其中：

$$速动资产＝流动资产－存货$$

通常合适值为1；此比率越高，说明企业偿还流动负债的能力越强，但过高会影响企业的获利能力。

（3）现金比率＝（现金＋现金等价物）/流动负债

反映企业的直接支付能力。此比率越高，说明企业有较好的支付能力，对偿付债务是有保障的；但过高则说明企业的资产未得到有效运用。

2. 长期偿债能力分析指标

（1）资产负债率＝负债总额/资产总额

反映企业偿还债务的综合能力。比率越高，还债能力越差。对于债权人，该比率越低越好。对于股东，如果总资产利润率大于负债利率，则增多负债；如果资产利润率小于负债利率，则减少负债。对于经营者，则应适度负债。

（2）产权比率＝负债总额/所有者权益总额

反映债权人投入资本受股东权益保障的程度。此比率越低，企业财务风险越小。

3. 营运能力分析指标

（1）总资产周转率＝销售收入净额/平均资产总额

其中：

销售收入净额＝销售收入－销售退回与折让

平均资产总额＝(期初资产总额＋期末资产总额)/2

用于反映企业全部资产的使用效率，比率高说明资产的利用率高，管理水平高。

（2）流动资产周转率＝销售收入净额/平均流动资产总额

其中：

平均流动资产总额＝(期初流动资产总额＋期末流动资产总额)/2

用于反映企业流动资产的使用效率，比率高说明流动资产的利用率高。

（3）存货周转率＝销售成本/平均存货

其中：

平均存货＝(期初存货＋期末存货)/2

用于测定企业存货的变现速度，衡量销售能力及存货是否过量，反映了企业的销售效率和存货使用效率。比率高，说明企业存货周转得快，销售能力强，但过高也可能说明企业管理方面有问题（存货水平低、经常缺货或购买次数多批量少）；比率低，说明企业存货管理不力，销售状况不好。但也可能是企业调整经营方针，扩大库存的结果。应结合实际作出判断。

（4）应收账款周转率＝赊销收入净额/平均应收账款余额

其中：

平均应收账款余额＝(期初应收账款余额＋期末应收账款余额)/2

用于分析企业应收账款的变现速度和管理效率。此比率越高，说明企业收账快，企业资产流动性强，短期偿债能力强。但该比率过高，可能是采用了较严格的信用政策会限制销售量的扩大。

4. 盈利能力分析指标

（1）资产报酬率 = 净利润/平均资产总额

用来衡量利用资产获取利润的能力，反映了企业总资产的利用效率。比率越高，说明企业资产获利能力越强。

（2）股东权益报酬率 = 净利润/平均所有者权益总额

反映企业股东获取的投资报酬的高低。

（3）销售净利率 = 净利润/销售收入净额

反映销售收入的收益水平。比率越高，说明企业的获利能力越强，销售收入的收益水平越高。

注意，本章中涉及的“财务报表分析”，内容较为基础、浅显，将来可在“财务管理”课程中进行深入了解。

三、重点提示

本章的重点内容包括：财务会计报告的内容、种类和目标；资产负债表的性质和结构；依据资产、负债、所有者权益类总分类账户及其所属明细分类账户的期末余额编制资产负债表；利润表的性质和结构；依据损益类账户的本期发生额编制利润表；现金流量表的性质、编制基础和结构；现金流量的分类；所有者权益变动表的性质和结构（在本课程的学习过程中，不需要掌握现金流量表和所有者权益变动表的编制）。

第十一章

会计核算程序

一、学习目的与要求

通过本章的学习，理解会计核算程序的含义；了解会计核算程序的设计原则；掌握三种基本会计核算程序——记账凭证核算程序、科目汇总表核算程序、汇总记账凭证核算程序的特点、运行步骤、优缺点及适用范围；了解多栏式日记账核算程序、日记总账核算程序和分录日记账核算程序等其他会计核算程序。

二、主要内容讲解

（一）会计核算程序的含义

会计核算程序：规定凭证、账簿、报表的格式、体系、内容，确定各种凭证之间、各种账簿之间、各种报表之间，以及凭证与账簿之间、账簿与报表之间相互联系的程序。包括：

1. 会计凭证。如何根据经济业务的内容，设计自制原始凭证及各种原始凭证之间的联系；如何根据登记账簿的需要设计记账凭证，是采用收款凭证、付款凭证、转账凭证形式的记账凭证，还是采用通用的记账凭证形式；如何根据原始凭证与记账凭证的联系，设计原始凭证与记账凭证的衔接。

2. 会计账簿。如何根据提供会计信息的需要，设计账簿的种类，即序时账、分类账、辅助账等；如何根据信息加工的需要，设计账簿的格式，即三栏式、多栏式、数量金额式等；如何根据内部控制原则确定各账簿之间的联系，以及账簿之间的相互核对。

3. 会计报表。如何根据会计信息使用者的需要，设计会计报表体系、各会计报表的具体内容、编制时间等，以及各会计报表之间的相互联系（目前，单位的对外会计报表多由会计准则、会计制度统一确定，不需要单位自行设计）。

4. 凭证、账簿、报表间的联系。如何根据编制会计报表的要求，设计账簿的格式和账簿体系；如何根据登记账簿的需要设计会计凭证。正是会计凭证、会计账簿、会计报表不同格式和体系的设计，以及凭证、账簿、报表之间的不同联系，形成了不同的会计核算程序。

（二）会计核算程序的设计原则

1. 要与本单位的经营性质、生产经营的规模大小、业务量的多少、会计事项的繁简程度、会计机构的设置和会计人员的配备、分工等情况相适应。

2. 要保证提供的会计核算资料全面、系统、正确、及时。

3. 要在保证会计信息可靠和完整的前提下，尽可能地简化不必要的核算手续，提高会计核算工作的效率。

4. 要有利于建立会计工作的岗位责任制，有利于会计人员的分工和协作。

（三）会计核算程序的种类

我国会计工作在长期实践中形成了以下会计核算程序：记账凭证核算程序、科目汇总表核算程序、汇总记账凭证核算程序、多栏式日记账核算程序、日记总账核算程序、分录日记账核算程序。

各种会计核算程序的共同点是，核算步骤大体相同；差别则主要在于登记总账的依据不同。

（四）记账凭证核算程序

1. 特点

记账凭证核算程序：直接根据各种记账凭证逐笔登记总分类账的核算程序。是其他会计核算程序的基础。

注意，在记账凭证核算程序下，登记总账的依据是记账凭证。

2. 运行步骤

（1）根据原始凭证编制记账凭证（记账凭证可以采用通用格式，也可以采用收、付、转的专用格式）；

（2）根据收、付款凭证逐日逐笔登记现金日记账和银行存款日记账（现金日记账和银行存款日记账一般采用三栏式）；

（3）根据原始凭证和记账凭证登记各种明细分类账（明细账应根据所记录的经济业务分别采用三栏式、数量金额式和多栏式）；

（4）根据记账凭证逐笔登记总分类账（总账一般采用三栏式）；

（5）期末，依据账簿之间的平衡关系对账；

（6）期末，根据总分类账和明细分类账的记录编制会计报表。

3. 优缺点及适用范围

优点：直观反映会计核算过程；易于理解和掌握。

缺点：登记总账的工作量较大。

适用范围：规模小、业务量少、记账凭证少的单位。

（五）科目汇总表核算程序

1. 特点

科目汇总表核算程序：定期将所有记账凭证汇总编制科目汇总表，根据科目汇总表登记总分类账的核算程序。

注意，在科目汇总表核算程序下，登记总账的依据是科目汇总表。

2. 科目汇总表的编制

科目汇总表：依据一定期间的全部记账凭证，汇总每一个会计科目的借方发生额和贷方发生额。

编制方法：将每一科目的本期所有借方发生额相加，其合计数填入科目汇总表的借方栏内；将本期所有贷方发生额相加，其合计数填入科目汇总表的贷方栏内。所有会计科目的本期借方发生额合计数应等于贷方发生额合计数。

科目汇总表的编制时间根据单位经济业务量的多少来确定，可以按1天、3天、5天、7天、10天、15天或1个月等编制汇总一次。科目汇总表依据汇总天数不同，而有不同的格式。一种格式适用于按旬汇总的单位，将记账凭证按旬汇总，每月编制一张科目汇总表。按旬汇总后根据科目汇总表登记总分类账。一种格式适用于按其他时间汇总的单位，将记账凭证定期汇总，每月编制若干张科目汇总表，每编制一张科目汇总表时，即据此登记总分类账。

3. 运行步骤

（1）根据原始凭证编制记账凭证（记账凭证可以采用通用格式，也可以采用收、付、转的专用格式；所载会计分录最好是一借一贷的简单分录）；

（2）根据收、付款凭证逐日逐笔登记现金日记账和银行存款日记账（现金日记账和银行存款日记账一般采用三栏式）；

（3）根据原始凭证和记账凭证登记各种明细分类账（明细账应根据所记录的经济业务分别采用三栏式、数量金额式和多栏式）；

（4）定期根据记账凭证汇总编制科目汇总表；

（5）根据科目汇总表定期汇总登记总分类账（总账一般采用三栏式；通常在编制科目汇总表后，即根据科目汇总表登记总账）；

（6）期末，依据账簿之间的平衡关系对账；

（7）期末，根据总分类账和明细分类账编制会计报表。

4. 优缺点及适用范围

优点：减少登记总账的工作量；科目汇总表有试算平衡的作用。

缺点：不能反映会计科目之间的对应关系及经济业务的来龙去脉。

适用范围：经济业务负责程度不高，规模大、业务量多、记账凭证多的单位。

（六）汇总记账凭证核算程序

1. 特点

汇总记账凭证核算程序：定期将所有记账凭证汇总编制汇总记账凭证，根据汇总记账凭证登记总分类账的核算程序。

注意，在汇总记账凭证核算程序下，登记总账的依据是汇总记账凭证。

2. 汇总记账凭证的编制

（1）汇总收款凭证的编制

汇总收款凭证：根据一定时期的全部收款凭证汇总编制而成。每月 2 张，一张汇总现金收款凭证，一张汇总银行存款收款凭证。

汇总方法：按借方科目设置，汇总一定时期与“库存现金”或“银行存款”科目对应的贷方科目的发生额。

（2）汇总付款凭证的编制

汇总付款凭证：根据一定时期的全部付款凭证汇总编制而成。每月 2 张，一张汇总现金付款凭证，一张汇总银行存款付款凭证。

汇总方法：按贷方科目设置，汇总一定时期与“库存现金”或“银行存款”科目对应的借方科目的发生额。

（3）汇总转账凭证的编制

汇总转账凭证：根据一定时期的全部转账凭证汇总编制而成。每月若干张。

汇总方法：按贷方科目设置，汇总一定时期借方科目的发生额。

3. 运行步骤

（1）根据原始凭证编制记账凭证（记账凭证可以采用通用格式，也可以采用收、付、转的专用格式；收款凭证所载会计分录最好是一借一贷或一借多贷的分录，付款凭证和转账凭证所载会计分录最好是一贷一借或一贷多借的分录）；

（2）根据收、付款凭证逐日逐笔登记现金日记账和银行存款日记账（现金日记账和银行存款日记账一般采用三栏式）；

（3）根据原始凭证和记账凭证登记各种明细分类账（明细账应根据所记录的经济业务分别采用三栏式、数量金额式和多栏式）；

（4）定期根据记账凭证汇总编制汇总记账凭证；

（5）根据汇总记账凭证定期汇总登记总分类账（总账一般采用三栏式；通常在编制汇总记账凭证后，即根据汇总记账凭证登记总账）；

（6）期末，依据账簿之间的平衡关系对账；

（7）期末根据总分类账和明细分类账编制会计报表。

4. 优缺点及适用范围

优点：减少登记总账的工作量；能够反映会计科目之间的对应关系及经济业务的来龙去脉。

缺点：相对于科目汇总表核算程序，工作量较大。

适用范围：经济业务负责程度高，规模大、业务量多、记账凭证多的单位。

（七）多栏式日记账核算程序

1. 特点

多栏式日记账核算程序：根据多栏式现金日记账和多栏式银行存款日记账及转账凭证（或汇总转账凭证）登记总分类账的一种会计核算程序。

注意，在多栏式日记账核算程序下，对于涉及货币资金的经济业务，根据多栏式现金日记账和银行存款日记账登记总分类账；对于不涉及货币资金的转账业务，可以根据转账凭证逐笔登记总分类账，也可以月终填制汇总转账凭证据以登记总分类账。

2. 运行步骤

（1）根据原始凭证编制记账凭证。记账凭证可以采用通用格式，也可以采用收、付、转的专用格式。

（2）根据收款凭证登记多栏式现金收入日记账和多栏式银行存款收入日记账，根据付款凭证登记多栏式现金支出日记账和多栏式银行存款支出日记账。多栏式日记账都设有对应科目专栏（其中现金收入日记账和银行存款收入日记账按对应的贷方科目设置专栏，现金支出日记账和银行存款支出日记账按对应的借方科目设置专栏），平时根据收、付款凭证逐日逐笔登记多栏式日记账各有关对应科目的专栏，月末结出各会计科目的余额，作为登记总分类账的依据。

（3）根据记账凭证和原始凭证登记各种明细分类账。明细分类账可根据经济业务的特点以及经营管理的需要分别采用三栏式、数量金额式或多栏式，其中凡是能够设置多栏式的明细账都应设置多栏式的账簿格式。对于多栏式明细分类账，平时根据记账凭证逐笔登记多栏式明细分类账各会计科目的专栏，月末结出各会计科目的余额，作为登记总分类账的依据。其他格式明细分类账的登记，与前面几种会计核算程序相同。

（4）根据多栏式现金日记账、多栏式银行存款日记账、多栏式明细账及有关转账凭证（或汇总转账凭证）登记总分类账。总账一般采用三栏式。为了简化核算手续，期末根据多栏式现金日记账、多栏式银行存款日记账、多栏式明细账等账簿中各会计科目专栏的合计数登记总分类账。对于没有在多栏式账簿中反映的经济业务，根据转账凭证（或汇总转账凭证）登记总分类账。由于总分类账是根据日记账、明细账等登记的，因此期末不存在账簿之间的核对。

（5）期末，根据总分类账和明细分类账的记录编制会计报表。

3. 优缺点及适用范围

优点：简化登记总分类账的工作；能够反映经济业务的来龙去脉。

缺点：多栏式日记账的设置和登记较为复杂；专栏栏次多，致使账页过长，不便于记账。

适用范围：收、付款业务较多的单位。

（八）日记总账核算程序

1. 特点

日记总账核算程序：设置日记总账，并以所有经济业务编制的记账凭证为依据直接登记日记总账的会计核算程序。

注意，在日记总账核算程序下，设置日记总账取代总分类账，根据记账凭证逐笔登记日记总账。

2. 运行步骤

（1）根据原始凭证编制记账凭证（记账凭证可以采用通用格式，也可以采用收、付、转的专用格式）。

（2）根据收、付款凭证逐日逐笔登记现金日记账和银行存款日记账（现金日记账和银行存款日记账一般采用三栏式）。

（3）根据记账凭证和原始凭证登记各种明细分类账（明细账应根据所记录的经济业务分别采用三栏式、数量金额式和多栏式）。

（4）根据记账凭证逐笔登记日记总账。

日记总账的登记方法是：收款业务、付款业务和转账业务分别根据收款凭证、付款凭证和转账凭证逐日逐笔登记日记总账，对每一笔经济业务所涉及的各个会计科目的借方发生额和贷方发生额，都应分别登记在同一行有关会计科目的借方栏和贷方栏内，同时将发生额登记在“发生额”栏内。月终，分别结出各栏的合计数，计算出各会计科目的月末借方或贷方余额，进行账簿记录的核对工作。具体，需要核对“发生额”栏内本月合计数，与全部会计科目的借方发生额或贷方发生额的合计数是否相符，全部会计科目的借方余额合计数与贷方余额合计数是否相符。

（5）期末，将现金日记账、银行存款日记账的余额及各明细分类账的余额合计数，与日记总账的有关账户余额进行核对。

（6）期末，根据日记总账和明细分类账的记录编制会计报表。

3. 优缺点及适用范围

优点：简化记账手续，便于检查记账的正确性；能够反映会计科目之间的对应关系以及各项经济业务的全貌；简化编表工作。

缺点：栏次过多、账页过长，容易发生串行等记账差错，也不便于会计人员分工记账。

适用范围：经营规模较小、经济业务简单、设置会计科目较少的单位。

（九）分录日记账核算程序

1. 特点

分录日记账核算程序：将所有的经济业务按所有涉及的会计科目，以会计分录的形式登记日记账，再根据分录日记账的记录登记总分类账的一种会计核算程序。

注意，在分录日记账核算程序下，一切经济业务须根据原始凭证编制分录日记账，以分录日记账代替记账凭证，然后根据分录日记账登记总分类账。

2. 运行步骤

（1）根据原始凭证编制分录日记账。

分录日记账的编制方法是：经济业务发生后，将经济业务发生的时间记入日期栏；将涉及的会计科目记入摘要栏，并在会计科目下边简要说明经济业务的内容；将金额记入有关会计科目的借方栏或贷方栏。

（2）根据分录日记账中的会计分录逐日逐笔登记现金日记账和银行存款日记账（现金日记账和银行存款日记账一般采用三栏式）。

（3）根据原始凭证和分录日记账登记各种明细分类账（明细账应根据所记录的经济业务分别采用三栏式、数量金额式和多栏式）。

（4）根据分录日记账登记总分类账（总账一般采用三栏式）。

（5）期末，依据账簿之间的平衡关系对账。

（6）期末，根据总分类账和明细分类账的记录编制会计报表。

3. 优缺点及适用范围

优点：以分录日记账取代大量记账凭证，简化了核算手续；通过一本分录日记账能够反映一定期间的全部经济业务，便于查阅账目，也便于采用计算机操作。

缺点：一本分录日记账不便于会计核算的分工。

适用范围：会计电算化程度较高的单位，或者业务量较少而简单的单位。

三、重点提示

本章的重点内容包括：记账凭证核算程序的特点、运行步骤、优缺点及适用范围；科目汇总表的编制，科目汇总表核算程序的特点、运行步骤、优缺点及适用范围；汇总记账凭证的编制，汇总记账凭证核算程序的特点、运行步骤、优缺点及适用范围。

第十二章

会计工作组织与会计监督

一、学习目的与要求

通过本章的学习，了解会计机构的设置、会计人员的配备和会计工作制度；了解会计工作组织的要求和形式；掌握我国会计规范体系的构成；掌握会计档案的内容和管理要求；了解会计监督体系的构成。

二、主要内容讲解

（一）会计机构设置

我国的会计机构分为两大类：

1. 中央和地方政府设立的主管会计工作的机构

在中央政府的财政部门设置的会计管理机构（即国务院财政部会计司），是我国会计工作的最高领导和管理机构，负责全国会计工作的宏观管理，体现的是政府管理职能。

各省、直辖市、自治区的各级地方政府设置的会计管理机构（如省财政厅会计处、市财政局会计科等），负责管理本地区所属单位的会计工作，体现的也是政府管理职能。

2. 各单位单独设立的财务会计机构

企业、事业等单位设置的会计机构，负责本单位会计业务的处理和其他会计管理工作，体现的是单位的内部管理职能。

各单位应当根据会计业务的需要，设置会计机构，或者在有关机构中设置会计人员并指定会计主管人员；不具备设置条件的，应当委托经批准设立从事会计代理记账业务的中介机构代理记账。国有的和国有资产占控股地位或者主导地位的大、中型企业必须设置总会计师。

（二）会计人员配备

1. 会计机构负责人、会计主管人员

任职条件：（1）政治思想条件，即要能坚持原则、廉洁奉公；（2）专业技术资格条件，即要具有会计专业技术资格；（3）工作经历条件，即主管一个单位或者单位内一个重要方面的财务会计工作时间不少于2年；（4）政策业务水平条件，即熟悉国家财经法律、法规、规章和方针、政策，掌握本行业业务管理的有关知识；（5）组织能力，即要有较强的组织能力；（6）身体条件，即身体状况能够适应本职工作的要求。

任免程序：国有企业、事业单位会计机构负责人、会计主管人员的任免，由单位行政领导人（厂长、经理）提名报上级主管单位，上级主管单位人事部门与财务会计部门对所属单位上报的任免人员协商考核，并报经行政领导人同意后，单位行政领导人方可正式任免。

2. 会计人员

会计人员的条件：（1）应当配备持有会计证的会计人员，未取得会计证的人员，不得从事会计工作。国家实行会计从业资格考试制度。会计从业资格考试科目为：财经法规与会计职业道德、会计基础、初级会计电算化（或者珠算五级）。（2）应当配备具备必要的专业知识和专业技能，熟悉国家有关法律、法规、规章和国家统一会计制度，遵守职业道德的会计人员。

会计人员的职责：（1）进行会计核算；（2）实行会计监督；（3）拟定本单位办理会计事务的具体制度和方法；（4）参与拟订经济计划、业务计划，考核和分析预算、财务计划的执行情况；（5）办理其他会计事务。

会计人员的工作权限：（1）有权要求本单位有关部门、人员认真执行国家批准的计划、预算，遵守国家法律及财经纪律和财务会计制度。（2）有权参与本单位编制计划，制定定额，签订经济合同，参加有关的生产、经营管理会议。（3）有权监督、检查本单位有关部门的财务收支、资金使用和财产保管、收发、计量、检验等情况。

会计人员的专业技术职务：（1）会计员；（2）助理会计师；（3）会计师；（4）高级会计师。

会计人员的职业道德：会计人员在会计工作中应当遵守职业道德，树立良好的职业品质、严谨的工作作风，严守工作纪律，努力提高工作效率和工作质量。包括：

（1）敬业爱岗，即会计人员应当热爱本职工作，努力钻研业务，使自己的知识和技能适应所从事工作的要求。

（2）熟悉法规，即会计人员应当熟悉财经法律、法规、规章和国家统一会计制度，并结合会计工作进行广泛宣传。

（3）依法办事，即会计人员应当按照会计法律、法规和国家统一会计制度规定的程序和要求进行会计工作，保证所提供的会计信息合法、真实、准确、及时、完整。

（4）客观公正，即会计人员办理会计事务应当实事求是、客观公正。

（5）搞好服务，即会计人员应当熟悉本单位的生产经营和业务管理情况，运用掌握的会计信息和会计方法，为改善单位内部管理、提高经济效益服务。

（6）保守秘密，即会计人员应当保守本单位的商业秘密。除法律规定和单位领导人同意外，不能私自向外界提供或者泄露单位的会计信息。

财政部门、业务主管部门和各单位应当定期检查会计人员遵守职业道德的情况，并作为会计人员晋升、晋级、聘任专业职务、表彰奖励的重要考核依据。会计人员违反职业道德的，由所在单位进行处罚；情节严重的，由会计证发证机关吊销其会计证。

（三）会计工作制度

1. 会计岗位责任制

会计岗位责任制的具体内容包括：会计人员的工作岗位设置；各会计工作岗位的职责和标准；各会计工作岗位的人员和具体分工；会计工作岗位轮换办法；对各会计工作岗位的考核办法。

会计工作岗位一般可分为：会计机构负责人或者会计主管人员、出纳、财产物资核算、工资核算、成本费用核算、财务成果核算、资金核算、往来结算、总账报表、稽核、档案管理等。开展会计电算化和管理会计的单位，可以根据需要设置相应工作岗位，也可以与其他工作岗位相结合。

会计工作岗位，可以一人一岗、一人多岗或者一岗多人。但出纳人员不得兼管稽核、会计档案保管和收入、费用、债权债务账目的登记工作。

会计人员的工作岗位应当有计划地进行轮换。

2. 会计人员回避制度

国家机关、国有企业、事业单位任用会计人员应当实行回避制度。

单位领导人的直系亲属不得担任本单位的会计机构负责人、会计主管人员。会计机构负责人、会计主管人员的直系亲属不得在本单位会计机构中担任出纳工作。

需要回避的直系亲属为：夫妻关系、直系血亲关系、三代以内旁系血亲以及配偶亲关系。

3. 会计工作交接制度

会计人员工作调动或者因故离职，必须将本人所经管的会计工作全部移交给接替人员。没有办清交接手续的，不得调动或者离职。

会计人员办理移交手续前，必须及时做好以下工作：(1) 已经受理的经济业务尚未填制会计凭证的，应当填制完毕。(2) 尚未登记的账目，应当登记完毕，并在最后一笔余额后加盖经办人员印章。(3) 整理应该移交的各项资料，对未了事项写出书面材料。(4) 编制移交清册，列明应当移交的会计凭证、会计账簿、会计报表、印章、现金、有价证券、支票簿、发票、文件、其他会计资料和物品等内容；实行会计电算化的单位，从事该项工作的移交人员还应当在移交清册中列明会计软件及密码、会计软件数据磁盘（磁带等）及有关资料、实物等内容。

会计人员办理交接手续，必须有监交人负责监交。一般会计人员交接，由单位会计机构负责人、会计主管人员负责监交；会计机构负责人、会计主管人员交接，由单位领导人负责监交，必要时可由上级主管部门派人会同监交。

移交人员在办理移交时，要按移交清册逐项移交；接替人员要逐项核对点收。(1) 现金、有价证券要根据会计账簿有关记录进行点交。库存现金、有价证券必须与会计账簿记录保持一致。不一致时，移交人员必须限期查清。(2) 会计凭证、会计账簿、会计报表和其他会计资料必须完整无缺。如有短缺，必须查清原因，并在移交清册中注明，由移交人员负责。(3) 银行存款账户余额要与银行对账单核对，如不一致，应当编制银行存款余额调节表调节相符，各种财产物资和债权债务的明细账户余额要与总账有关账户余额核对相符；必要时，要抽查个别账户的余额，与实物核对相符，或者与往来单位、个人核对清楚。(4) 移交人员经管的票据、印章和其他实物等，必须交接清楚；移交人员从事会计电算化工作的，要对有关电子数据在实际操作状态下进行交接。

会计机构负责人、会计主管人员移交时，还必须将全部财务会计工作、重大财务收支和会计人员的情况等，向接替人员详细介绍。对需要移交的遗留问题，应当写出书面材料。

交接完毕后，交接双方和监交人员要在移交注册上签名或者盖章。并应在移交注册上注明：单位名称，交接日期，交接双方和监交人员的职务、姓名，移交清册页数以及需要说明的问题和意见等。移交清册一般应当填制一式三份，交接双方各执一份，存档一份。

接替人员应当继续使用移交的会计账簿，不得自行另立新账，以保持会计记录的连续性。

会计人员临时离职或者因病不能工作且需要接替或者代理的，会计机构负责人、会计主管人员或者单位领导人必须指定有关人员接替或者代理，并办理交接手续。临时离职或者因病不能工作的会计人员恢复工作的，应当与接替或者代理人员办理交接手续。

移交人员对所移交的会计凭证、会计账簿、会计报表和其他有关资料的合法性、真实性承担法律责任。

（四）会计工作组织

所谓会计工作组织，从广义上讲，包括与组织会计工作有关的一切事项。从狭义上讲，会计工作组织仅包括会计机构的设置、会计人员的配备、会计法规的制定与执行，以及会计档案的保管。

1. 会计工作组织的要求：

（1）遵从国家的统一要求；

（2）结合各单位生产经营管理的特点；

（3）注意协调同其他经济管理工作的关系；

（4）以提高会计工作质量和效率为宗旨。

2. 会计工作组织形式

（1）会计核算工作，按其内容是否完整独立，分为独立核算与非独立核算两种组织形式。

独立核算，是指单位对其生产经营活动或业务活动过程及其结果，进行全面、系统、独立地记账、算账，定期编制会计报表，并对其经济活动进行分析、检查等一系列工作。

非独立核算，是指单位向上级机构领取一定量的物资和备用金从事业务活动，平时只进行原始凭证的填制、整理和汇总，以及现金账、实物明细账的登记等一系列具体的会计工作。

（2）独立核算单位的会计工作的组织形式，分为集中核算与非集中核算两种。

集中核算，是指把整个单位的会计工作主要集中在会计部门进行，单位内部的其他部门和下属单位只对其发生的经济业务填制原始凭证或原始凭证汇总表，送交会计部门；原始凭证或原始凭证汇总表由会计部门审核，然后据以编制记账凭证，登记有关账簿，编制会计报表。

非集中核算，又称为分散核算，是指将会计工作分散在各有关部门进行，各会计部门负责本单位范围内的会计工作，单位内部会计部门以外的其他部门和下属单位，在会计部门的指导下，对发生在本部门或本单位的经济业务进行核算。

（五）会计规范体系

会计规范是关于会计工作的法律、规章、制度和标准的总称。

从内容上来看，我国的会计规范体系主要由会计法、会计准则和会计制度三个层次构成。

1. 会计法

在我国整个的会计法规体系中，会计法应该是处于最高层次的，约束和指导其他会计法规。

1985 年 1 月 21 日,《中华人民共和国会计法》公布，从 1985 年 5 月 1 日起实施。1999 年 10 月 31 日第二次修订，于 2000 年 7 月 1 日开始实施。

《中华人民共和国会计法》分 7 章共 52 条，主要就会计管理体制、会计核算、会计监督、会计机构和会计人员、法律责任等方面进行明确规范。

2. 会计准则

我国的会计准则体系包括基本准则和具体准则两个层次。1992 年 12 月《企业会计准则——基本准则》公布，于 1993 年 7 月 1 日起开始实施。1997 年，第一个具体会计准则诞生。从 1997 年至 2004 年，我国陆续颁布了 16 项具体会计准则。2006 年 2 月 15 日，财政部正式发布了新的会计准则体系，2006 年 10 月 30 日，又发布了《企业会计准则——应用指南》，自 2007 年 1 月 1 日起在上市公司范围内施行。

新会计准则体系由对原来的一项基本准则和 16 项具体准则的修订，以及新发布的 20 余项新制定准则构成，即包括一项基本准则、38 项具体准则以及应用指南和解释公告等。其中，基本准则在整个会计准则体系中扮演着概念框架的角色起统驭作用；具体准则是在基本准则的基础上，对具体交易或事项会计处理的规范；应用指南是对具体准则的一些重点难点问题作出的操作性规定；解释公告是随着会计准则的贯彻实施，就实务中遇到的实施问题而对准则作出的具体解释。

3. 会计制度

2000 年 12 月 29 日，财政部正式发布《企业会计制度》，这一统一会计制度将除金融保险企业、小企业之外的所有企业纳入统一的会计核算体系，于 2001 年 1 月 1 日起暂在股份有限公司范围内执行。2001 年 11 月，财政部发布《金融企业会计制度》，于 2002 年 1 月 1 日起暂在上市的金融企业范围内执行。2004 年 4 月，财政部发布《小企业会计制度》，于 2005 年 1 月 1 日起执行。至此，以《企业会计制度》、《金融企业会计制度》、《小企业会计制度》为主的企业会计制度体系建设基本完成，它们与当时的基本准则和 16 项具体准则是并存的。新会计准则体系颁布后,《企业会计制度》也并未废止。

（六）会计档案

各单位必须加强对会计档案管理工作的领导，建立会计档案的立卷、归档、保管、查阅和销毁等管理制度，保证会计档案妥善保管、有序存放、方便查阅，严防毁损、散失和泄密。

会计档案，是指会计凭证、会计账簿和财务报告等会计核算专业材料，是记录和反映单位经济业务的重要史料和证据。

1. 会计档案的内容

（1）会计凭证类：原始凭证、记账凭证、汇总凭证、其他会计凭证。

（2）会计账簿类：总账、明细账、日记账、固定资产卡片、辅助账簿、其他会计账簿。

（3）财务报告类：月度、季度、年度财务报告，包括会计报表、附表、附注及文字说明，其他财务报告。

（4）其他类：银行存款余额调节表，银行对账单，其他应当保存的会计核算专业资料，会计档案移交清册，会计档案保管清册，会计档案销毁清册。

2. 会计档案的管理

（1）立卷归档

各单位每年形成的会计档案，应当由会计机构按照归档要求，负责整理立卷，装订成册，编制会计档案保管清册。

当年形成的会计档案，在会计年度终了后，可暂由会计机构保管一年，期满之后，应当由会计机构编制移交清册，移交本单位档案机构统一保管；未设立档案机构的，应当在会计机构内部指定专人保管。出纳人员不得兼管会计档案。

移交本单位档案机构保管的会计档案，原则上应当保持原卷册的封装。个别需要拆封重新整理的，档案机构应当会同会计机构和经办人员共同拆封整理，以分清责任。

（2）建立使用与借阅制度

各单位保存的会计档案不得借出。如有特殊需要，经本单位负责人批准，可以提供查阅或者复制，并办理登记手续。查阅或者复制会计档案的人员，严禁在会计档案上涂画、拆封和抽换。

各单位应当建立健全会计档案查阅、复制登记制度。可设置“会计档案调阅登记簿”，详细登记调阅日期、调阅人、调阅理由、归还日期等。本单位人员调阅会计档案，需经会计主管人员同意。外单位人员调阅会计档案，要有正式介绍信，并经单位负责人批准。向外单位提供会计档案时，档案原件原则上不得借出，如有特殊需要，须报经上级主管部门批准，并应限期归还。调阅人员未经批准，不得擅自摘录有关文字。如遇特殊情况需要影印复制会计档案的，必须经本单位负责人批准，并在“会计档案调阅登记簿”上详细记录会计档案影印复制的情况。

（3）严格遵守保管期限和销毁手续

会计档案的保管期限分为永久、定期两类。定期保管期限分为3年、5年、10年、15年、25年5类。会计档案的保管期限，从会计年度终了后的第一天算起（见表12－1）。

表 12-1 企业和其他组织会计档案保管期限表

序号	档案名称	保管期限	备注
一	会计凭证类		
1	原始凭证	15 年	
2	记账凭证	15 年	
3	汇总凭证	15 年	
二	会计账簿类		
4	总账	15 年	包括日记总账
5	明细账	15 年	
6	日记账	15 年	现金和银行存款日记账保管 25 年
7	固定资产卡片		固定资产报废清理后保管 5 年
8	辅助账簿	15 年	
三	财务报告类		包括各级主管部门汇总财务报告
9	月、季度财务报告	3 年	包括文字分析
10	年度财务报告（决算）	永久	包括文字分析
四	其他类		
11	会计移交清册	15 年	
12	会计档案保管清册	永久	
13	会计档案销毁清册	永久	
14	银行存款余额调节表	5 年	
15	银行对账单	5 年	

保管期满的会计档案，可以按照以下程序销毁：(1) 由本单位档案机构会同会计机构提出销毁意见，编制会计档案销毁清册，列明销毁会计档案名称、卷号、册数、起止年度和档案编号、应保管期限、已保管期限、销毁时间等内容。(2) 单位负责人在会计档案销毁清册上签署意见。(3) 销毁会计档案时，应当由档案机构和会计机构共同派员监销。国家机关销毁会计档案时，应当由同级财政部门、审计部门派员参加监销。财政部门销毁会计档案时，应当由同级审计部门派员参加监销。(4) 监销人在销毁会计档案前，应当按照会计档案销毁清册所列内容清点核对所要销毁的会计档案；销毁后，应当在会计档案销毁清册上签名盖章，并将监销情况报告本单位负责人。

保管期满但未结清的债权债务原始凭证和涉及其他未了事项的原始凭证，不得销毁，应当单独抽出立卷，保管到未了事项完结时为止。单独抽出立卷的会计档案，应当在会计档案销毁清册和会计档案保管清册中列明。正在项目建设期间的建设单位，其保管期满的会计档案不得销毁。

（七）单位内部会计监督

单位内部会计监督，是指各单位的会计机构、会计人员对本单位经济活动进行的会计监督。

1. 单位内部会计监督的依据

会计机构、会计人员依据法律、法规、规章、制度进行会计监督。具体依据包括五个方面：

（1）财经法律、法规、规章；

（2）会计法律、法规和国家统一会计制度；

（3）各省、自治区、直辖市财政厅（局）和国务院业务主管部门根据《中华人民共和国会计法》和国家统一会计制度制定的具体实施办法或者补充规定；

（4）各单位根据《中华人民共和国会计法》和国家统一会计制度制定的单位内部会计管理制度；

（5）各单位内部的预算、财务计划、经济计划、业务计划等。

2. 单位内部会计监督的内容

单位内部会计监督的主要内容包括：

（1）对原始凭证进行审核和监督。会计机构、会计人员应当对原始凭证进行审核和监督。对不真实、不合法的原始凭证，不予受理。对弄虚作假、严重违法的原始凭证，在不予受理的同时，应当予以扣留，并及时向单位领导人报告，请求查明原因，追究当事人的责任。对记载不准确、不完整的原始凭证，予以退回，要求经办人员更正、补充。

（2）对会计账簿的监督。会计机构、会计人员对伪造、变造、故意毁灭会计账簿或者账外设账行为，应当制止和纠正；制止和纠正无效的，应当向上级主管单位报告，请求作出处理。

（3）对实物、款项的监督。会计机构、会计人员应当对实物、款项进行监督，督促建立并严格执行财产清查制度。发现账簿记录与实物、款项不符时，应当按照国家有关规定进行处理。超出会计机构、会计人员职权范围的，应当立即向本单位领导报告，请求查明原因，作出处理。

（4）对财务报告的监督。会计机构、会计人员对指使、强令编造、篡改财务报告行为，应当制止和纠正；制止和纠正无效的，应当向上级主管单位报告，请求处理。

（5）对财务收支的监督。会计机构、会计人员应当对财务收支进行监督。对审批手续不全的财务收支，应当退回，要求补充、更正。对违反规定不纳入单位统一会计核算的财务收支，应当制止和纠正。对违反国家统一的财政、财务、会计制度规定的财务收支，不予办理。对认为是违反国家统一的财政、财务、会计制度规定的财务收支，应当制止和纠正；制止和纠正无效的，应当向单位领导人提出书面意见请求处理。单位领导人应当在接到书面意见起 10 日内作出书面决定，并对决定承担责任。对违反国家统一的财政、财务、会计制度规定的财务收支，不予制止和纠正，又不向单位领导人提出书面意见的，也应当承担责任。对严重违反国家利益和社会公众利益的财务收支，应当向主管单位或者财政、审计、税务机关报告。

(6) 对其他经济活动的监督。会计机构、会计人员对违反单位内部会计管理制度的经济活动，应当制止和纠正；制止和纠正无效的，向单位领导人报告，请求处理。会计机构、会计人员应当对单位制定的预算、财务计划、经济计划、业务计划的执行情况进行监督。

3. 建立单位内部会计监督制度的要求

各单位应当建立、健全本单位内部会计监督制度。单位内部会计监督制度应当符合下列要求：

(1) 记账人员与经济业务事项和会计事项的审批人员、经办人员、财物保管人员的职责权限应当明确，并相互分离、相互制约；

(2) 重大对外投资、资产处置、资金调度和其他重要经济业务事项的决策和执行的相互监督、相互制约程序应当明确；

(3) 财产清查的范围、期限和组织程序应当明确；

(4) 对会计资料定期进行内部审计的办法和程序应当明确。

单位负责人应当保证会计机构、会计人员依法履行职责，不得授意、指使、强令会计机构、会计人员违法办理会计事项。

会计机构、会计人员对违反会计法和国家统一的会计制度规定的会计事项，有权拒绝办理或者按照职权予以纠正。

(八) 会计工作的国家监督

会计工作的国家监督是一种外部监督，主要是指政府有关部门依照法律、行政法规的规定和部门的职责权限，对有关单位的会计行为、会计资料所进行的监督检查。

1. 有关政府监督部门的职责分工

在对会计工作实施政府监督的过程中以财政部门为主，其他政府管理部门密切协作。应当强调的是，财政部门有权对有关部门开展以检查会计信息质量为主要目标的监督检查，也就是说财政部门实施会计监督的范围是全方位的，在政府部门对会计工作的监督中处于牵头的、主导的地位。

2. 财政部门实施会计监督的主要内容

(1) 是否依法设置会计账簿；

(2) 会计凭证、会计账簿、财务会计报告和其他会计资料是否真实、完整；

(3) 会计核算是否符合会计法和国家统一的会计制度的规定；

(4) 从事会计工作的人员是否具备从业资格。

3. 政府监督的法律地位和执法保障

任何单位都不得拒绝监督检查，即各单位必须依照有关法律、行政法规的规定，接受有关监督检查部门依法实施的监督检查，如实提供会计凭证、会计账簿、财务会计报告和其他会计资料以及有关情况，不得拒绝、隐匿、谎报。

在对“会计凭证、会计账簿、财务会计报告和其他会计资料是否真实、完整”实施监督时，如发现重大违法嫌疑，国务院财政部门及其派出机构可以向与被监督单位有经济业务往来的单位和被监督单位开立账户的金融机构查询有关情况，有关单位和金融机构应当给予支持。

4. 对政府监督部门执法的基本要求及其法律责任

依法实施会计监督是政府监督部门的一种责任和义务，疏于监督或不按规定监督是违法的，要受到法律的制裁。对政府部门监督的基本要求包括：

（1）财政、审计、税务、人民银行、证券监管、保险监管等监督检查部门对有关单位的会计资料依法实施监督检查后，应当出具检查结论。有关监督检查部门已经作出的检查结论能够满足其他监督检查部门履行本部门职责需要的，其他监督检查部门应当加以利用，避免重复查账。

（2）依法对有关单位的会计资料实施监督检查的部门及其工作人员对在监督检查中知悉的国家秘密和商业秘密负有保密义务。

（3）任何单位和个人对违反会计法和国家统一的会计制度规定的行为，有权检举。收到检举的部门有权处理的，应当依法按照职责分工及时处理；无权处理的，应当及时移送有权处理的部门处理。收到检举的部门、负责处理的部门应当为检举人保密，不得将检举人姓名和检举材料转给被检举单位和被检举人个人。

（九）会计工作的社会监督

会计工作的社会监督，主要是指社会中介机构（会计师事务所）依法对受托单位的经济活动进行审计，并据实作出客观评价的一种监督形式，它也是一种外部监督。注册会计师是依法取得注册会计师证书并接受委托从事审计和会计咨询、会计服务业务的执业人员，是社会监督中的重要力量。会计师事务所是依法设立并承办注册会计师业务的机构。注册会计师执行业务，应当加入会计师事务所。

1. 注册会计师的业务范围

（1）承办下列审计业务：审查企业会计报表，出具审计报告；验证企业资本，出具验资报告；办理企业合并、分立、清算事宜中的审计业务，出具有关的报告；法律、行政法规规定的其他审计业务。

（2）承办下列会计咨询、会计服务业务：设计财务会计制度，担任会计顾问，提供会计、财务、税务和经济管理咨询；代理纳税申报；代办申请注册登记，协助拟订合同、章程和其他经济文件；培训财务会计人员；其他会计咨询业务。

2. 注册会计师审计的相关规定

（1）有关法律、行政法规规定，须经注册会计师进行审计的单位，应当向受委托的会计师事务所如实提供会计凭证、会计账簿、财务会计报告和其他会计资料以及有关情况。

（2）任何单位或者个人不得以任何方式要求或者示意注册会计师及其所在的会计师事务所出具不实或者不当的审计报告。

（3）财政部门有权对会计师事务所出具审计报告的程序和内容进行监督。

三、重点提示

本章的重点内容包括：我国会计规范体系的构成；会计档案的内容和管理要求。

第二篇　案例实训

第一章

总　论

【案例分析】

舒玛是成都一所著名美术学院的学生。她目前手头有800元，她决定于2007年12月开始创办一家美术培训部。她支出了120元在一家餐厅请朋友坐一坐，帮她出出主意，支出了200元印制了500份广告传单，用100元购置了信封、邮票等。根据她曾经在一家美术培训班服务兼讲课的经验，她还向她的一个师姐借款4 000元，以备租房等使用。她购置了一些讲课所必备的书籍、静物，并支出一部分钱用于装修画室。她为她的美术培训部取名为“白鹭美术培训部”。经过上述努力，8天后舒玛已经有了17名学员，规定每人每月学费1 800元，并且找到了一位较具能力的同学作合伙人。她与合伙人分别为培训部的发展担当着不同的角色（合伙人兼作培训部的会计和讲课教师）并获取一定的报酬。至2008年1月末，她们已经招收了50名学员，除了归还师姐的借款本金和利息计5 000元、抵销各项必需的费用外，各获得讲课、服务等净收入30 000元和22 000元。她们用这笔钱又继续租房，扩大了画室面积，为了扩大招收学员的数量，她们甚至聘请了非常有经验的教授、留学归国学者免费作了两次讲座，为培训部的下一步发展奠定了非常好的基础。

四个月下来，她们的“白鹭美术培训部”平均每月共招收学员39名，获取收入计24 000元。她们还以每小时200元的讲课报酬雇用了4名同学作兼职教师。至此，她们核算了一下，除去房租等各项费用共获利67 800元。这笔钱足够她们各自购买一台非常可心的计算机并且还有一笔不小的节余。但更重要的是，她们通过4个月来的锻炼，学到了不少有关财务上的知识，掌握了许多营销的技巧，也懂得了应该怎样与人合作和打交道，获得了比财富更为宝贵的工作经验。

请问：

（1）会计在舒玛的经营活动中扮演什么角色？

（2）从这一案例中你获得了哪些有关会计方面的术语？

来源：百度文库，会计学案例，http：//wenku. baidu. com/view/4e1b61956bec0975f465e25f. html，2012 年 11 月 5 日访问。

【案例分析】

在某大学任教的王毅教授暑假期间遇到 4 位活跃于股市的大学同学，这 4 位同学中，第一位是代理股票买卖的证券公司的经纪人，第二位是受国家投资公司委托任某公司董事，第三位是个人投资者，最后一位是某报经济栏目的记者。

他们在聚会时，都一起谈论关于股票投资的话题，当讨论到如何在股市中操作时，4 位同学都发表了自己的意见。他们的答案分别是：

1. 经纪人：随大流；
2. 董事：跟着感觉走；
3. 个人投资者：关键是获取各种信息，至于财务信息是否重要很难说；
4. 记者：至关重要的是掌握公司财务信息。

回到学校，王毅教授将 4 位同学的答案说给了同学们。

要求：假如你是其中的听者，试问你支持哪种见解？为什么？

来源：绍兴文理学院经济与管理学院会计教研室，《会计学基础》案例集，http：//www. 360doc. com/content/11/1204/12/8275896_169568297. shtml，2012 年 11 月 5 日访问。

【案例分析】

老李在社区内开了一家"李记"小吃部。刚开始的时候，老李自己进货，和老伴一起经营。为了将家里现金的收支和小吃部的现金收支分开，以计算杂货店的盈利情况，老伴的办法是将家里的钱和杂货店的钱分开放。很快，生意做起来了，老李发现资金不足，人手也不够，就邀请表弟陈青入伙，并请了一个叫李平的伙计来看店。现在又如何区分老李家里的收支和小吃部的收支呢？这时候，李平的办法是，拿一个账本将杂货店每天收入和支出的现金记录下来。

老李和陈青共同经营这个杂货店之后，他们都满意这种合作经营方式，都想将这个店稳定经营下去，而且最好能逐步发展壮大。也就是说，他们的合作是稳定的长期的，并非针对某一笔业务，生意做完就解散。因此，在未来持续经营的期间内，如何计算小吃部的利润就成为一个问题。他们的办法是按照日历年度，每个月进行结账，计算杂货店的利润，年终最后汇总完之后再对利润进行分配。

请问：此案例体现了会计的什么假设？

来源：基础会计学案例，http：//www. docin. com/p－104555165. html，2012 年 11 月 5 日访问。

【案例分析】

某市红旗股份有限公司是合资企业。生产的产品既在国内销售，又往国外销售，随着业务量的不断拓展，外销业务不断扩大，经过几年的努力，到2002年10月，外销业务占整个业务的80%以上，而且主要集中在德国等西欧国家。企业财务部门考虑收入业务主要是德国等欧元区国家，而且每天按外汇牌价折算人民币也非常繁琐，于是便向公司董事会提出会计核算由人民币为记账本位币改为以欧元为记账本位币。

请问：这一做法是否符合会计核算基本前提？

来源：百度文库，案例基础会计（寇俊艳），http：//wenku. baidu. com/view/94e2f467783e0912a2162acb. html，2012年11月5日访问。

【案例分析】

2001年11月9日，某市审计局财务审计组对市属水泥厂进行年度财务检查，查阅记账凭证时发现：该厂一张记账凭证上的会计分录为借记“燃料及动力——烟煤”科目66 400元，贷记“应收账款”科目66 400元。但是，该部分烟煤没有原始发票，也没有入库单，只是在记账凭证下面附了一张由该厂开具给B公司的收款收据。经查，B公司既不耗用也不经营烟煤。通过调查了解，原来是该厂以购烟煤为名，行购车抵债之实。进一步追问，得知B公司以一台吉普车抵还了欠该厂的货款，由于厂长打招呼不要将其入固定资产账，于是就做烟煤处理掉。

请问：该水泥厂将“汽车变烟煤”的做法违背了哪项会计核算原则？

来源：百度文库，案例基础会计（寇俊艳），http：//wenku. baidu. com/view/94e2f467783e0912a2162acb. html，2012年11月5日访问。

【案例分析】

新华社华盛顿2002年7月10日电，美国一个代表公众利益的法律机构10日对副总统切尼和他曾经担任过首席执行官的哈利伯顿能源公司提出起诉，指控其虚报公司收入以欺骗股票持有者。

这一名为“司法观察”的法律机构是在哈利伯顿公司总部所在地、得克萨斯州达拉斯市的联邦地区法院提出这一起诉的。

这个法律机构称，在切尼担任首席执行官时，哈利伯顿公司虚报了尚未入账的公司收入，虚报数额高达4.45亿美元，从而抬高了公司股票并给股票持有者造成了损失。

这个机构是在布什总统9日宣布一系列打击财务欺诈的措施后对切尼和哈利伯顿公司提出起诉的。白宫发言人弗莱舍当天表示，这一起诉缺乏根据，不会有什么结果。切尼于1995~2000年曾担任哈利伯顿公司首席执行官。

请问：该法律机构所指控的，哈利伯顿公司虚报公司收入的行为违背了哪项会计核算原则？

来源：《半岛晨报》2002年7月12日第10版。

【案例分析】

某会计师事务所是由张新、李安合伙创建的，最近发生了下列经济业务，并由会计做了相应的处理：

1. 6月10日，张新从事务所出纳处拿了380元现金给自己的孩子购买玩具，会计将380元记为事务所的办公费支出，理由是：张新是事务所的合伙人，事务所的钱也有张新的一部分。

2. 6月15日，会计将6月1~15日的收入、费用汇总后计算出半个月的利润，并编制了财务报表。

3. 6月20日，事务所收到某外资企业支付的业务咨询费2 000美元，会计没有将其折算为人民币反映，而直接记到美元账户中。

4. 6月30日，计提固定资产折旧，采用年数总和法，而此前计提折旧均采用直线法。

5. 6月30日，事务所购买了1台电脑，价值12 000元，为了少计利润，少交税，将12 000元一次性全部记入当期管理费用。

6. 6月30日，收到达成公司的预付审计费用3 000元，会计将其作为6月份的收入处理。

7. 6月30日，在事务所编制的对外报表中显示“应收账款”60 000元，但没有“坏账准备”项目。

8. 6月30日，预付下季度报刊费300元，会计将其作为6月份的管理费用处理。

要求：根据上述资料，分析该事务所的会计在处理这些经济业务时是否完全正确，若有错误，主要是违背了哪项会计假设或会计核算原则。

来源：百度文库，第一章案例，http://wenku.baidu.com/view/3f2ffa19964bcf84b9d57b66.html，2012年11月5日访问。

【案例分析】

光辉公司2004年在账簿上反映有800万元利润，但是因为有一笔500万元的借款到期，被人告上法庭，最后由于不能还款不得不宣告破产。该公司没有任何舞弊行为，按照企业会计准则、企业会计制度检查基本符合有关规定。在资产负债表上可以看出企业有存货40万元，固定资产900万元（主要是设备），各项应付款 650 万元，应收账款及各项应收款 980 万元。

要求：分析一下其中的原因。

来源：百度文库，初级会计学案例分析题，http：//wenku. baidu. com/view/c4868d77f242336c1eb95eb6. html，2012 年 11 月 5 日访问。

【案例分析】

某企业本月份发生以下经济业务：

（1）支付上月份电费 5 000 元；

（2）收回上月的应收账款 10 000 元；

（3）收到本月的营业收入款 8 000 元；

（4）支付本月应负担的办公费 900 元；

（5）支付下季度保险费 1 800 元；

（6）应收营业收入 25 000 元，款项尚未收到；

（7）预收客户货款 5 000 元；

（8）负担上季度已经预付的保险费 600 元。

要求：

（1）比较权责发生制与收付实现制的异同；

（2）通过计算说明它们对收入、费用和盈亏的影响；

（3）说明各有何优缺点。

来源：百度文库，案例基础会计（寇俊艳），http：//wenku. baidu. com/view/94e2f467783e0912a2162acb. html，2012 年 11 月 5 日访问。

【案例阅读】什么是会计？

甲、乙、丙、丁是 4 个好伙伴，有一次在一起聚会，一通天南海北之后，聊起了什么是会计这一话题，4 人各执一词，谁也说服不了谁：

甲：什么是会计？这还不简单，会计就是指一个人，例如，我们公司的刘会计，是我们公司的会计人员，这里会计不是人是什么？

乙：不对，会计不是指人，会计是指一项工作，例如，我们常常这样问一个人，你在公司做什么？他说，我在公司当会计，这里会计当然是指会计工作了。

丙：会计不是指一项工作，也不是指一个人，而是指一个部门，一个机构，即会计机构，你们看，每个公司都有一个会计部，或者会计处什么的，这里会计就是指会计部门，显然是一个机构。

丁：你们都错了，会计既不是一个人，也不是一项工作，更不是指一个机构，而是指一门学科，我弟弟就是在湖南大学学会计的，他当然是去学一门学科或科学。

结果，他们谁也说服不了谁。

在日常生活中，会计确实有多种不同的含义。甲、乙、丙、丁4个人的看法都说明了会计含义的一部分，但又都不全面。我们说会计主要还是指会计工作和会计学。

会计是一项经济管理工作，一项为生产经营活动服务的社会实践，这就是说，会计是指会计工作。同时，既然有会计工作的实践，就势必有实践经验的总结和概括，就有会计的理论，就有会计工作赖以进行的指导思想。会计是解释和指导会计实践的知识体系，是一门学科。也就是说，会计是指会计学。可见，会计既指会计学，也指会计工作。也就是说，会计既包括会计理论，也包括会计实践。

来源：百度文库，基础会计案例集，http：//wenku. baidu. com/view/40892f2b915f804d2b16c14a. html，2012 年 11 月 5 日访问。

【案例阅读】会计主体

如甲、乙、丙等人准备成立 A 公司，这家特定的 A 公司就成为一个会计核算的主体，只有以 A 公司的名义发生的有关活动，如购进原材料、支出生产工人的工资、销售产品等，才是 A 公司会计核算的范围，而作为该 A 公司投资者的甲、乙、丙等人的有关经济活动则不是 A 公司会计核算的内容，向 A 公司提供材料的另一些公司的经济活动，也不是 A 公司的核算范围，还有借钱给 A 公司的银行的财务活动也不是 A 公司的核算范围。这样，作为 A 公司的会计，核算的空间范围就界定为 A 公司，即只核算以 A 公司名义发生的各项经济活动，从而就严格地把 A 公司与 A 公司的投资者、借钱给 A 公司的银行以及与 A 公司发生或未发生经济往来的其他公司区别开来。另外的公司就是另外一个会计主体了。

会计主体与经济上的法人不是同一概念，一般地，会计主体可以是法人，也可以不是，如独资及合伙企业。

来源：百度文库，基础会计案例集，http：//wenku. baidu. com/view/40892f2b915f804d2b16c14a. html，2012 年 11 月 5 日访问。

【案例阅读】世界各国的会计年度

1. 采用历年制（1～12 月）的有：中国、奥地利、比利时、保加利亚、捷克、斯洛伐克、芬兰、德国、希腊、匈牙利、冰岛、爱尔兰、挪威、波兰、葡萄牙、罗马尼亚、西班牙、瑞士、俄罗斯、白俄罗斯、乌克兰、墨西哥、哥斯达黎加、多米尼加、萨尔瓦多、危地马拉、巴拉圭、洪都拉斯、秘鲁、巴拿马、玻利维亚、巴西、智利、哥伦比亚、厄瓜多尔、塞浦路斯、约旦、朝鲜、马来西亚、阿曼、阿尔及利亚、叙利亚、中非、象牙海岸、利比里亚、利比亚、卢旺达、塞内加尔、索马里、多哥、赞比亚等。

2. 采用4月至次年3月制的有：丹麦、加拿大、英国、纽埃岛、印度、印度尼西亚、伊拉克、日本、科威特、新加坡、尼日利亚等。

3. 采用7月至次年6月制的有：瑞典、澳大利亚、孟加拉国、巴基斯坦、菲律宾、埃及、冈比亚、加纳、肯尼亚、毛里求斯、苏丹、坦桑尼亚等。

4. 采用10月至次年9月制的有：美国、海地、缅甸、泰国、斯里兰卡等。

5. 其他类型的有：

阿富汗、伊朗：3月21日至次年3月20日；

尼泊尔：7月16日至次年7月15日；

土耳其：3月至次年2月；

埃塞俄比亚：7月8日至次年7月7日；

阿根廷：11月至次的10月；

卢森堡：5月至次年4月；

沙特阿拉伯：10月15日至次年10月14日。

来源：百度文库，基础会计案例集，http://wenku.baidu.com/view/40892f2b915f804d2b16c14a.html，2012年11月5日访问。

【案例阅读】安然事件引发的思考

会计本是一件枯燥乏味的事情。但是，随着卷入会计造假公司数目的不断增加，它已变成一个热门的政治和经济议题，会计职业现在正面临着信任危机。

总部位于休斯敦的美国安然公司在2000年《财富》世界500强排名第16位，是美国最大的天然气采购商及出售商，也是领先的能源批发商。该公司在美国控制着一条长达32 000英里的煤气输送管道，并且提供有关能源输送的咨询、建筑工程等服务。2000年年总收入达到1 000亿美元，利润达到10亿美元。但是2001年年初开始出现危机，面对严重的财务危机和经营失败，安然公司在全力掩饰。到2001年11月8日，安然公司实在无法掩饰下去，被迫接受美国证券交易委员会SEC的调查，被迫向公众承认做假账已经多年，且金额巨大。仅1997年至2000年就多计盈利5.9亿美元。从1997年至2000年，各年隐瞒负债5.6亿美元到7.11亿美元不等，共计25.85亿美元，而股东权益则多列12亿美元。巨额负债不列入财务报告，关联交易及利益输送不充分披露，巨额盈利及股东权益的高估和虚增，给安然公司带来了“粉饰”的繁荣。面对如此严重的造假，安达信会计师事务所竟未能客观、公允地给予披露，出具了不具公信力的审计报告。到2001年12月安然公司申请破产时，其股票每股从最高峰90美元降到了不到60美分，给广大投资者带来严重损失。安达信由于没有揭露安然公司的财务报告存在的错误和舞弊问题而招致各界指责，于是安然破产案引发了一场严重的审计信用危机。安然事件发生后，遭受巨大损失的投资者立即起诉安然公司和安达信会计师事务所，要求赔偿广大投资者的损失。

创建于1913年的美国安达信会计师事务所，是一家经历了80多年经营，在世界84个国家和地区拥有8.5万名员工，在全球拥有10万家大型客户，1年的营业收入超过90亿美元的全球五大会计师事务所之一。而在安然事件揭露前后不到几个月，这个“百年老店”毁于一旦，实在令人深思。究其原因，主要是：利益驱动，诚信丧失。

“诚信”是会计行业参与市场经济活动的安身立命之本，是会计行业发展的“至上原则”。

来源：百度文库，会计学案例，http://wenku.baidu.com/view/4e1b61956bec0975f465e25f.html，2012年11月5日访问。

【案例阅读】可比性原则的一个案例

现有甲、乙两人同时投资一个相同的商店。假设一个月以来，甲取得了20 000元的收入，乙取得了17 500元的收入，都购进了10 000元的货物，都发生了5 000元的广告费。假设均没有其他收支。月末计算收益时，甲将5 000元广告费全部作为本月费用，本月收益为5 000元（20 000－10 000－5 000）；而乙认为5 000元广告费在下月还将继续起作用，因而将它分两个月分摊，本月承担一半即2 500元。因而乙本月收益也为5 000元（17 500－10 000－2 500）。

从经营过程看，甲显然比乙要好，在其他因素相同的情况下，甲比乙取得了更多的收入，但从收益计算的结果看，甲与乙是一样的。可见，收益结果未能客观地反映经营过程，原因就在于对广告费采用了不同的处理方法。正是由于收益计算的基础或依据不一样，使得甲、乙二者的收益结果不具有可比性，也就是说，我们不能因为他们各自计算出的收益一样就断定两者的经营效益相同。可以想象，如果每一个企业都利用各自不同的会计处理方法，那么就无法用他们提供的信息来判断哪家企业的生产经营活动与效益更好。这就是会计核算中要使不同企业采用相同的核算方法以便使提供的会计信息具有可比性的原因。

可比性原则要求不同企业都要按照国家统一规定的会计核算方法与程序进行核算，以便会计信息使用者进行企业间的比较。

仍以上述案例，如果规定广告费必须全部计入当月费用，则甲的收益仍为

5 000 元，而乙的收益则为 2 500 元（17 500 - 10 000 - 5 000）。此时，由于他们是采用相同的处理方法，因而结果具有可比性，即我们可以据此结果得出结论：本月甲的经营效益要比乙好！

来源：百度文库，基础会计案例集，http：//wenku. baidu. com/view/40892f2b915f804d2b16c14a. html，2012 年 11 月 5 日访问。

第二章

会 计 要 素

【案例分析】

苏州商场于2006年8月31日办理结账并编制报表。财务报表编完后，发现下列错误：

（1）期末调整时，折旧多计10 000元；

（2）期末漏计推销人员薪金20 000元；

（3）“预收租金收入”账中，有80 000元应属本期，但期末所作的调整分录为：

借：预收租金收入　　8 000

　　贷：租金收入　　8 000

（4）6月15日预付广告费18 000元，广告期间自7月1日起至12月31日止，已记入“预付广告费”账户，期末未作调整；

（5）漏记应计利息收入15 000元；

（6）少提办公设备折旧3 600元；

（7）应付管理人员薪金15 800元，误记为18 500元。

要求：试按下列格式，逐一说明每项错误对该商场财务报表的影响（提示：利润会影响所有者权益）。

错误	2006年8月利润表			2006年8月资产负债表		
	收入	费用	利润	资产	负债	所有者权益
（1）		10 000	-10 000	-10 000		-10 000
（2）						
（3）						
（4）						
（5）						
（6）						
（7）						

来源：基础会计学案例，http://www.docin.com/p-104555165.html，2012年11月5日访问。

【案例阅读】“小金库”资金“来之不易”

Z 自从 1986 年起坐上局长交椅，1988 年起局长、党委书记“一肩挑”。同年 4 月，财务部门“小金库”开始形成。最早的历时 12 年，以后陆续形成了 6 个“小金库”。

1. 虚设经费支出 690 多万元。财务部门“生财有道”：他们虚列工资、奖金、补贴，套取现金 100 多万元；以发放上下班交通补贴名义购入公交预售票，而后交该局下属企业出售，套现 49 万多元；子虚乌有列项目，如虚列洗理费、通信费、材料费、设备购置费、修理费等。他们不折不扣地贯彻 Z 局长“想办法将行政经费节余款弄出来”的要求，多管齐下，套出现金，充实“小金库”。

2. 截留预算外收入 1 360 多万元。12 年来，经 Z 局长批示，将报废车辆变价款、设备折旧款、旧办公用品等物资处理款和其他调拨款直接存入“小金库”；将消防、交通违章罚款，码头、房屋、车辆等的出租收入，三产企业上交承包金和利润，机动车辆、保险代理费等收入，以及“小金库”资金的利息，一并揽进“小金库”。

3. 截留所谓“补助费”等收入 930 多万元。前后八九年，该局收到案件主办单位拨付的“补助费”800 多万元也一声不响地装入“小金库”；罚没款 130 多万元也统统流进“小金库”。

来源：百度文库，会计学案例，http：//wenku. baidu. com/view/4e1b61956bec0975f465e25f. html，2012 年 11 月 5 日访问。

【案例阅读】“应收账款”如何收?

四川长虹股份有限公司 2003 年 12 月 31 日应收账款余额 49. 85 亿元，其中美国 APEX 公司代理出口 300 万台彩电约 42 亿元应收账款。2004 年年报，长虹公司披露了营运资金管理有关情况，由于证券市场低迷，公司委托南方证券理财尚有 1. 828 亿元，收回的难度相当大，公司对应收账款收回的可能性进行分析，计提 25. 04 亿元坏账准备，并计提 10. 13 亿元存货跌价准备，导致 2004 年每股亏损 1. 7 元。早在长虹之前江苏宏图高科技股份有限公司已尝到了海外欠款的滋味儿。1999 年 9 月，宏图高科技股份有限公司与美国 APEX 公司签订了总额近 18 万台 DVD 机订货协议，APEX 公司负责海外销售，并且专门设立网页在微软公司网上销售。之后，APEX 公司一直按照合同每月在美国销售 3 万台宏图高科的 DVD。但两年后，宏图高科技披露的报告显示，2001 年应收账款达 7. 6256 亿元，占本期公司总资产比例的31.55%。1年后，公司的第三年季度报告显示，这个数字已经高达8亿多元。知情人士说，这其中就包括APEX公司的应付账款。

据海关公布的最新统计数据，截至2003年11月，中国出口累计完成2 936.9亿美元，比上年同期增长21.6%。2004年进出口贸易额历史性地突破1万亿美元大关，但新增的欠账也非常"乐观"，据有关机构估计，2004年新增的海外欠账高达250亿美元。商务部的数据也表明，中国目前约有海外应收账款1 000亿美元，而且每年还会新增150亿美元左右。有关资料显示，目前国内逾期未收境外账款中，拖欠3年以上的占10%，1~3年的占30%，半年至1年的占25%，半年以内的占35%。据美国商法联盟调查数据显示，当逾期时间为1个月时，追账成功率为93.8%，当逾期半年时，成功率急降到57.8%，而当逾期两年左右时，成功率只能达到13.5%。以这样庞大的出口规模测算，中国海外欠款回收是一个严峻的课题。

来源：百度文库，会计学案例，http://wenku.baidu.com/view/4e1b61956bec0975f465e25f.html，2012年11月5日访问。

【案例阅读】康佳集团多元化投资战略为何成功?

康佳集团多元化战略从1999年开始取得实质性突破，公司成立了通信科技公司，以移动电话为切入点，涉足信息产业，培育新的利润增长点。

康佳集团凭借自身实力成为首批国产手机终端生产定点企业，顺利取得了GSM网络国际权威机构的FTA认证，并于1999年年底正式启动了中国第一条拥有自主知识产权的移动电话生产线，为康佳集团强势进入移动通信产业打下了基础。康佳集团1999年的报表附注中对所投资的通信科技公司作了披露，见下表。

康佳集团1999年所投资的通信科技公司情况

公司名称	注册资本	投资额	权益比例	经营范围
深圳康佳通信科技有限公司	4 200万元	4 200万元	100%	经营移动通信产品等

在2000年年报中，企业披露了在移动通信业方面取得的新进展：公司2.5G GSM和移动终端WAP技术软件两个项目夺得信息产业部竞标评比第一名，康佳通信开发中心因此成为由信息产业部专项研发资金资助的全国两家开发中心之一。

同时康佳集团加快了市场网络建设，在全国建立了36个分公司和22个经营部，网络遍布全国绝大部分城市，基本形成了以零售终端为主体的移动电话销售网络框架，自主销售能力得到增强。

产能上，公司新增了2条移动电话生产线，使移动电话的年生产能力达到225万部，为实现规模经济效益创造了条件。年内，通信科技公司还顺利通过了ISO9001质量保证体系认证。

在2001年年报中，康佳通信科技公司的注册资本已经达到12 000万元，比两年前增资8 000多万元。截至2001年年末，该公司总资产376 413 519元，2001年度销售收入528 070 815元，净利润－57 011 158元。尽管在2001年时该通信公司仍然亏损，但随着国产手机市场环境的变化，2002年就取得了不俗的业绩，全年实现手机销量160.8万部，销售收入1 695 952 078元，净利润44 236 162元。康佳通信科技有限公司的扭亏为盈，标志着康佳通过向其他产业进行长期股权投资而实现的多元化发展战略取得了成功。

来源：百度文库，会计学案例，http：//wenku.baidu.com/view/4e1b61956bec0975f465e25f.html，2012年11月5日访问。

【案例阅读】飞机折旧年限引发厦航利润之争

0.78亿元、4.36亿元，这分别是厦门建发、南方航空对厦门航空（厦门建发与南方航空的合资企业）2002年净利润的描述。那么厦门航空的真实会计数据到底如何呢？很多投资者昨（20）日致电本报以及厦门建发询问此事。记者昨日采访了厦门建发相关人士，据了解，对厦门航空净利润的争议很可能是对飞机折旧年限的看法存在差异。

南方航空与厦门建发（2003年5月，厦门建发已将其持有厦门航空股权转让给大股东）分别持有厦门航空60%和40%的股权。在采访中记者得知，厦门航空自身经审计的会计报表中，飞机的折旧年限是10年。而按照10年的折旧期，厦门航空2002年净利润为0.78亿元。而厦门建发在编制自身会计报表时即认同了厦门航空的这一折旧年限。

该人士同时表示，国家有关部门对于民航飞机折旧年限问题，自2002年起有所调整，其中规定，小飞机从8～15年延长到10～15年，大飞机从10～15年延长到10～20年。这也就是说，对于飞机折旧年限存在一定的弹性空间。考虑到飞机折旧年限对于航空公司利润核算的重大影响，如果对航空公司飞机的折旧年限作出一定调整，其年度利润的差别会相当大。

据记者了解，飞机折旧在航空公司每年的运营成本中所占的比例较大，是诸多成本费用中最高的支出之一。相当一批航空公司的飞机折旧成本超过了航油支出。从目前情况分析，南方航空在合并厦门航空经审计的会计报表时有可能不认同厦门航空的飞机折旧年限。

作者：袁克成；来源：《上海证券报》，发布时间2004年5月21日。

【案例阅读】"狗不理"启示：趁热卖最好

随着女拍卖师手中拍卖槌重重落下，天津同仁堂股份有限公司以 1.06 亿元的价格竞拍成功，成为"狗不理"这个老字号的新主人。国有资产从天津狗不理包子饮食（集团）公司整体退出，"狗不理"改制为由社会法人和企业内部职工共同出资的集团有限责任公司。

引得无数人关注的"狗不理"改制终于尘埃落定，但由此引发的有关在国企改制中如何保证国有资产不流失、国有老字号如何在市场经济中重新定位却刚刚开始。

春节前夕，媒体披露了天津狗不理包子饮食（集团）公司将要进行国有资产整体转让的消息。经会计师事务所评估，公司总资产为 11 746.41 万元，总负债 8 049.63 万元，净资产 3 696.78 万元。据介绍，总资产中包括了无形资产，总数不超过 2 000 万元。很多人都认为，"狗不理"最值钱的就是这三个字，这个价估低了，大家都担心国有资产因此会流失。

"狗不理"三个字究竟值多少钱？如何保证国有资产在改制中不流失？

我国研究无形资产的著名专家蔡吉祥教授说，不管评估额是高是低，"狗不理"这个品牌的价值通过评估体现出来了，这在国有资产转让中起到了示范作用。前几年，很多企业在改制过程中都有国有资产的流失，特别是无形资产的流失。为什么会出现国有无形资产的流失呢？他认为，这里既有会计体系的弊端，就是企业自发形成的、自我开发的无形资产不计价入账；同时又有主观的原因，即有人想把国有无形资产窃为己有，就抓住这种转制的机会，利用操作的不规范，或者有意把无形资产的价值低估，或者根本就不评估。而"狗不理"避免了这样的失误。

我国著名的法学家江平教授曾经提出，国有资产的转让不能以评估报告作为依据，应该走向市场，依据公开、公平、公正的原则，通过市场拍卖、竞价来决定价值。这个程序"狗不理"也做到了，最终它的价值能够在市场中充分地体现出来。记者在拍卖现场看到，参加竞拍的 6 家企业竞争非常激烈，经过 2 个多小时 153 轮的竞价，天津同仁堂才最后胜出，这充分体现了市场对"狗不理"的认可和对它市场潜力的看好。

作为"狗不理"国有资产出资人的天津市和平区副区长郭志勋说，1 个多亿的拍卖价让人们喜出望外，但并不觉得突然。把国有资产的转让放在阳光下，让市场认可它，来决定它的价值，这为将来国企改制走出了一条很好的路子，那些关于国有资产贱买，无形资产流失的猜疑也不攻自破。

"狗不理"这个百年老字号的成功拍卖，也给老字号做大做强提供了一种思路。

“狗不理”是天津的知名品牌，它将通过拍卖方式进行国有资产整体转让的消息经媒体披露后，许多人都认为“狗不理”是因为经营不下去了，要破产了，所以才要卖掉。

据“狗不理”集团董事长、总经理赵嘉祥介绍，经过若干代人的共同努力，“狗不理”已经发展成为拥有大型饭店、中型酒家、排档式餐厅、快餐、早点、速冻食品生产、商业零售、物流商贸、烹饪学校以及在国内外设有 86 家特许连锁企业的集团公司。2004 年是“狗不理”经营史上效益最好的一年，全年实现营业收入 7 492 万元，比上年增长 29.93%，“老字号”不断发展壮大。

一个百年老字号，为什么要在经营最好的时候卖掉？郭建勋说：“我们不想到做不下去的时候再把企业‘卖’掉。”他告诉记者，虽然目前“狗不理”集团正处于发展上升的最佳时期，但大家已经深深体会到，老字号不是保险号，名品牌也不是万能牌。与众多的国有企业一样，机制、资金、观念三大“瓶颈”制约着“狗不理”的更大发展。“狗不理”与自己的过去比有发展，但是和国际上的知名品牌比相差太远，它甚至不如马兰拉面的连锁店多。“狗不理”处在一个完全竞争的市场中，产权结构与之不匹配，国有资产适时地退出其实是保品牌的一个重要的做法，我们期待着通过注入新机制，把老字号做大做强，还要做久做优。

南开大学经济研究所副所长谢思全教授说，“狗不理”能够在发展中看到潜在的威胁，能够及时地通过多元化来改造产权结构，这是一个老字号积极求新求变的姿态。

谢思全教授说，再好的苹果，烂了也卖不出好价钱；再好的品牌，企业不行了，其影响力也会减弱，所以要将拍卖这种手段用在最恰当的时机。有关部门统计，我国约有老字号企业数万家，其中 80% 是中小型商业企业，而有一定规模、效益好的“中华老字号”仅占 10%。但很多老字号经营好的时候，没有掌握资本运营的时机，在市场竞争中落后了，才想起要拍卖。北京王麻子剪刀虽然过去很知名，但经营到现在资不抵债了，品牌还能有价值吗？

这次购得“狗不理”的天津同仁堂股份有限公司董事长张彦森说：“‘狗不理’是天津名片，作为她的新主人，我们感觉压力很大。我们有责任积极参与国有企业改制、改造，把“狗不理”品牌做大做强。”

作者：张建新、张晓辉；来源：《经济参考报》，发布时间：2005 年 3 月 1 日。

【案例阅读】有时候负债也可以成为贷款的理由

20 世纪 90 年代，小白刚到公司。公司借法国某银行的 300 万美元贷款即将到期，而公司正处于危难关头自身难保，根本无力偿还这笔贷款。最着急的还是此笔贷款的担保银行T行。T行在最后关头迫于无奈，只得同意公司方案：仍由T行担保，由公司向某国投公司贷款300万美元来偿还法国某银行，变外债为内债，也给了公司一年的喘气期。

这一年正好碰上深圳市第三批出租车牌招标，公司下属的小汽车出租公司有资格参与竞标，可是公司连参与竞标的保证金都拿不出来，唯一的办法是找银行贷款。但这样一个死活都难以断定的公司，哪家银行又愿意贷款呢？这时小白想到了T行，觉得只有T行才能给公司贷款，因为公司所欠的300万美元到期后是无法归还的，最终的债务还得落到T行头上。

小白约了行长、信贷处长、计划处长，请他们给小白一个下午的时间，小白要同他们谈归还贷款的方案。在这个下午小白主要反反复复说明以下几点：

第一，以公司现有的状况与能力，是无力偿还300万美元贷款的，T行是最终承担这笔债务的银行。而公司对T行没有任何实质性的反担保，如果公司破产T行也不可能收回一分钱。

第二，公司参与深圳市第三批出租车牌招标，是公司还清贷款的唯一机会。如果公司取得200块车牌，向承包司机收取的首期款有1 600万元，足够偿还300万美元的贷款，以后每个月公司可收入240万元人民币和240万港币，一年就有2 880万元人民币与2 880万元港币。除掉各项费用与汽车的保养期，公司的年净收入在3 000多万元人民币。

第三，公司的状况大家都很清楚，自己是拿不出钱的，只能找你们贷款。每台车预计连牌带车约40万元，总贷款额8 000万元，贷款期为3年。公司愿意用此次所得的出租车、出租牌与营运收入作抵押。

第四，这样做对贵行的好处是：

1. 能提前偿还原来不可能偿还的300万美元；

2. 虽然贵行增加了8 000万元人民币的贷款，但这些贷款是有抵押与还款来源作保证的。就算总公司破产，但这车与牌还是银行的，只要说声转让，大家都会抢着要，丝毫不影响你们按期收回贷款。

3. 如果此项目成功，公司也能起死回生，你们也都是我们公司的恩人了（虽是玩笑话，但也能动人）。

最后经过4个多月的艰苦努力，仅仅在北京总行做解释、说服、办手续就待了近2个月，最终如愿以偿。当年内还清300万美元，3年不到还清了8 000万元人民币。此案也成为该行培训教材，名曰“放水养鱼”，而公司也由此而步入坦途。

来源：百度文库，会计学案例，http://wenku.baidu.com/view/4e1b61956bec0975f465e25f.html，2012年11月5日访问。

【案例阅读】欧美不会为金融危机买单

欧美投行一个个人去楼空，华尔街金融员工另谋职业，一切景象好似在说欧美正在为次贷危机买单。但接受中国经济时报记者采访的专家普遍认为，美国利用次贷危机实现国家利益最大化，欧洲是不幸被殃及的“受害者”，但它们会利用其在全球经济和金融领域的统治地位，最终都不会为金融危机买单。

“华尔街苦肉计”

“华尔街的巨头们应声倒下，看起来更像是苦肉计。”对外经济贸易大学金融学院副院长丁志杰在接受本报记者采访时说，次贷危机以来，美国巨额债务消失和投资收益攀升，倒成了受益者。

他认为，次贷危机给美国开辟了一个新的掠夺财富的途径，使得外国投资者持有的美元资产特别是美国债券严重缩水。可以说，次贷危机是美元贬值的延续，使得美国可以继续赖账。正是这巨大的国家利益，导致美国政府在危机处理中采取有意疏忽的策略。

据统计，自 2002 年起，美元开始了长达 6 年多的贬值，使其他国家持有的美国资产严重缩水。2002 ~ 2006 年，美国对外债务消失额累计达 35 817 亿美元。2007 年美国国际收支逆差为 7 331 亿美元，按常理推算其对外净债务应同等规模增加。事实却是美国对外净债务不增反减，比 2006 年减少了 1 218 亿美元，2007 年美国有 8 549 亿美元对外债务“无缘无故”地消失了。

“美国人亲切地称之为‘暗物质’。这种暗物质使财富从世界各地转移到美国。美国对外债务不会无缘无故地消失，它的另一面就是其他国家财富的消失。”丁志杰说。

美国自 20 世纪 80 年代中期成为世界上最大的债务国，却一直有正的净投资收益。2000 年以前，美国净投资收益在百亿美元左右，此后随着债务的增加，其净投资收益却节节攀升。这意味着美国不是无偿使用其他国家 17 000 多亿美元的资金，而是“有偿”使用：用别人的钱还要收费。

欧洲成不幸被殃及的“受害者”

时至今日，次贷愈演愈烈，让人颇感奇怪的是，不论是破产还是政府救市，次贷漩涡的中心已从美国转向了欧洲。

“欧洲作为全球规模最大的信用衍生品市场，承受的冲击相比规模仅数万亿美元的美国次级抵押贷款市场来说，自然会更大更严重。”中国人民大学金融与证券研究所教授李永森在接受本报记者采访时说。

李永森认为，美国的次级房贷市场毕竟本身规模有限，远远小于金融衍生品市场，而热衷于金融衍生品的欧洲，则因为金融风暴而注定其遭遇的风险远大于美国。

特别是10月份美国通过了7 000亿美元的救市方案后，欧美和日本的金融市场相继暴跌。丁志杰认为，美国的救市计划实质是拿纳税人的钱解救犯错误的华尔街，给其他国家的金融寡头们产生了恶劣的示范效应。

此外，欧美金融市场的紧密联系造成欧洲很容易被“传染”，欧盟作为一个国家联合体，无法像美国那样反应迅速，及时阻止“病情”加重。

为了遏制危机，欧洲目前不得不对美国施压，力推建立国际金融新秩序。但这涉及美国的切身利益，美国很难就范。

专家认为，欧美占据了全球经济和金融领域的统治地位，美国以邻为壑的做法虽然让欧洲反感，但欧美也会增加协调，向发展中国家转嫁危机。发展中国家要想不再沦为发达国家的盘剥对象，必须以这场危机为契机，对现有的全球金融、贸易和货币体系进行重建。

作者：王月金；来源：《中国经济时报》，发布时间：2008年11月5日。

第三章

会计科目、账户与会计等式

【案例分析】

王先生准备办一家企业，他有10万元存款，租了一间办公室，花费3 000元作为一年的租金，支付各种办公费用6 000元，用银行存款购入8万元商品，同时全部卖出收到货款99 000元，货款已经存入银行。

请问：王先生的公司在经过这些经济活动以后是否还符合会计恒等式？

来源：百度文库，初级会计学案例分析题，http：//wenku. baidu. com/view/c4868d77f242336c1eb95eb6. html，2012年11月5日访问。

【案例分析】

某企业月初资产：32 000元，负债11 800元，所有者权益20 200元。

本月发生以下经济业务：

（1）其他单位投资设备一台，价值15 000元。

（2）购买原材料10 000元，货款暂欠。

（3）用银行存款归还前欠货款4 000元。

（4）向投资人分红10 000元，已用银行存款支付。

（5）收到外单位前欠本单位账款500元，收存银行。

（6）向银行借款1 000元，直接归还以前的购料款1 000元。

（7）将盈余公积金2 000元转增资本。

（8）经研究决定，同意投资人历历撤除投资款5 000元，但目前由于企业资金紧张，投资款尚未返还。

（9）债转股3 000元。

（10）企业本月对外提供劳务50 000元。款已收存银行。

（11）企业本月来料加工的加工费20 000元，用于直接偿还负债。

（12）本期共发生工资费用15 000元，已用银行存款支付。

（13）本期发生的通信费用5 000元，暂欠。

现将以上经济业务对会计等式的影响列表如下：

经济业务	资产 32 000	负债 11 800	所有者权益 20 200
(1)	+15 000		+15 000
(2)	+10 000	+10 000	
(3)	-4 000	-4 000	
(4)	-10 000		-10 000
(5)	+500，-500		
(6)		+1 000，-1 000	
(7)			+2 000，-2 000
(8)		+5 000	-5 000
(9)		-3 000	+3 000
(10)	+50 000		+50 000
(11)		-20 000	+20 000
(12)	-15 000		-15 000
(13)		+5 000	-5 000
期末结余	78 000	4 800	73 200

从以上讨论可得出结论：

13 种经济业务的发生会计等式依然成立，所有经济业务都可归入这 13 种，所有经济业务的发生不会使会计等式遭到破坏。

请问：

(1) 业务发生后，会计等式成立吗？期末与期初相比较，资产、负债和所有者权益分别增加多少？

(2) 引起所有者权益变动的原因有哪些？

(3) 由以上分析，请说明会计系统引入收入、费用会计要素对会计等式的影响。

(4) 会计系统中，收入、费用会计要素与资产、负债和所有者权益要素之间的关系怎样？

来源：百度文库，会计案例 1：《会计要素案例》，http：//wenku. baidu. com/view/d97db9c76137ee06eff91876. html，2012 年 11 月 5 日访问。

【案例分析】

武刚同学在初学会计学时，总是在几个问题上搞不清楚，他向老师提出了几个问题：账户与科目是不是一回事？账户结构是否与不同的记账方法有关系？对于同一个账户来说，期末余额是不是永远固定在一方？每一个账户是不是都是反映一种具体的经济业务？为什么还会有虚账户？

要求：回答武刚同学所提出的问题。

来源：百度文库，初级会计学案例分析题，http：//wenku. baidu. com/view/c4868d77f242336c1eb95eb6. html，2012 年 11 月 5 日访问。

【案例分析】

刘老师在讲课时讲到，会计有实账户，例如“原材料”，其期末余额表示材料占有的资金额，“银行存款”账户的期末余额表示银行存款的期末实存额；会计还有一种虚账户，一般期末没有余额。武刚同学恍然大悟，认为是不是实账户都有实际经济意义，虚账户都没有经济意义？

请问：武刚同学的看法是否正确？

来源：百度文库，初级会计学案例分析题，http：//wenku. baidu. com/view/c4868d77f242336c1eb95eb6. html，2012 年 11 月 5 日访问。

【案例分析】

唐先生在毗邻财经大学的民院大街租用面积为 50 平方米的商业用房，开办了 1 家卡拉 OK 厅，经营自主唱歌业务。唐先生聘请小李为管理员兼记账员。该歌厅购置了一台价值 100 000 元的高级卡拉 OK 设备，并添置了沙发、茶几等用具。同时，该歌厅还提供酒水、饮料等。该歌厅已经开业 1 年时间。

小李系某财经学校会计学专业毕业生，其根据该歌厅实际情况设计了一套会计科目（账户），包括固定资产——房屋、固定资产——卡拉 OK 设备、固定资产——沙发等、原材料、现金、银行存款、应收账款、其他应收款、应交税费、应付账款、应付职工薪酬、其他应付款、股本——唐先生、主营业务收入、管理费用、所得税费用、本年利润等。

要求：

（1）分析、评价小李所设计的会计科目是否合理。

（2）如果你被聘请为该歌厅会计科目（账户）的设计人员，请列示所设计的会计科目（账户），并注明各会计科目（账户）所反映的具体内容。

来源：百度文库，会计基础，http：//wenku. baidu. com/view/cdc5ec543b3567ec102d8a92. html，2012 年 11 月 5 日访问。

【案例分析】

现有 5 家投资人决定合股投资 500 万元经营一家商店，其主要经营服装、家用电器和百货商品，并开一个快餐店。已租入四层楼房一栋：一楼经营家用电器，二楼经营服装，三楼经营百货，四楼经营快餐。现其已办妥一切开业手续。

要求：根据以下资料设计该公司的会计科目，并对会计科目使用作出说明。

1. 除合股投资人外，还准备向银行贷款和吸收他人投资，但他人投资不作为股份，只作为长期应付款，按高于同期银行存款利率的15%付息。

2. 商场和快餐店均需要重新装修才能营业。

3. 需要购入货架、柜台、音响设备、桌椅、收银机等设备，还需要购入运输汽车一辆。

4. 房屋按月交租金。

5. 快餐店的收入作为附营业务处理。

6. 商场购销活动中，库存商品按售价记账，可以赊购赊销。

7. 公司要求管理费用等共同费用应在商场和快餐店之间进行分摊。

8. 雇用店员若干人，每月按计时工资计发报酬，奖金视销售情况而定。

9. 公司按规定缴纳所得税和增值税（其他税种从略），税率按国家规定执行。

10. 利润按商场和快餐店分别计算；税后利润按规定提取公积金和公益金。

11. 公司已在银行开立账户。

12. 购进商品的包装物卖给废品公司。

13. 本公司名称为鼓浪有限责任公司。

来源：基础会计学案例，http://www.docin.com/p-104555165.html，2012年11月5日访问。

第四章

复式记账

【案例分析】

王单先生开设了一家公司，投资10万元，因为公司业务较少，再加上为了减少办公费用，他决定不请会计，自己记账。2004年年末设立时没有发生业务，除了记录银行存款10万元之外，没有其他账簿记录。2005年支付了各种办公费28 000元，取得收入88 000元，购置了计算机等设备20 000元，房屋租金15 000元，支付工资25 000元，王单先生只是记了银行存款日记账，企业现在的账面余额也是10万元。他认为没有赚钱所以没有缴税，2005年1月15日税务局检查认为该公司账目混乱，有偷税嫌疑。

请问：应如何看待这件事？王单先生在什么地方错了？应该如何改进？

来源：百度文库，初级会计学案例分析题，http：//wenku. baidu. com/view/c4868d77f242336c1eb95eb6. html，2012年11月5日访问。

【案例分析】

小甄从某财经大学会计系毕业刚刚被聘任为启明公司的会计员。今天是他来公司上班的第一天。会计科里那些同事们忙得不可开交，一问才知道，大家正在忙于月末结账。“我能做些什么?”会计科长看他那急于投入工作的表情，也想检验一下他的工作能力，就问：“试算平衡表的编制方法在学校学过了吧?”“学过。”小甄很自然地回答。

“那好吧，趁大家忙别的时候，你先编一下我们公司这个月的试算平衡表。”科长帮他找到了本公司所有的总账账簿，让他在早已为他准备的办公桌开始了工作。不到一个小时，一张“总分类账户发生额及余额试算平衡表”就完整的编制出来了。看到表格上那相互平衡的三组数字，小甄激动的心情溢于言表。兴冲冲地向科长交了差。

“呀，昨天车间领材料的单据还没记到账上去呢，这也是这个月的业务啊!”会计员李媚说到。还没等小甄缓过神来，会计员小张手里又拿着一些会计凭证凑了过来，对科长说，“这笔账我核对过了，应当记入‘原材料’和‘生产成本’的是10 000元，而不是9 000元。已经入账的那部分数字还得改一下。”

“试算平衡表不是已经平衡了吗？怎么还有错账呢？”小甄不解地问。

科长看他满脸疑惑的神情，就耐心地对他进行了一番解释。小甄边听边点头，心里想：“这些内容好像老师在上《基础会计》课的时候也讲过。以后在实践中还得好好琢磨呀。”

经过一番调整，一张真实反映本月试算平衡表又在小甄的手里诞生了。

请问：科长是如何对小甄解释的？

来源：百度文库，基础会计案例集，http：//wenku. baidu. com/view/40892f2b915f804d2b16c14a. html，2012年11月5日访问。

第五章

会计确认与计量的应用

【案例分析】

张山与李斯拥有一个面包房，他们做的姜汁面包非常有名。他们都没有接受过会计教育，但他们认为只要在记录时采用复式记账的方法就不会出现错误了，于是自己设计了一个用来记录交易的系统，自认为很有效。下面列示的是本月所发生的一些交易：

1. 收到商品的订单，当货物发出后将收到1 000元。
2. 发出一份商品订单，定购价值600元的商品。
3. 将货物运给顾客并收到1 000元现金。
4. 收到所订的货物并支付现金600元。
5. 用现金支付银行400元的利息。
6. 赊购6 000元的设备。

张山和李斯对以上业务进行了记录，如下表所示。

资产 =	负债 + 所有者权益	+（收入 – 费用）
收到商品订单　1 000		销售　1 000
发出订购商品的订单　600		存货支出　–600
现金　1 000 将货物发运给顾客　–1 000		
收到所定的商品　600	应付账款　–600	
支付现金　400		利息支出　–400
赊购设备	应付账款　6 000	设备支出　–6 000

要求：

（1）向他们解释其对于交易记录的错误认识。

（2）改正他们在记录中的错误。

来源：绍兴文理学院经济与管理学院会计教研室，《会计学基础》案例集，

http：//www.360doc.com/content/11/1204/12/8275896 _ 169568297.shtml，2012年11月5日访问。

【案例分析】

华夏公司精简机构。对于职员王华来说，有三条路可供他选择：

1. 继续在原单位供职，年收入12 000元；
2. 下岗，收入打对折，但某快餐厅愿以每月600元的工资待遇请他帮工；
3. 辞职，搞个体经营。

经过思考，他决定自己投资20 000元，开办一家酒吧。

下面是该酒吧开业一个月的经营情况：

1. 预付半年房租3 000元；
2. 购入各种饮料6 000元，本月份耗用其中的2/3；
3. 支付雇员工资1 500元；
4. 支付水电费500元；
5. 获取营业收入8 000元。

要求：根据上述资料，评价王华的选择是否正确，为什么？

来源：绍兴文理学院经济与管理学院会计教研室，《会计学基础》案例集，http：//www.360doc.com/content/11/1204/12/8275896 _ 169568297.shtml，2012年11月5日访问。

【案例分析】

羽飞公司的穆空，在出纳、材料会计等岗位上经历磨炼后，又接手了会计稽核工作。在近半年的工作实践中，穆空由自视颇高到虚心学习，业务能力和职业素养有了很大的提高。他在对羽飞公司2000年12月的凭单审核中，发现这样一些会计记录。

A. 羽飞公司在新产品发布会上公布了一款新研制的产品，预计在3个月后投产。在会上收到了两项客户订单及客户预交的订货款200 000元，记账凭证和账簿记录如下：

借：银行存款　　200 000
　　应收账款　　34 000
　　贷：主营业务收入　　200 000
　　　　应交税费　　34 000

B. 财务处新购进两台电脑，总价22 000元，记账凭证和账簿记录如下：

借：管理费用　　22 000
　　贷：银行存款　　22 000

C. 因机器设备检修，本月某车间的房屋整体未计提折旧。该房产的原始价值为 2 720 000 元，月折旧率为 1%。

D. 公司新生产线建造，发生工人工资费用 38 000 元，记账凭证和账簿记录如下：

借：生产成本　　38 000

　　贷：应付职工薪酬　　38 000

穆空认为，上述记录的执行人员在损益确认观念上存在问题，在会计主管袁海的支持下，穆空和相关人员进行了座谈。在座谈会上，相关人员对上述账务处理的理由陈述如下：

对于业务 A，相关人员认为：这样处理的原因有二：一是这 200 000 元终究是由于销售产品而引起的，作为销售收入来处理并无太大的不当之处；二是这样处理有利于国家税收。

对于业务 B，相关人员认为：电脑使用率很高，还是高淘汰率产品，他自己在三年前购买了一台台式电脑，由于住处电压问题，买回的第二天即被击毁。无奈之下，他又重新购买了一台，但当时价格不菲的配置，现在贬值非常之大，因此作为当期费用是可以的。

对于业务 C，相关人员认为，由于机器设备检修，车间的房屋并没有生产活动产生，不计提折旧是符合实际情况的。

对于业务 D，相关人员认为，由于是本企业的生产工人进行的生产线建造，将他们的工资按惯例计入生产成本无可厚非。

穆空在听了相关人员对上述账务处理的陈述后，根据自己在学校中学到的理论知识和工作实践经验，对上述问题作出了全面的论述，相关人员在听了穆空的论述后，心悦诚服，感到收获很大，认为穆空不愧为大学毕业生，他们愉快地接受了穆空的意见，并做了相应的错账纠正。

请问：穆空应怎样阐述自己的观点？假如你是穆空，请指出同事们账务处理的错误之处及改正方法。

来源：绍兴文理学院经济与管理学院会计教研室，《会计学基础》案例集，http：//www. 360doc. com/content/11/1204/12/8275896 _ 169568297. shtml，2012 年 11 月 5 日访问。

【案例分析】

2001 年 2 月，羽飞公司的穆空在做了一段时间的稽核工作之后，回想起自己以前工作中存在的种种错误，决定对自己担任材料会计时期的会计记录进行稽核，看看是否存在着错误。在对 2000 年 11 月的会计记录稽核中，穆空发现下面一些会计记录：

A. 2000 年 11 月购进并入库了一批价值 100 000 元的甲材料，按国家消费税税法的规定，交纳了 10 000 元的消费税。当时穆空认为，增值税作为购进环节的流转税可以抵扣，消费税也应当可以抵扣。因此，他做了如下的会计记录：

借：原材料　　100 000
　　应交税费　　10 000
　　贷：银行存款　　110 000

B. 2000 年 11 月，在购进乙、丙材料时，共支付了 10 000 元的外地运杂费，为简化核算起见，穆空把它作为管理费用处理，会计处理如下：

借：管理费用　　10 000
　　贷：银行存款　　10 000

C. 2000 年 11 月，在购进另外一批甲材料时，由于途中的自然损耗，验收时发现应入库 1 000 千克的甲原料只入库了 950 千克，该批材料单位购进成本为 200 元。穆空认为没有验收入库的原材料应作为当期损失，做账务处理如下：

借：原材料　　190 000
　　贷：在途物资　　190 000
借：管理费用　　10 000
　　贷：在途物资　　10 000

D. 02 号产品的专用设备 11 月的应计折旧为 30 000 元，穆空所做的会计处理如下：

借：制造费用　　30 000
　　贷：累计折旧　　30 000

穆空发现上面的会计记录后，认为这些会计记录是错误的，并作了必要的调整。

请问：穆空的会计记录错在哪里？应作怎样的调整？

来源：绍兴文理学院经济与管理学院会计教研室，《会计学基础》案例集，http://www.360doc.com/content/11/1204/12/8275896_169568297.shtml，2012 年 11 月 5 日访问。

【案例分析】

1998 年，工程师陆顺与另外两位投资人共同出资 500 万元创建顺达机械科技有限公司，生产摩托车使用的化油器关键部件。该部件由陆顺研制开发，公司运作也由其负责，另外两位出资人不经办公司业务。公司创建初期，由于大量投入和试验，到 1998 年年底亏损 150 万元。由于该公司产品科技含量高，比其他替代产品具有明显的技术优势，第二年产品很快就在市场上打开销路，成为国内 3 家主要摩托车生产企业的定点供应公司。1999 年年底实现利润 120 万元，经全体出资人同意，公司将利润全部用于购建固定资产进行扩大再生产，不进行利润分配。2000年，公司经营一直非常稳定，虽然受摩托车行业总体下滑的影响，但由于较高的市场占有率保证了公司有一个良好的利润水平，2000年实现利润200万元。由于预见到公司现有的规模已经可以满足客户的产品需求，陆顺建议召开全体出资人大会，讨论在2001年上半年进行公司成立以来的第一次利润分配。

在出资人会议上，陆顺向另外两位出资人简要介绍了公司2000年度的经营情况，以及对公司未来发展的判断，他认为公司在短期内不会进行大的扩张，建议公司对实现利润进行分配，以保障公司股东的利益。按照陆顺的意见，公司将把2000年实现的全部经营利润200万元，按照投资比例分配给全体股东，其余两位投资人表示同意。陆顺按照出资人会议的决定，要求公司财务经理将有关的款项从公司账户中支付给三个出资人。但公司财务经理向陆顺提出公司利润不可以全部分配给股东。以下是两人的对话：

财务经理：陆总，我不能按照这份决议将利润全部分配给投资人。

陆顺：为什么？公司是我们三个人的，没用国家一分钱，也没有少缴国家的税收，为什么我们不能拿走属于我们的东西？

财务经理：按照我国有关规定，公司的利润分配是有顺序的。根据我们公司的情况，出资人不能从公司拿走今年所有实现的利润，可供股东分配的利润要比200万元少。

陆顺：我要看到这些规定，而且我想搞清楚我们到底可分配多少利润，请你向我提供一份报告。

请问：

(1) 顺达公司可以将2000年度实现的200万元利润全部分配给股东吗？为什么？

(2) 截至2000年年末，顺达公司账面上可分配的利润是多少？

(3) 假定顺达公司章程约定不提取任意盈余公积金，该公司最多可以分配给股东多少钱？

来源：百度文库，会计学案例，http：//wenku. baidu. com/view/4e1b61956bec0975f465e25f. html，2012年11月5日访问。

第六章

账户的分类

某企业账户及余额如下：库存现金 2 000 元；银行存款 50 000 元；短期借款 50 000 元；应收账款 20 000 元；应付账款 20 000 元；原材料 10 000 元；固定资产 90 000 元；实收资本 20 000 元；盈余公积 2 000 元；主营业务收入 10 000 元；其他业务收入 1 000 元；投资收益 1 000 元；营业外收入 1 000 元；主营业务成本 20 000 元；管理费用 2 000 元；财务费用 1 000元；营业费用 1 000 元；主营业务税金及附加 1 000 元；所得税费用 3 000 元；其他业务支出 1 000 元；营业外支出 1 000 元。

要求：指出资产类、负债类、所有者权益类、损益类账户。

来源：基础会计学案例，http：//www. docin. com/p－104555165. html，2012 年 11 月 5 日访问。

【案例分析】

武钢是一名学生，在学习了账户按照所反映的经济内容分类以及按照用途与结构的分类之后，非常得意地说，我懂了，凡是写着费用的会计科目除了没有期末余额之外都与资产类账户一样，凡是成本类账户一定没有期末余额，凡是应收款账户一定是资产类账户，凡是应付款账户一定是负债账户，累计折旧也是资产账户。

请问：他的说法对吗？

来源：百度文库，初级会计学案例分析题，http：//wenku. baidu. com/view/c4868d77f242336c1eb95eb6. html，2012 年 11 月 5 日访问。

【案例分析】

会计学原理老师在讲了调整账户以后，让大家说说对调整账户的认识。甲同学说，调整账户与被调整账户在反映经济内容上的关系是：附加调整账户与被调整账户反映的经济内容相同，备抵调整账户与被调整账户反映的经济内容不相同。

乙同学说，备抵调整账户与被调整账户登账方向相反，因此它们不属同一性质的账户。如“应收账款”是资产类账户，其备抵调整账户“坏账准备”是负债类账户。

要求：判断上述两位同学的说法是否正确，并说明理由。

来源：基础会计学案例，http：//www. docin. com/p－104555165. html，2012 年 11 月 5 日访问。

第七章

会计凭证

【案例分析】

王先生出差回来到财务人员处报销费用，发现飞机票丢失，王先生提出自己写个证明，但是财务人员不给办理，双方发生争吵。这段时间飞机票打折比较多，机票的原价 1 500 元，折扣一般为 6 ~ 9 折，财务人员因此要求必须有航空公司的证明才能报销。

请问：这件事应该如何处理？

来源：百度文库，初级会计学案例分析题，http：//wenku. baidu. com/view/c4868d77f242336c1eb95eb6. html，2012 年 11 月 5 日访问。

【案例分析】

成先生是企业财务方面的主要负责人，一次在复核时发现，由于会计小代不小心丢了 3 张记账凭证，成先生在经过审核原始凭证后，批评小代工作太马虎，同时让他重新编制 3 张记账凭证。另外一次成先生在复核时发现小陈编制的银行存款付款凭证所附 20 万元的现金支票存根丢失，同时发现还有几张现金付款凭证所附原始凭证与凭证所注张数不符，成先生马上让小陈停止工作，并且与他一起回忆、追查这张支票的去向。小陈对此非常不满，认为成先生小题大做，故意整他，偏向小代。

请问：应如何看待这件事？

来源：百度文库，初级会计学案例分析题，http：//wenku. baidu. com/view/c4868d77f242336c1eb95eb6. html，2012 年 11 月 5 日访问。

【案例分析】

华伟公司为了加强管理制定了一系列规章制度，其中规定一些会计凭证必须复写多份。例如，库存商品的售出单据必须复写 5 份，分别在财会部门、销售部门、仓库、门卫各留 1 份。因为填写、传递这些会计凭证比较麻烦，小代认为这是烦琐哲学，建议应该取消，只需要复写两份就够了，一份留财务，另一份对方带回去报销。

请问：应如何看待这件事？

来源：百度文库，初级会计学案例分析题，http：//wenku. baidu. com/view/c4868d77f242336c1eb95eb6. html，2012 年 11 月 5 日访问。

【案例分析】

某企业会计人员在审核时发现这张记账凭证（见下表）有问题，请指出存在的问题。

记账凭证

摘要	总账科目	明细科目	借方	贷方
职工预借差旅费	应收账款		1 000	
	库存现金			1 000
	合计			

来源：基础会计学案例，http：//www. docin. com/p－104555165. html，2012 年 11 月 5 日访问。

【案例阅读】大肆虚开增值税票，家族罪案实属罕见

近日，广东省韶关市中级人民法院开庭审理了新丰县物资公司原副总经理潘光始及其儿子潘英平、儿媳罗媚 3 人虚开增值税专用发票价税合计总额 4 亿余元的案件。这种家族式的虚开税票案实属罕见。

1. 皮包公司专做发票生意

由于担任公职不便出面，潘光始首先借用朋友潘某的身份证开立了新丰县新城物资有限公司，然后又指使自己的儿子潘英平成立新丰县万源有限公司，指使冯泽段等人申请成立了商发、长能贸易有限公司。据公诉人讲，1997 年，潘光始竟然在一天之内成立了两家所谓的“贸易公司”。而这些公司既无厂房工地，又无贸易往来，唯一的生意是兜售虚开的增值税专用发票。

2. 父子儿媳齐上阵

有时需要出具的虚开发票太多，忙不过来，潘光始就指使自己的儿子和儿

媳罗娟一起动笔开票。检察院诉称，潘光始等3人从1996年1月至2000年11月，利用开设5家皮包公司的幌子，先后为中国石油物资装备总公司、天津三星电机有限公司、广东湛江制药总厂等全国100余家单位大肆虚开增值税专用发票。

经查实，被告人潘光始共参与虚开增值税专用发票4亿多元，税额5 900万元。每一次做生意，潘光始都坚持要求按价税总额的1.5%～1.8%收费，如此计算，潘家从中获取的不法之财达数百万元人民币。

来源:《半岛晨报》2002年7月19日第20版，原载《南方都市报》。

【案例阅读】为他厂填开发票8张，侵吞国家税款123万元

1996年4月，山西省榆次市南关村新开张了两家企业，一家为榆次市中信机械厂，另一家为物资佳丽有限公司。中信机械厂的企业负责人在领取营业执照的同时办理了税务登记证，经榆次市国税局审批认定为一般纳税人，期限暂定一年。物资佳丽有限公司在领取营业执照后，却不办理税务登记。取得一般纳税人资格的中信机械厂，从1996年5月起先后两次在榆次市国税局征收分局服务大厅领取万元版增值税专用发票两本。1996年8月，物资佳丽有限公司经理伙同他人经营生铁发往河北唐山。购进生铁的唐山厂家索要增值税专用发票，而物资佳丽有限公司没有办理税务登记，自然开不出增值税专用发票。为了使生意顺利成交，物资佳丽有限公司的负责人范小虎找到了中信机械厂的负责人孙俊华，要孙俊华用中信机械厂领取的增值税专用发票开给唐山的购生铁厂家，条件是每吨付给孙俊华40元好处费。孙俊华满口答应，先后为范小虎填开售生铁专用发票8份，数量7 400吨，价款将近851万元，税款123.5万元。而在存根联上只填开数量740吨，价款78.2万元，税款11.4万元。孙俊华从中收取非法所得近30万元，而那11.4万元税款也未申报缴纳。同时，唐山方面将8份发票如数抵扣(注：指企业按规定用购入材料时缴纳的进项税额抵扣销售产品时应缴纳的销项税额)，范小虎侵吞税款123.5万元。

来源：乔世震著:《会计案例》，中国财政经济出版社1999年版。

【案例阅读】记账凭证先盖章，会计人员钻空子

企业的现金应由专职的出纳员保管。现金的收支应由出纳员根据收付款凭证办理，业务办理完毕后由出纳员在有关的凭证上签字盖章。这是现金收支业务的正常账务处理程序。

但在大连某实业公司，这个正常的账务处理程序却被打乱了。企业的现金由

会计人员保管。现金的收支也由会计人员办理。更为可笑的是：该企业的记账凭证也是由出纳员张某先盖好印章放在会计人员那里，给会计人员作弊提供了可乘之机。

该实业公司会计（兼出纳）邵某就是利用这种既管钱，又管账的“方便”条件，尤其是借用盖好章的记账凭证，编造虚假支出，贪污公款1.4万余元。

来源：钟伟国编著：《司法会计与鉴定》，东北财经大学出版社1987年8月第1版。

【案例阅读】只因对方财务章少了两个字，发票无效被判败诉

因财务人员一时大意，付款未仔细核查发票，诉讼时才发现发票上所盖的财务章与供货商名称不一致，导致了经济损失。日前，东城法院判决某公司向供货商某石油液化气站支付货款2万余元。

2003年下半年开始，某公司向供货商先后采购了2万余元液化气，双方履约顺利未见纠纷。2004年3月2日，该公司突然收到法院传票。原来，供货商一纸诉状将其告上了法庭，要求支付货款2万余元。审理中，被告承认供货事实，但称已经支付了该笔货款，并提供原告给其开具的发票为证。原告却提出发票上加盖的财务章不是该公司的，并拿来了财务章当庭对照。这时，被告才发现发票上财务专用章的供货商名称“北京市某某液化气站”比原告名称“北京市某某石油液化气站”少了“石油”两个字。

东城法院认为，根据法律规定，当事人对自己提出的主张有责任提供证据，否则要承担举证不能的不利后果。此案被告既然主张支付了货款，就应提供有效证据，现发票所盖印章名称与供货商名称不符，即无法认定系原告开出，而被告又无其他证据证实该发票的真实性，所以因证据不足，对被告的抗辩不予采信。最后，法院判决该公司向供货商支付了全部货款。

承办法官提示，在公司财务管理制度中，发票是作为付款的唯一有效凭证，所以公司的财务人员在支付货款时，对发票的任何项目都应仔细审查，如果取得了伪造或无效发票，经济损失就不可避免了。

来源：百度文库，基础会计案例集，http：//wenku. baidu. com/view/40892f2b915f804d2b16c14a. html，2012年11月5日访问。

第八章

会计账簿

【案例分析】

王方先生应聘一家外国公司的会计，发现这家公司有几个与其他公司不一样的地方：一是公司的所有账簿都使用活页账，理由是这样便于改错；二是公司的往来账簿都是采用抽单核对的方法，直接用往来会计凭证控制，不再记账；三是在记账时发生了错误允许使用涂改液，但是强调必须由责任人签字；四是经理要求王方先生在登记现金总账的同时也要负责出纳工作。经过不到3个月的试用期，尽管这家公司的报酬高出其他类似公司，王方先生还是决定辞职。

请问：王方为什么会辞职？你如果处在他的位置会辞职吗？

来源：百度文库，初级会计学案例分析题，http：//wenku. baidu. com/view/c4868d77f242336c1eb95eb6. html，2012 年 11 月 5 日访问。

【案例分析】

包先生在一家上市公司做会计主管，发现该公司的“原材料”账户和“应收账款”账户平常不登记总分类账，只是登记明细分类账，往往是等一段时间才补登总分类账。他提出这种做法不符合总分类账与明细分类账之间的平行登记原则，但是财会部门经理认为这样做没有违反平行登记。

请问：谁的看法对？

来源：百度文库，初级会计学案例分析题，http：//wenku. baidu. com/view/c4868d77f242336c1eb95eb6. html，2012 年 11 月 5 日访问。

【案例分析】

2002 年 12 月 7 日，羽飞公司的穆空（此前，穆空已于 2002 年 9 月 1 日开始出任了 3 个月的出纳员工作。当时的启用财务负责人为袁世海，此前的出纳员为谢红梅）被调离了出纳岗位，接任材料会计工作，新接任出纳工作的是刘乐娥，前任材料会计为吴嫦娥。穆空和吴嫦娥对各自的原工作做了他们认为必要的处理，并办理了交接手续，办理完交接手续后现金日记账和材料明细账的扉页及相关账页资料如下：

账簿启用与经管人员一览表

单位名称	羽飞公司			
账簿名称	现金日记账			
册次及起止页数	自壹页起至壹百页止共壹百页			
启用日期	2002 年 1 月 1 日			
停用日期	年　月　日			
经管人员姓名	接管日期	交出日期	经管人员盖章	会计主管人员盖章
穆空	2002 年 9 月 1 日	2002 年 12 月 7 日	穆空、刘乐娥	袁世海
	年　月　日	年　月　日		
	年　月　日	年　月　日		
	年　月　日	年　月　日		
	年　月　日	年　月　日		

账簿启用与经管人员一览表

单位名称	羽飞公司			
账簿名称	原材料明细账			
册次及起止页数	自壹页起至　页止共　页			
启用日期	2002 年 1 月 1 日			
停用日期	年　月　日			
经管人员姓名	接管日期	交出日期	经管人员盖章	会计主管人员盖章
吴嫦娥	2002 年 3　月 5 日	2002 年 12 月 7 日	吴嫦娥	袁世海
穆空	2002 年 12 月 7 日	2002 年 12 月 31 日	穆空	袁世海
	年　月　日	年　月　日		
	年　月　日	年　月　日		
	年　月　日	年　月　日		

现金日记账

2002 年		凭证号	摘要	对方科目	借方	贷方	借或贷	余额
月	日							
9	1	略	期初余额				借	5 000
		略	零星销售	主营业务收入	8 000		借	13 000
		略	报差旅费	管理费用		5 000	借	8 000
		略	零星销售	主营业务收入	5 000		借	13 000

续表

2002年		凭证号	摘要	对方科目	借方	贷方	借或贷	余额
月	日							
		略	付广告费	销售费用		4 000	借	9 000

要求：请指出以上账簿记录中的不当之处，并加以纠正。

来源：百度文库，基础会计案例集，http://wenku.baidu.com/view/40892f2b915f804d2b16c14a.html，2012年11月5日访问。

【案例阅读】出纳员工作交接书范例

原出纳员朱××，因工作调动，财务处已决定将出纳工作移交给金××接管。现办理如下交接：

一、交接日期：

2002年×月×日

二、具体业务的移交：

1. 库存现金：×月×日账面余额××元，实存相符，月记账余额与总账相符；
2. 库存国库券：478 000元，经核对无误；
3. 银行存款余额×××万元，经编制"银行存款余额调节表"核对相符。

三、移交的会计凭证、账簿、文件：

1. 本年度现金日记账一本；
2. 本年度银行存款日记账两本；
3. 空白现金支票××张（××号至××号）；
4. 空白转账支票××张（××号至××号）；
5. 托收承付登记簿一本；
6. 付款委托书一本；
7. 信汇登记簿一本；
8. 金库暂存物品明细表一份，与实物核对相符；
9. 银行对账单1～10月份十本；10月份未达账项说明一份。

四、印鉴：

1. ××公司财务处转讫印章一枚；

2. ××公司财务处现金收讫印章一枚；

3. ××公司财务处现金付讫印章一枚；

五、交接前后工作责任的划分：

2002年×月×日前的出纳责任事项由朱××负责；2002年×月×日起的出纳工作由金××负责。以上移交事项均经交接双方认定无误。

六、本交接书一式三份，双方各执一分，存档一份。

移交人：朱××（签名盖章）

接管人：金××（签名盖章）

监交人：迟××（签名盖章）

××公司财务处（公章）

2002年×月×日

来源：百度文库，案例基础会计（寇俊艳），http：//wenku. baidu. com/view/94e2f467783e0912a2162acb. html，2012年11月5日访问。

第九章

财 产 清 查

【案例分析】

2004 年 3 月，康华先生自己创办了一个企业，主要经营水产品的批发和零售业务，包括活鱼、活虾等。在 3～8 月期间企业是由贾小姐作为企业会计进行记账，她将永续盘存制作为记账基础，同时采用了零售企业一般采用的“售价金额核算、实物负责制”。由于天气炎热，鱼和虾等水产品的销售价格在一天之内往往需要随着新鲜程度进行多次变化，给记账带来很大不便，因此贾小姐决定将实地盘存制作为记账基础。但是康华先生不同意，认为不符合企业会计的一般要求。

请问：谁的话有道理？

来源：百度文库，初级会计学案例分析题，http://wenku.baidu.com/view/c4868d77f242336c1eb95eb6.html，2012 年 11 月 5 日访问。

【案例分析】

华光公司在 2004 年 11 月 29 日将银行存款日记账与银行对账单进行核对，发现有一笔 50 万元的账项对不上，经过多方查找发现了一张银行到账的通知单被重复记账，马上进行了更正。12 月 30 日公司收到了银行对账单，经过编制银行存款余额调节表后发现了 8 笔未达账项，财务部根据银行对账单进行记账更正。

请问：财务部的处理是否正确？为什么？

来源：百度文库，初级会计学案例分析题，http://wenku.baidu.com/view/c4868d77f242336c1eb95eb6.html，2012 年 11 月 5 日访问。

【案例分析】

刘燕在服装公司实习一个星期了，通过实务操作，她对课堂上学到的专业知识有了更深的体会，深感受益匪浅。这天，公司的开户银行寄来了 8 月份的银行存款对账单。刘燕自告奋勇，要求财务部经理将清查银行存款的工作交给她。得到经理的同意后，刘燕立即从出纳处拿来银行存款日记账，认真地开始逐笔核对银行存款日记账和银行对账单。

刘燕看到：当天的银行存款日记账余额是 32 000 元，而银行对账单则显示公司当天有余额 48 000 元。通过检查，刘燕发现了以下情况：

1. 8 月 9 日，公司银行存款日记账记录了一笔支付前欠购买布料的货款，金额 65 000 元，以银行汇票结算，而银行对账单上的数字是 56 000 元，查阅原始凭证，发现确系 56 000 元。

2. 8 月 28 日，银行对账单上记录有银行代公司支付本月电费 3 000 元，公司尚未收到委托收款结算凭证的付款通知。

3. 8 月 29 日，公司签发转账支票一张预付布料款，面值 10 000 元，但未见银行对账单记录该项业务。

4. 8 月 29 日，银行对账单上有一笔公司委托银行托收的货款 50 000 元，但公司尚未收到托收承付结算凭证的收款通知。

5. 8 月 30 日，公司银行存款日记账记录公司向洋都百货销售一批秋装，收到一张转账支票，面值 50 000 元，但银行对账单没有登记。

刘燕认为，根据清查结果，公司有一笔错账必须先更正，然后再编制银行存款余额调节表调整未达账项。于是，刘燕进行了以下处理：

1. 更正错账。采用红字更正法，冲销 8 月 9 日支付购买布料款多记的 9 000 元。

借：应付账款　　9 000（红字）

　　贷：银行存款　　9 000（红字）

从而计算得到公司的银行存款日记账余额为 41 000 元。

2. 编制银行存款余额调节表。

银行存款余额调节表

20×6 年 8 月 31 日

项目	金额	项目	金额
银行存款日记账余额	41 000	银行对账单余额	48 000
加：银行已收，企业未收	50 000	加：企业已收，银行未收	50 000
减：银行已付，企业未付	3 000	减：企业已付，银行未付	10 000
调节后企业银行存款的余额	88 000	调节后银行对账单的余额	88 000

3. 当即根据上述未达账项，将银行已入账，公司的银行存款日记账尚未登记的业务补充编制记账凭证并记录到银行存款日记账上。

请问：

(1) 企业编制银行存款余额调节表的目的是什么？银行存款余额调节表上调节后的余额有什么含义？

（2）刘燕所做的处理是否完全正确？为什么？

来源：基础会计学案例，http：//www. docin. com/p－104555165. html，2012年11月5日访问。

【案例分析】

王伟先生是华光公司的总经理，公司成立于2004年2月，12月25日公司财务部经理提出需要进行财产清查，为编制会计报表做准备。经过总经理办公会同意，财务部会同物资保管部门、生产部门一起组织了28～29日的财产清查。通过清查发现，甲种材料盘盈6 000元，乙种材料盘亏4 800元，丁种材料有价值800元的毁损。

请问：财务部应该怎样进行账务处理？

来源：百度文库，初级会计学案例分析题，http：//wenku. baidu. com/view/c4868d77f242336c1eb95eb6. html，2012年11月5日访问。

【案例分析】

Y企业的副经理王某，将企业正在使用的一台设备借给其朋友使用，未办理任何手续。清查人员在年底盘点时发现盘亏了一台设备，原值为20万元，已提折旧5万元，净值为15万元。经查，属王副经理所为。于是，派人向借方追索。但借方声称，该设备已被人偷走。当问及王副经理对此事处理意见时，王某建议按正常报废处理。

请问：

（1）盘亏的设备按正常报废处理是否符合会计制度要求？

（2）企业应怎样正确处理盘亏的固定资产？

来源：百度文库，基础会计案例集，http：//wenku. baidu. com/view/40892f2b915f804d2b16c14a. html，2012年11月5日访问。

【案例分析】

光华会计师事务所受托对东海钢铁厂的存货进行审计，发现存在下列问题：

1. 年终经财产清查发现，原材料账实不符

该钢铁厂已经建立了完善的内部控制制度。在存货的管理中实行了采购人员、运输人员、保管人员等不同岗位分工负责的内部牵制制度。然而在实际操作中，由于三者合伙作弊，使内控制度失去了监督作用。该钢铁厂2002年根据生产需要每月需要购进各种型号的铁矿石1 000吨，货物自提自用。2002年7月，采购人员张黑办理购货手续后，将发票提货联交由本企业汽车司机胡来负责运输，胡来在运输途中，一方面将600吨铁矿石卖给某企业，另一方面将剩余的

400 吨铁矿石运到本企业仓库，交保管员王虎按 1 000 吨验收入库，3 个人随即分得赃款。财会部门从发票、运单、入库单等各种原始凭证的手续上看，完全符合规定，照例如数付款。可是在进行年终财产清查时才发现账实不符的严重情况，只得将不足的原材料数量金额先做流动资产的盘亏处理，期末处理时，部分做管理费用处理，部分做营业外支出处理。

2. 毁损材料不报废，制造虚盈实亏

该钢铁厂 2003 年 1 月发生了一场火灾，材料损失达 90 万元。保险公司可以赔偿 30 万元。企业在预计全年收支情况后，可知如果报列材料损失，就会使利润下降更加严重。为保证利润指标的实现，该钢铁厂领导要求财会部门不列报毁损材料。

请问：

(1) 该企业对原材料账实不符的会计处理是否妥当？应该如何处理？

(2) 该企业不列报毁损材料的结果是什么？应该如何进行会计处理？

来源：百度文库，基础会计案例集，http://wenku.baidu.com/view/40892f2b915f804d2b16c14a.html，2012 年 11 月 5 日访问。

第十章

财务报告与报表分析

【案例分析】

华发先生在2004年6月成立的光辉实业股份有限公司中担任财务总监。在2005年1月25日召开的董事会上提交了资产负债表和利润表，董事会对于华发先生的工作非常不满意，主要批评他的地方有以下几点：

（1）编制会计报表前没有编制工作底稿；

（2）年底在编制会计报表前没有进行存货盘点；

（3）会计报表的实际截止日是12月25日；

（4）没有报表附注和财务状况说明书；

（5）没有编制现金流量表；

（6）利润表与资产负债表中的“未分配利润”数字不相符。

华发先生非常不服气。

请问：董事会批评华发先生的是否都对？为什么？

来源：百度文库，初级会计学案例分析题，http：//wenku. baidu. com/view/c4868d77f242336c1eb95eb6. html，2012年11月5日访问。

【案例分析】

毕达大学毕业到一家公司应聘，分配到公司会计部。会计部经理为了培养他，在6月底编制半年报时让他自己也练习编制资产负债表，第一遍他编制的资产负债表不平，第二遍他编制的资产负债表平衡了，但是与经理编制的资产负债表总额相差500多万元。经理问他怎么编制的，他说都是根据总分类账的账户期末余额填制的。

请问：毕达可能在什么地方出现了差错？

来源：百度文库，初级会计学案例分析题，http：//wenku. baidu. com/view/c4868d77f242336c1eb95eb6. html，2012年11月5日访问。

【案例分析】

某人准备投资创建一家超市，首先他从各种渠道筹集到资金100万元，其中该人投入资金70万元，向银行借入3年长期借款30万元，然后，他拿这笔资金购买了厂房、小汽车40万元，采购商品30万元，购买股票10万元。到月末，他在银行的存款数为20万元。

请你为他编制一张资产负债表，并为他建立相应的账户。

来源：基础会计学案例，http://www.docin.com/p-104555165.html，2012年11月5日访问。

【案例分析】

刚刚大学毕业的王毅决心自主创业，开办一家奶茶坊。2010年7月，王毅购买了以下设备：冰箱2 000元，封口机（手动）300元，饮水机150元，榨汁机120元，长桶、短桶各1个，均100元。此外，还在网吧购买了巴台匙、小摇盅、密封罐共130元。

王毅家住在闹市区，平时客流量非常大。楼下有一个店面正在转让，考虑到店面的升值因素，王毅决定把店面买下来。但一次性付清100 000元的要求让他左右为难，为此，他说服了他的亲友们投资于该企业，他的一个姐姐和一个哥哥各投入50 000元。

店面准备就绪后，王毅还在一个朋友那里以优惠价购买了奶精、椰果、黑珍珠、白糖、各类茶包以及西瓜粉、草莓粉、百香果粉、青苹果粉、菠萝粉、巧克力粉、木瓜粉、巴西情人粉、香芋粉、花生粉、哈密瓜粉、芒果粉、绿豆沙粉、薄荷粉、水蜜桃粉等各类果粉，共1 300元的原料，得知王毅手头比较紧，朋友允许3个月后再支付货款。

2010年8月8日，王毅的奶茶坊正式开张，由于每杯奶茶一律定价5元，价位较低，加上王毅很热情，生意格外红火，仅8月8日一日就售出奶茶323杯。

要求：

(1) 为王毅的奶茶坊设置账户。

(2) 根据案例，在所设置的账户中登记金额。

(3) 为王毅编制一个2010年7月31日的资产负债表。

(4) 若王毅想计算8月8日赚了多少，还需要知道哪些会计信息？你的根据是什么？

来源：百度文库，会计基础，http://wenku.baidu.com/view/cdc5ec543b3567ec102d8a92.html，2012年11月5日访问。

【案例分析】

某企业“本年利润”贷方金额400 000元，12月份各损益类账户金额如下：主营业务收入100 000元；投资收益20 000元；主营业务成本40 000元；管理费用3 000元。

要求：帮助该企业计算12月份当月的利润总额，全年的利润总额，并作出12月份利润形成的核算。

来源：基础会计学案例，http：//www.docin.com/p－104555165.html，2012年11月5日访问。

【案例分析】

你所在村里的一位杂货商，得知你正在学会计，向你寻求帮助。他想了解他的企业在年末经营状况如何，当年的经营业绩怎样。他将以下有关企业的信息提供给你。所提供的全部数据，是以12月31日为终止日期的当年数据。

有关会计事项	金额
支付给雇工的工资	3 744
年末货车价值	4 800
销售成本	70 440
自付薪水	15 600
销售收入	110 820
年末商店和土地的价值	6 000
钱柜里和银行中的现金	2 100
杂项费用（包括电费、电话费等）	10 500
年末欠供应商的款项	2 400

你还获知当年该地区的地产已经升值。但是，由于房屋经过一般修缮后又被损坏了，所以总的来说它的价值仍维持在一年前的相同水平上。另外，货车一年前价值6 000元，但是，现在经过一年的折旧，价值比以前减少了。

要求：

（1）评价该杂货商一年来的经营业绩。

（2）告诉该杂货商年末的财务状况。

（3）如果不计算折旧在内，该杂货商一年的净收益应是多少？

来源：绍兴文理学院经济与管理学院会计教研室，《会计学基础》案例集，http：//www.360doc.com/content/11/1204/12/8275896_169568297.shtml，2012年11月5日访问。

【案例分析】

请从图书馆或互联网上找一家知名公司的年度报告，回答以下问题：

(1) 在这家公司的资产负债表上，哪项资产的金额最大？为什么公司在这项资产上作了大笔投资？资产负债表上的项目，哪三项发生最大的百分比变动？

(2) 该公司利润表上是净利润还是净亏损？净利润或净亏损占营业收入的比重为多少？利润表上的项目，哪三项发生最大的百分比变动？

(3) 阅读该公司的现金流量表：

投资活动的主要现金来源和用途是什么？

投资活动给企业增加现金还是减少现金？

筹资活动的主要现金来源和用途是什么？

筹资活动给企业增加现金还是减少现金？

(4) 从报表附注中选择三项内容，并说明它们对信息使用者作出的决策有何影响？

(5) 假定你是银行，这家公司要求借一笔相当于总资产 10% 的借款，期限是 90 天，你认为这家公司有信用风险吗？为什么？

(6) 你认为这家公司的优势和弱项何在？

来源：《会计学原理》教学案例，http://www.docin.com/p-418692064.html，2012 年 11 月 5 日访问。

【案例阅读】为什么需要现金流量表

20×5 年 10 月，美国最大的商业企业之一格兰特（W. T. Grant）公司宣告破产引起人们的广泛注意。令人不解的是，格兰特宣告破产的前一年，其营业净利润接近 2 000 万美元，银行借款余额达 6 亿美元。而在 20×3 年年末，公司股票价格仍按其每股收益 20 倍的价格出售。

为什么净利润和营运资金都为正数的公司会在一年后宣告破产？为什么投资者会购买一个濒临破产公司的股票而银行也乐于为其发放贷款，问题就出在投资者和债权人未对该公司的现金流动状况作深入的了解和分析。如果分析一下公司的现金流量情况，就可发现从 1965 年开始，尽管格兰特一直盈利，但其现金的主要来源不再是经营活动，而是银行借款。20×0 年起该公司的经营活动净现金流量就开始出现负数，到 20×4 年，经营活动净现金流量高达 -11 000 万美元。若如此，投资者就不会对一个现金严重短缺、毫无偿债能力的公司进行投资。

这一事件使人们认识到，简单地分析资产负债表、利润表或财务状况变动表已不能完全满足决策的需要。他们需要了解企业的现金流动状况，需要知道为什么盈利企业会走向破产？为什么亏损企业会发放股利？为什么经营净利润与经营现金净流量不相等？这类问题均可通过分析现金流量表得以解答。

来源：基础会计学案例，http：//www.docin.com/p－104555165.html，2012年11月5日访问。

【案例阅读】提供虚假财会报告，3名被告一致认罪

2002年11月17日上午，在郑州市中级人民法院大审判庭，郑州百文股份有限公司（以下简称郑百文公司）提供虚假财务报告一案开庭审理。上午10时许，郑百文公司原董事长李福乾、原公司总经理兼家电分公司经理卢一德、原公司财务处主任都群福被带上了审判法庭。

告诉人指出，被告人李福乾作为郑百文公司董事长、法人代表，在听取总经理卢一德、财务处主任都群福汇报1997年年度经营亏损，并看到1997年年底第一次汇总的财务报表也显示亏损的情况下，仍召集会议，指示财务部门和家电分公司完成年初下达的销售额80亿元，盈利8 000万元的“双八”目标。随后，作为财务主管的都群福指示总公司财务人员，将各分公司所报当年财务报表全部退回作二次处理，都群福明确提出要求不准显示亏损。

二次报表出来后，显示公司完成利润指标。为了顺利通过审计，总经理卢一德亲赴四川，与厂家签订了两份返利协议，造成虚提返利1 897万元。

对于被指控的犯罪事实，3名被告人在法庭上一致表示认罪，没有做过多辩护。最终，审判长宣布休庭，案件择期宣判。

来源：百度文库，基础会计案例集，http：//wenku.baidu.com/view/40892f2b915f804d2b16c14a.html，2012年11月5日访问。

第十一章

会计核算程序

【案例分析】

刘通于2000年1月1日用银行存款500 000元作为投资创办了天地公司，主要经营各种家具的批发与零售。5月1日刘通以每月2 000元的租金租用了一个店面作为经营场地。由于刘通不懂会计，他除了将所有的发票等单据都收集保存起来外，没有做任何其他记录。到月底，刘通发现公司的存款反而减少了，只剩下458 987元，外加643元现金。另外，尽管客户赊欠的13 300元尚未收现，但公司也有10 560元货款尚未支付。除此之外，实地盘点库存家具，价值25 800元。刘通开始怀疑自己的经营，前来向你请教。

对刘通保存的所有单据进行检查分析，汇总一个月的资料显示：

1. 投资，银行存款500 000元。

2. 内部装修及必要的设施花费20 000元，均已用支票支付。

3. 购入家具两批，每批价值35 200元，其中第一批为现金购入，第二批购入赊欠价款的30%，其余用支票支付。

4. 本月零售家具收入共38 800元，全部收到存入银行。

5. 本月批发家具收入共25 870元，其中赊销13 300元，其余均存入银行。

6. 用支票支付当月的租金2 000元。

7. 本月从银行存款户提取现金共10 000元，其中4 000元支付店员的工资，5 000元用作个人生活费，其余备日常零星开支。

8. 本月水电费543元，支票支付。

9. 本月电话费220元，现金支付。

10. 其他各种杂费137元，用现金支付。

11. 结转已售库存商品成本44 600元。

12. 结转本月主营业务收入64 670元。

13. 将有关费用项目转入本年利润账户。

要求：请根据天地公司的具体经济业务，替刘通设计一套适合的会计核算组织程序，并帮助刘通记账（编制会计分录即可），向刘通报告公司的财务状况，解答其疑惑，评述其经营业绩。

来源：绍兴文理学院经济与管理学院会计教研室：《会计学基础》案例集，http：//www.360doc.com/content/11/1204/12/8275896_169568297.shtml，2012年11月5日访问。

【案例分析】

丁丁是一名大学生，他决定利用暑假期间勤工俭学，开办一家经营商品推销、少儿暑假寄托、教育等业务的服务公司。7月1日，丁丁成立了开心服务公司，利用自己的积蓄租了一套租赁期为两个月的房间，每月租金300元，先预付500元，同时，借来现金2 000元。

该服务公司7月份发生以下业务：

（1）支付广告费100元；

（2）租用办公桌1张，月租金50元，预付30元，余款到8月31日租赁期满与8月份租金一并付清；

（3）现款购入各种少儿读物1 130套，共计460元；

（4）现款购入数把儿童椅子，总成本1 000元；

（5）在丁丁外出联系业务时，请了1名临时工来帮忙，月薪为300元；

（6）支付各种杂费50元；

（7）推销商品佣金收入1 640元；

（8）入托少儿的学杂费收入1 500元；

（9）7月份，丁丁个人支用服务所现金300元；

8月份该所取得3 100元的现金收入，均收到现金，其中托费收入1 700元，其余均为佣金收入，费用开支保持不变，丁丁个人支用服务所现金300元。

8月31日暑假结束，丁丁将少儿读物全部送给孩子们，并将数把椅子出售得款600元。同时，归还借款。

要求：帮丁丁设计一套合理的账务处理程序，完整地记录开心服务公司的全部经济业务，并计算确定丁丁的经营是否成功，简要评述开心服务所7月、8月月初与月末的现金变动状况。

来源：基础会计学案例，http：//www.docin.com/p-104555165.html，2012年11月5日访问。

第十二章

会计工作组织与会计监督

【案例分析】

王先生在企业创办1年之后，面临一个非常棘手的问题，工商局、税务局的工作人员都指责他的企业没有遵守我国《会计准则》的要求建立企业的会计制度，记账随意性很大，财政局的工作人员又提出企业的财会人员没有经过资格认证。王先生觉得非常委屈。因为公司是自己开的，企业应该有自主权，为什么会计非要按照国家规定的会计准则去做？会计人员为什么要有资格认证？

请问：王先生的说法是否有道理？

来源：百度文库，初级会计学案例分析题，http：//wenku. baidu. com/view/c4868d77f242336c1eb95eb6. html，2012年11月5日访问。

【案例分析】

小杨是某财经大学会计专业学生，在校期间学习刻苦，很早就考取了会计从业资格证书，毕业后到某钢厂财务部担任出纳工作。2005年即工作1年后，小杨感到出纳工作太琐碎没有前途，之前的工作热情消失殆尽，在工作上敷衍了事，对前来报销的职工态度恶劣，受到多次投诉。财务部的高部长是从基层一步一步走上领导岗位的，也经历过小杨的这个阶段，因此经常与小杨谈心，用自己的亲身经历来开导小杨，被小杨亲切地称为高老大。

在高部长的关心下，小杨的信心恢复，不但工作努力，还刻苦钻研业务，深受领导赏识。2012年学习深造后回厂的小杨被提拔为财务部副部长，当他急切地将一些想法与“高老大”交流时，却发现自己的一些观点与高部长发生了明显的分歧：小杨认为，应该多给会计人员提供一些接受培训的机会，每周应有固定时间进行业务理论学习，但高部长认为会计人员工作繁忙，没有时间搞这些“虚”的东西。小杨认为，财务部门的人员应该了解厂子的业务发展、战略规划，因此，希望高部长在开完厂部的战略会议后，能够将会议精神传达一下。但是高部长认为，财务部的本职工作就是认真做账、认真查账，避免厂子的资产流失，厂子的战略与本部门无关，无须关心，甚至还说，以后的战略会议他想跟厂长申请不去了，反正去了也是在那里打盹儿。

请问：

(1) 小杨2005年的表现违背了哪些会计职业道德?

(2) 小杨的观点和高部长的观点，你赞成哪一个？请从会计职业道德的角度说明原因。

(3) 结合案例说说“提高技能”、“参与管理”这两项会计职业道德内容间的关系。

来源：百度文库，基础会计案例分析第一次研讨，http：//wenku. baidu. com/view/f4d479d626fff705cc170af8. html，2012年11月5日访问。

【案例分析】

新上任的财务部部长张某提出了强化服务的要求，并制定了相应的激励政策，开了动员大会。部里的员工反应非常积极，在2008年下半年到2009年年中出现了以下事例：(1) 出纳人员自发组织微笑服务活动；(2) 会计人员利用公司的业务学习时间，主动向生产车间工人宣讲会计基础知识，推动了班组核算制度的顺利开展；(3) 会计人员向计算机专家学习会计电算化操作方法；(4) 出纳人员向银行工作人员请教辨别假钞的技术；(5) 提出“一切满足领导需要”的服务承诺；(6) 2008年度公司亏损已成定局，通过一些方法将公司会计报表从亏损做成盈利，落实了董事长的盈利目标；(7) 分析坏账形成原因，提出加强授信管理、加快货款回收的建议；(8) 出纳员小张在稽查会计生病期间主动提出兼任稽核检查工作；(9) 针对公司经营管理不善而长年亏损的情况，创建了成本监控中心，强化成本核算和管理，对异常成本变动能立即采取应对措施，及时向领导反映经营管理活动情况和存在的问题；(10) 面对金融危机造成的严重的客户源萎缩情况，向公司总经理建议，开辟网上业务洽谈，并实行优惠的折扣政策，使公司保持了正常增长。

请问：

(1) 是否存在违背会计职业道德的事例？请加以分析，并提出改正意见。

(2) 上述事例分别体现了会计职业道德规范的哪些方面?

(3) 解释“强化服务”的内涵与关键。结合案例分析“强化服务”与其他会计职业道德规范的关系。

来源：百度文库，会计基础，http：//wenku. baidu. com/view/cdc5ec543b3567ec102d8a92. html，2012年11月5日访问。

【案例分析】

财政部门对某合伙企业进行会计监督时遇到以下情况：该合伙企业经营规模不大，没建立完整的账项记录，企业方认为合伙企业不具有独立企业法人地位，且每位合伙人均依法承担无限连带责任，可以不用建账；该合伙企业中，无国有资产投入，无须接受国家监督，财政部门进行的会计监督属于政府对合伙企业正常经营的干涉；企业准备将部分已超过法定保管期的会计档案销毁，但财政部门监督人发现，其中有两张原始凭证虽然保管期满，但是涉及的债权债务尚未结清，要求对批准销毁的原始凭证全部保留。

要求：根据以上资料，结合会计法规的规定回答以下问题：

（1）合伙企业是否应依法建账？

（2）合伙企业是否应接受财政部门的监督？

（3）对已保管到期但涉及的债权债务尚未了结的原始凭证应如何处理？

来源：百度文库，会计基础案例分析，http：//wenku. baidu. com/view/c088940a581b6bd97f19ea63. html，2012 年 11 月 5 日访问。

【案例分析】

J 市国有五交化公司总经理老李在 2005 年办理了以下事情：

（1）自行安排其儿子李某（符合会计机构负责人任职条件）担任了五交化公司财务科科长。

（2）指使其儿子李某隐匿会计资料，少报收入。

（3）决定用公款为自己炒股，给公司造成直接经济损失 5 万元，李某明知上情，但未提出反对意见。

（4）2005 年中屡次未按规定编制会计报表或经常迟报。

（5）财务科副科长陆某对李总经理的所作所为非常愤慨，向主管单位和财政、审计、税务机关进行了举报，李总经理伺机对陆某打击报复，借故调离了陆某。

要求：分别说明上述 1 ~ 5 条，李总经理违反了哪些法规，分别应承担什么责任，应由哪些部门给予处理。

来源：百度文库，会计基础案例分析，http：//wenku. baidu. com/view/c088940a581b6bd97f19ea63. html，2012 年 11 月 5 日访问。

【案例分析】

某市财政局在 2005 年 4 月《会计法》执法检查中，发现某小型企业为节省开支，只任用了两名会计，其中王某已取得会计师职称并持有会计从业资格证书，被单位负责人指定为会计主管人员，负责登记总账，编制财务会计报告和稽核工作；张某尚未取得会计从业资格证书，被单位负责人指定担任出纳工作，兼记日记账、各种明细账和会计档案的保管。该企业出纳员在单位负责人的授意下，将收到的下脚料销售款5 000元另行存放不入账，以便负责人日常应酬。会计主管王某发现后，向上级主管部门举报，上级主管部门将检举材料一并转给该企业，责令其自行纠正。该企业负责人遂以工作需要为由，将会计主管王某调离会计工作岗位，另外聘用一名经济管理专业应届大学毕业生担任会计主管人员。由于处理方法随意改变，会计核算中时有多记、漏记的会计差错发生，并仍秉承单位负责人意图，私设"小金库"。

要求：请逐项分析上述行为哪些违反了《会计法》的规定；财政部门和有关部门对该企业违反了《会计法》的行为应如何处理？

来源：百度文库，会计基础案例分析，http://wenku.baidu.com/view/c088940a581b6bd97f19ea63.html，2012年11月5日访问。

【案例分析】

2006年1月某市财政局派出检查组对国有大型企业（以下简称甲企业）的会计工作进行检查。检查中了解到以下情况：

（1）2005年4月1日，会计人员A发现一张由丙企业开具的金额有错误的原始凭证，A要求丙企业进行更正，并在更正处加盖丙企业印章；

（2）2005年4月10日，会计人员B发现一张不真实、不合法的原始凭证，B仍以该原始凭证进行了账务处理；

（3）2005年5月10日，职工代表C要求在本厂的职工代表大会上公布企业的财务会计报告，并向职工代表大会说明本厂的"重大投资、融资和资产处置决策及其原因"，遭到了厂长张某的拒绝；

（4）2005年6月10日，经会计机构负责人D批准，本厂档案管理部门的工作人员E将部分会计档案复制给丁企业；

（5）2005年7月10日，甲企业拟销毁一批保管期满的会计档案（其中包括两张未了结债权债务的原始凭证），由总会计师F在会计档案销毁清册上签署意见后，该批会计档案于7月14日销毁；

（6）2005年8月10日，厂长张某以总会计师F擅自在会计档案销毁清册上签署意见为由，撤销了总会计师F的职务，并决定该厂不再设置总会计师的职位。

要求：根据以上事实及有关法律规定，回答下列问题：

（1）会计人员A的做法是否符合规定？并说明理由。

（2）会计人员B的做法是否符合规定？并说明理由。

（3）职工代表C的做法是否符合规定？并说明理由。

（4）E将部分会计档案复制给丁企业的做法是否符合规定？并说明理由。

（5）张某撤销总会计师F的职务、并决定该厂不再设置总会计师职位是否符合规定？并说明理由。

来源：百度文库，会计基础案例分析，http：//wenku.baidu.com/view/c088940a581b6bd97f19ea63.html，2012年11月5日访问。

【案例分析】

A企业2005年发生以下事项：

（1）某天A企业的库存现金只有1 000元了，正好邻近一家D企业的采购员前来采购A企业的产品，价款20 000元，付款时A企业的收款人员以需要补充库存现金为由，要求D企业采购员持现金前来付款，于是，该采购员只好取现金付清了全部价款。

（2）A企业向个体户E采购农副产品作为生产辅料，开出一张金额为5 000元的现金支票交给E，作为其采购农副产品的价款，个体户E于是将A企业开出的现金支票背书后转给了油料供应企业F，作为向企业F购买价格也为5 000元油料付款，但当企业F向银行提款时，去遭到了银行的拒绝。

（3）为了达到少缴税的目的，A企业经理要求会计人员将一台正在正常使用的搅拌机（折旧年限为10年，已使用至第5年）的折旧方法由原来的平均年限法改为双倍余额递减法，使当年的利润减少了30 000元。

要求：

（1）在事项1中A企业收款人员的收款方法是否符合有关规定？请说明理由。

（2）在事项2中，银行为什么拒绝F企业的提款？请说明理由。

（3）在事项3中A企业属于哪种性质的违法行为？按照《会计法》的规定，其直接责任人员应承担哪些法律责任？

来源：百度文库，会计基础案例分析，http：//wenku.baidu.com/view/c088940a581b6bd97f19ea63.html，2012年11月5日访问。

【案例分析】

2005年，J市某中外合资经营企业发生以下情况：

（1）2005年1月25日，因合资方核对账目需要，经本单位负责人批准，将2004年的总账和有关明细账借出，于2005年2月10日归还。

（2）2005年2月15日，经董事会批准对外报送了2004年度的财务会计报告，包括年度会计报表、会计报表附注、财务情况说明书。封面上有单位负责人、总会计师的签名。

（3）2005 年 4 月该企业在中国银行已设一个基本存款账户的情况下，经与本市中国工商银行负责人疏通关系，又在其营业部开设了一个基本存款账户。

（4）2005 年 10 月，该厂从外市招聘了一位已取得注册会计师全科合格证的会计人员李某，经董事会批准，决定由其担任会计机构负责人。

（5）李某持有外市会计从业资格证书，并在原单位已从事会计工作两年。其相关的会计从业档案到 2004 年年底仍保存在原单位所在地的会计从业资格管理部门。

（6）2005 年 12 月 10 日，会计科负责债权债务登记的会计人员王某，因请产假，经会计科长同意，由王某直接向出纳员越某移交，并由越某在此期间代为登记债权债务账目。

（7）2005 年 12 月 20 日，会计人员开出一张 1.8 万元的转账支票给供货单位 A 企业（符合规定手续），但由于本月销货款尚未到账，持票人到银行转账时发现该企业银行账户上无款可以转账。

（8）2005 年 12 月 22 日，应好友要求，会计人员黄某私自将本企业开发的新产品的成本资料和相关技术资料复制后转交给了好友。

（9）2005 年 12 月 31 日，按规定进行期末结账，但编制的记账凭证后面未附有原始凭证。

要求：根据上述情况，对照会计法律制度和相关制度的有关规定，回答下列问题：

（1）该企业借出会计账簿是否符合规定？为什么？

（2）该企业报送年度会计报告是否符合规定？为什么？

（3）该企业另行开设基本存款账户是否符合规定？为什么？

（4）李某担任会计机构负责人是否符合规定？为什么？

（5）李某的会计从业档案资料按规定应如何处理？

（6）王某直接向出纳员越某移交债权债务账目登记工作是否符合规定？为什么？

（7）企业签发支票是否符合规定？为什么？银行应如何处理？持票人有权要求赔偿金额是多少？

（8）黄某的行为是否符合会计人员职业道德？为什么？

（9）题中的记账凭证后面未附有原始凭证是否符合规定？为什么？

来源：百度文库，会计基础案例分析，http://wenku.baidu.com/view/c088940a581b6bd97f19ea63.html，2012 年 11 月 5 日访问。

【案例阅读】虚假验资，两 CPA 被判刑和处以罚金

新华网成都 4 月 21 日电　四川宜宾市翠屏区法院近日一审以犯中介组织人员

出具证明文件重大失实罪，依法分别判处被告人鲁礼和有期徒刑 2 年，缓刑 2 年，并处罚金 1.5 万元，被告人丁勇处罚金 1 万元。

2004 年 2 月，周文（另案处理）、徐崇炎（死亡）等人实际并未出资，为注册成立宜宾赛尔登丰百货有限公司（以下简称百货公司），徐崇炎请宜宾蜀南会计师事务所临时聘用人员郑熙孝（另案处理）帮忙审验公司 200 万元注册资本，并提供了设立验资 200 万元的虚假证明文件。同月，郑熙孝代表宜宾蜀南会计师事务所，与委托人百货公司签订设立验资业务约定书，确定验资范围为货币资金，郑熙孝为验资项目经办人。

郑熙孝编制的验资相关材料底稿，经该事务所负责人鲁礼和、丁勇复核同意，宜宾蜀南会计师事务所为百货公司出具了注册资本为 200 万元（实物资本 160 万元、货币资金 40 万元）的验资报告。百货公司用其骗取宜宾市工商行政管理局注册，取得该公司注册资本 200 万元的经营资质。

同年 4 月，周文、徐崇炎等人又采取同样手段，实际并未出资而以百货公司的名义向蜀南会计师事务所提供虚假的增资 300 万元的证明文件材料，经鲁礼和、丁勇复核同意，该事务所为百货公司出具了新增注册资本 300 万元（实物资本 235 万元、货币资金 65 万元）的验资报告。该公司用其骗取工商行政管理部门信任，取得增资 300 万元的工商变更登记。

2005 年 3 月 17 日，百货公司因负债过多停业倒闭，拖欠商家的大量货款、设备款和装修款，致大量商家、营业员集体上访，造成恶劣的社会影响。案发后，宜宾蜀南会计师事务所自愿垫付 20 万元，用于发放百货公司所欠员工工资和返还该公司收取的保证金。

法院审理认为，被告人宜宾蜀南会计师事务所负责人鲁礼和、丁勇作为承担资产验资职责的中介组织人员，在对百货公司设立、变更验资过程中，严重不负责任，出具的证明文件有重大失实，造成严重后果，其行为已构成中介组织人员出具证明文件重大失实罪。据此，该院依法作出前述判决。法院一审宣判后，两被告人均已提出上诉。

来源：百度文库，基础会计案例集，http：//wenku. baidu. com/view/40892f2b915f804d2b16c14a. html，2012 年 11 月 5 日访问。

【案例阅读】雷曼倒下，安永殉葬

沉寂了一年多的雷曼，这家在本次金融危机中第一个倒闭的美国投行以及负责其审计的安永会计师事务所（以下简称“安永”），日前再次吸引了全球的视线。

在历时一年多、花掉了高达 3 800 万美元的调查费后，美国破产法院日前发布报告称，雷曼曾在 2007 年至 2008 年上半年间，运用会计手法将其数百亿美元的负债变为表外资产。该报告不仅痛斥雷曼高管和其投行的严重过失，也对负责雷曼审计的安永大加鞭挞。

有了2001年安然拖垮安达信会计师事务所的前例，人们有理由担心：安永会否成为雷曼的殉葬品？

1. 雷曼为“杠杆率”而狂

要判断安永的前景，还得从雷曼的财务欺诈说起。

美国破产法院这份长达2 200页的调查报告中显示，雷曼的“死因”与“回购105”交易有着剪不断、绕不开的关系。“简单地说，‘回购105’交易就是指雷曼用价值105美元证券资产作为抵押，向交易对手借入100美元的现金，并承诺日后再将这些资产以105美元的价格回购的做法。”中央财经大学会计系杨克智博士解释说。

审查官指出，雷曼采用“回购105”交易的目的只有一个，就是用会计手段掩盖其数百亿美元的负债。早在2007年第四季度，公司就利用该方法将386亿美元从负债表上抹去，变为表外资产。在随后的2008年第一季度和第二季度，雷曼兄弟又用相同手法掩盖了491亿美元和504亿美元的债务。

北京大公天华会计师事务所高级经理谢刚对《中国会计报》记者表示，注意雷曼进行类似操作的时间我们不难发现，其基本上都是在要出财务报表的时间点上。“每当季末或年末财务报告时间点过后，雷曼会马上将前期卖出的产品进行回购。从实质上来说，这就不能称之为一种销售行为了，而是变成了一种人为的财务安排。”

“也就是说，‘回购105’交易可以将同样一笔交易，获得的同样一笔现金，在财务处理上既可以做成是将资产销售得来的，也可以做成是借来的。销售资产得来的现金不改变公司的资产负债率，而借贷行为却会影响资产负债率。”杨克智分析说。

江苏苏亚金诚会计师事务所项目经理王宜峻针对雷曼的这一行为评价说，雷曼的这种交易实际上没有任何实质意义，仅是将公司资产从资产负债表上移走，降低公司的财务杠杆比率。

“对于雷曼这样资产规模很大的企业而言，负债的小幅变化也足以引起投资者的关注。”在南京大学会计系副教授熊焰韧看来，对负债的敏感性是促使雷曼甘愿冒此风险的原因所在。

实际上，这种回购方式在欧美金融机构中并不陌生。只是雷曼将该方法更加复杂化，并且大肆运用，以致在金融危机爆发时，这家华尔街曾经的金融帝国第一个倒下。

“雷曼通过这种方式欺瞒投资者、评级机构、政府监管部门等，它为此付出的赌注是公司的前途和信誉，得不偿失。”王宜峻表示。

2. 安永责任几何

2001年，美国安然公司向纽约法院申请破产保护，创下了美国历史上最大的公司破产纪录，与其相关的因审计失职和销毁有关文件而信誉受损的百年老店安达信会计师事务所也从此在业界销声匿迹。时隔不到10年，在雷曼刷新安然公司破产纪录的同时，也给安永的未来笼罩了一层阴影。

据美国破产法院出具的报告披露，安永最初知道雷曼使用“回购105”交易是在2001年。那时候，这种交易手段刚刚“开发”出来。很难想象，在安达信败北之初，对于这样一个比传统的回购操作风险高出数倍的操作手法，安永竟然就让它从眼皮底下“溜之大吉”。

相关专家表示，安永对雷曼反复使用“回购105”交易没有任何诘责和质疑，实在是令人费解。如果说，这是因为安永对此项目的真实目的不知情，似乎说不过去。

但安永在一份声明中表示，雷曼利用财务手段调控杠杆率“是管理层而非审计机构的责任”。

安永在雷曼破产问题上究竟责任几何?

“安然事件以后，会计公司如惊弓之鸟，一方面在严格的监管下审慎地规避风险，另一方面在激烈的竞争中艰难求生。此次雷曼事件，安永非常清楚，首当其冲承担责任的应该是出具允许交易法律意见的伦敦律师事务所；安永充其量只能被指责粗心大意。”熊焰韧表示。

“从严格的法律意义上来说，安永没有任何责任，这个交易是该被确认为销售还是财务安排，是已经得到律师出具相关法律意见书予以确认的。但对于财务操作隐藏的实质问题，安永是有告知的责任的。以专业的角度，会计师应该能看穿这个交易背后实质的东西，安永也应该是了解的。”谢刚表示。

谢刚进一步指出，在雷曼破产以前，曾有相关人士向安永举报和提示过这个问题，但是安永并没有就此问题向相关方面披露和反映。因此，安永的责任或许将不是在审计方面，而仅是在未及时将这项交易行为告知雷曼管理层。

杨克智表示，注册会计师的审计责任和被审计单位的会计责任是两种不同性质的责任，不能相互替代，按照审计准则的规定对财务报表发表审计意见是注册会计师的责任。“从这个角度来看，安永对‘回购105’交易的审计责任还需要进一步调查，而安永步安达信后尘的可能性不是很大。”

作者：张瑶瑶；来源：《中国会计报》，发布时间2010年3月19日。

第三篇　真 题 测 试

江苏省2009年会计从业资格考试
《会计基础》试题

一、单项选择题（下列各小题中，分别只有一个符合题意的正确答案，请将正确答案的选项填在题干的括号内。多选、错选、少选均不得分。本题共计20分，每小题1分）

1. 某公司期初资产总额为300 000元，当期期末负债总额比期初减少20 000元，期末所有者权益比期初增加80 000元。则该企业期末权益总额为（　　）元。

A. 280 000　　B. 300 000　　C. 360 000　　D. 380 000

2. 下列各项中，不会引起所有者权益总额变化的是（　　）。

A. 接受捐赠　　B. 宣告分配现金股利

C. 本年度实现净利润　　D. 接受投资者投入资本

3. 在借贷记账法下，下列各项中应登记在账户贷方的是（　　）。

A. 费用的增加　　B. 所有者权益的减少

C. 负债的减少　　D. 收入的增加

4. 有关会计科目与账户间的关系，下列表述中不正确的是（　　）。

A. 两者口径一致，性质相同

B. 没有会计科目，账户就缺少了设置的依据

C. 会计科目是账户的具体运用

D. 在实际工作中，会计科目和账户是相互通用的

5. 假定某企业1月份发生如下业务：应付厂部管理人员工资50 000元，发生车间设备维修费6 000元，预付厂部上半年财产保险费2 400元，则该企业应计入本月管理费用的金额为（　　）。

A. 50 000　　B. 56 000　　C. 56 400　　D. 58 400

6. 在借贷记账法下，余额试算平衡的理论依据是（　　）。

A. 借贷记账法的记账规则　　B. 账户的对应关系

C. 账户的结构　　D. 资产与权益的恒等关系

7. 年末结转后，“利润分配”账户的借方余额表示（　　）。

A. 未分配利润　　B. 净利润　　C. 未弥补亏损　　D. 利润总额

8. 企业发生的间接费用应先在“制造费用”账户归集，期末再按一定的标准和方法分配记入（　　）账户。

A. 管理费用　　B. 生产成本　　C. 库存商品　　D. 本年利润

9. 下列记账凭证中，不能据以登记现金日记账的是（　　）。

A. 银行存款收款凭证　　B. 银行存款付款凭证

C. 现金收款凭证　　D. 现金付款凭证

10. 下列做法中，符合《会计基础工作规范》规定的是（　　）。

A. 原始凭证不得涂改、挖补

B. 外来原始凭证金额错误，可在原始凭证上更正但需签名或盖章

C. 凡是账簿记录金额错误，都可以采用"划线更正法"予以更正

D. 自制原始凭证无须经办人签名或盖章

11. 在一定时期内多次记录发生的同类经济业务的原始凭证是（　　）。

A. 汇总凭证　　B. 累计凭证　　C. 记账凭证　　D. 一次凭证

12. 下列账簿中，采用订本式账簿的是（　　）。

A. 生产成本明细账　　B. 库存商品明细账

C. 固定资产登记簿　　D. 银行存款日记账

13. 下列明细账，通常采用贷方多栏式账页格式的是（　　）。

A. 主营业务收入明细账　　B. 本年利润明细账

C. 应付账款明细账　　D. 实收资本明细账

14. 将每一相关的业务登记在一行，从而可依据每一行各个栏目的登记是否齐全来判断该项业务的进展情况的明细分类账格式属于（　　）。

A. 两栏式　　B. 三栏式

C. 多栏式　　D. 横线登记式

15. 在各种不同账务处理程序中，不能作为登记总账依据的是（　　）。

A. 记账凭证　　B. 汇总原始凭证

C. 汇总记账凭证　　D. 记账凭证汇总表

16. 某企业银行对账单余额为 56 000 元，通过银行存款日记账与银行对账单核对，发现如下未达账项：银行已收、企业未收的款项为 2 000 元；企业已收、银行未收款项为 1 200 元；银行已付、企业未付的款项为 3 000 元。则企业编制的银行存款余额调节表中调整后的余额为（　　）元。

A. 56 200　　B. 57 200　　C. 58 000　　D. 55 000

17. 某企业由于自然灾害造成的原材料毁损，经批准后，会计人员应编制的会计分录中借方不可能涉及的账户是（　　）。

A. 待处理财产损溢　　B. 原材料

C. 其他应收款　　D. 营业外支出

18. 某公司 9 月末有关账户余额如下：

账户名称	借方余额	贷方余额
应收账款	120 000	
其中：甲公司	150 000	
乙公司		30 000
预收账款		50 000
其中：丙公司		70 000
丁公司	20 000	
应交税费	35 000	
本年利润	65 000	
利润分配		580 000

根据上述资料计算该公司9月份资产负债表中，“预收账款”项目的金额为（　　）。

A. 30 000　　B. 70 000　　C. 100 000　　D. 170 000

19. 根据单项选择题第18题的资料，计算该公司9月份资产负债表中，“应交税费”项目的金额为（　　）。

A. 35 000　　B. －35 000　　C. 53 000　　D. －53 000

20. 根据单项选择题第18题的资料，计算该公司9月份资产负债表中，“未分配利润”项目的金额为（　　）。

A. －580 000　　B. 580 000　　C. －515 000　　D. 515 000

二、多项选择题（下列各小题中，分别有两个或者两个以上符合题意的正确答案，请将正确答案的选项填在题干的括号内。多选、错选、少选均不得分。本题共计20分，每题1分）

1. 下列各项经济业务中，会使企业资产总额和权益总额同时发生增加变化的有（　　）。

A. 向银行借入半年期的借款，已转入本企业银行存款账户

B. 赊购设备一台，设备已经交付使用

C. 收到某投资者投资，款项已收存银行

D. 用资本公积转增资本

2. 下列表述中，不正确的有（　　）。

A. 明细账根据明细分类科目设置

B. 总账的余额不一定等于其所属明细账的余额的合计数

C. 所有资产类总账的余额合计数应等于所有负债类总账的余额合计数

D. 库存现金日记账实质上就是库存现金的总账

3. 下列各项中，属于非流动负债的有（　　）。

A. 预收账款　　B. 长期借款　　C. 应付债券　　D. 应交税费

4. 下列关于“预付账款”账户的表述中，正确的有（　　）。

A. 预付及补付的款项登记在账户的借方

B. 该账户的借方余额表示预付给供货单位的款项

C. 该账户的贷方余额，表示应当补付的款项

D. 预付款项不多的企业，也可将预付款项并入“应付账款”账户核算

5. 某生产企业 2009 年 8 月，销售一批化妆品，销售价款为 100 万元，应收取的增值税销项税额为 17 万元，应交纳的消费税为 30 万元，该批化妆品的成本为 80 万元，另发生相关销售费用 0.5 万元。根据上述资料，下列表述正确的有（　　）。

A. 该企业 8 月份应在“主营业务成本”账户中反映借方发生额 80 万元

B. 该企业 8 月份应在“主营业务收入”账户中反映贷方发生额 100 万元

C. 该企业 8 月份应在“销售费用”账户中反映贷方发生额 0.5 万元

D. 该企业 8 月份应在“营业税金及附加”账户中反映借方发生额 30 万元

6. 下列会计分录中，不属于复合会计分录的有（　　）。

A. 借：制造费用　　10 000
　　　管理费用　　5 000
　　贷：累计折旧　　15 000

B. 借：银行存款　　80 000
　　贷：实收资本——A 公司　　55 000
　　　　　　　　——B 公司　　25 000

C. 借：管理费用——维修费　　80 000
　　贷：原材料——甲材料　　60 000
　　　　　　　——乙材料　　20 000

D. 借：制造费用　　500
　　贷：库存现金　　500

7. 下列会计科目中，可能与“本年利润”成为对应科目的有（　　）。

A. 所得税费用　　B. 制造费用

C. 利润分配　　D. 主营业务成本

8. 记账凭证的填制除必须做到记录真实，填制及时，书写清楚外，还必须符合下列（　　）的要求。

A. 如有空行，应当在空行处划线注销

B. 发生错误，应该按规定的方法更正

C. 必须连续编号

D. 除另有规定外，应该有附件并注明附件张数

9. 下列税种中，应通过“营业税金及附加”科目核算的有（　　）。

A. 资源税　　B. 营业税　　C. 增值税　　D. 印花税

10. 采购员出差回来报销差旅费1 500元，原来预借1 000元，差额部分以现金补付，企业应填制的记账凭证有（　　）。

A. 收款凭证　　B. 转账凭证　　C. 汇总凭证　　D. 付款凭证

11. 下列对账工作中，不属于账账核对的有（　　）。

A. 库存现金日记账余额与库存现金总账余额核对

B. 应收、应付款项明细账与债权债务人账面记录核对

C. 财产物资明细账与财产物资保管明细账核对

D. 银行存款日记账与银行对账单核对

12. 下列各账户中，既要提供金额指标又要提供实物指标的明细分类账户有（　　）。

A. “库存商品”账户　　B. “原材料”账户

C. “应收账款”账户　　D. “财务费用”账户

13. 常用的各种会计核算程序，它们在（　　）方面有共同之处。

A. 登记总分类账的依据　　B. 登记日记账的依据

C. 编制会计报表的依据　　D. 编制记账凭证的依据

14. 下列各项中，不属于汇总记账凭证会计核算程序特点的有（　　）。

A. 根据原始凭证编制汇总原始凭证

B. 根据记账凭证登记总账

C. 根据记账凭证编制科目汇总表

D. 根据记账凭证定期编制汇总记账凭证，然后再根据汇总记账凭证登记总账

15. 下列各项资产中，可以采用实地盘点法进行清查的有（　　）。

A. 应收账款　　B. 原材料　　C. 银行存款　　D. 固定资产

16. 关于银行存款余额调节表，下列说法正确的有（　　）。

A. 调节后的余额表示企业可以实际动用的银行存款数额

B. 该表是通知银行更正错误的依据

C. 该表是更正本单位银行存款日记账记录的依据

D. 不能够作为调整本单位银行存款日记账记录的原始凭证

17. 下列项目中，会影响营业利润计算的有（　　）。

A. 营业收入　　B. 营业税金及附加

C. 营业外收入　　D. 资产减值损失

18. 企业中期财务报告至少应当包括（　　）。

A. 资产负债表　　B. 附注　　C. 现金流量表　　D. 利润表

19. 下列各项中，属于资产负债表中流动负债项目的有（　　）。

A. 应付职工薪酬　　B. 应付股利

C. 一年内到期的非流动负债　　D. 应付债券

20. 下列各项中需要保管15年的会计档案有（　　）。

A. 企业的明细账　　B. 会计档案移交清册

C. 辅助账簿　　D. 企业的汇总凭证

三、判断题（在每小题后面的括号内填入判断结果，正确的用“○”表示，错误的用“×”表示。本题共计10分，每题0.5分）

1. 经济业务的发生，会使资产与权益总额发生变化，但不会破坏会计基本等式的平衡关系。（　　）

2. 财务成果主要是指企业在一定时期内通过从事生产经营活动而发生的盈利或亏损。（　　）

3. 会计科目的设置原则包括合法性原则、相关性原则和重要性原则。（　　）

4. 会计科目的基本结构包括名称、日期、增减金额、余额等。（　　）

5. 年度终了，企业应将全年的净亏损转入“利润分配”账户的借方。（　　）

6. 通过平行登记，可以使总分类账户与其所属明细分类账户保持统驭和从属关系，便于核对与检查，纠正错误与遗漏。（　　）

7. 账户的对应关系是指总账与明细账之间的关系。（　　）

8. “生产成本”账户的贷方期末余额表示在产品成本。（　　）

9. 各种凭证不得随意涂改、刮擦、挖补，若填写有误，应用划线更正法予以更正。（　　）

10. 如果原始凭证已预先印定编号，在写错作废时，应加盖“作废”戳记，妥善保管，不得撕毁。（　　）

11. 会计凭证传递是指从原始凭证的填制或取得时起，到会计凭证归档保管止，在单位内部有关部门和人员之间按规定的路线进行传递和处理的程序。（　　）

12. 会计人员在记账以后，若发现所依据的记账凭证中的应借、应贷会计科目有错误，则不论金额多记还是少记，均采用红字更正法进行更正。（　　）

13. 账簿中书写的文字和数字上面要留有适当空格，一般应占格距的1/2。（　　）

14. 活页账无论是在账簿登记完毕之前还是之后，账页都不固定装订在一起，而是装在活页账夹中。（　　）

15. 记账凭证汇总表账务处理程序既能保持账户的对应关系，又能减轻登记

总分类账的工作量。 （ ）

16. 在永续盘存制下不可能出现财产的盘盈、盘亏现象。 （ ）

17. 企业的银行存款日记账与银行对账单所记的内容是相同的，都是反映企业的银行存款的增减变动情况。 （ ）

18. 资产负债表中“固定资产”项目，应根据“固定资产”账户余额减去“累计摊销”、“固定资产减值准备”等账户的期末余额后的金额填列。 （ ）

19. 向不同会计资料使用者提供财务会计报告，其编制依据应当根据实际情况进行选择，所以其编制依据都是不一样的。 （ ）

20. 正在建设期间的建设单位的会计档案，不论是否已满保管期限，一律不得销毁，必须妥善保管，待项目办理竣工决算后，按规定手续进行销毁。 （ ）

四、综合分析题（本类题共6题，共50分。第1题12分，第2题6分，第3题9分，第4题8分，第5题9分，第6题6分）

1. 某企业为增值税一般纳税企业，适用的增值税税率为17%。2008年8月“应收账款”期初余额为117 000元，本月收回应收账款70 200元，“应收账款”期末余额为93 600元；“库存商品”账户期初余额为100 000元，本月完工入库商品为90 000元；本月销售商品取得的现金收入为120 000元（不含增值税），本月销售商品的成本占商品销售收入的60%。假定应收账款期初余额及本期发生额均为销售商品而发生的，而且其金额仅包括价款部分及增值税；同时本月发出商品均用于销售，而且销售收入均已实现。

要求：

（1）根据上述资料计算该企业2008年8月“应收账款”账户借方发生额；

（2）根据上述资料计算该企业2008年8月实现的销售收入；

（3）根据上述资料计算该企业2008年8月“库存商品”账户期末余额。

2. 某企业2008年6月29日银行存款日记账的记录见下表，6月30日至7月2日发生下列收支业务：

（1）6月30日收到甲公司归还前欠货款20 000元，款项存入银行。（凭证号：银收28）

（2）6月30日以银行存款归还本月到期的短期借款50 000元。（凭证号：银付30）

（3）7月1日出售产品一批，价款30 000元，增值税5 100元，全部价款均已收到存入银行。（凭证号：银收1）

（4）7月2日以银行存款支付前欠货款10 000元。（凭证号：银付1）

要求：

（1）根据上述业务编制有关会计分录；

（2）登记银行存款日记账，并进行6月的“月结”。另外，7月2日银付1号凭证登记后，假定该账页已用完，请结计过次页。

银行存款日记账

2008年		凭证		摘要	对方科目	收入	支出	结余
月	日	种类	号数					
6	29			承前页		90 000	15 000	80 000

3. 某企业有关2008年7月最后3天银行存款日记账与银行对账单的记录（假定以前两者的金额是相符的）资料如下：

银行存款日记账的记录

日期	摘要	金额（元）
7月29日	开出转账支票50016号预付下半年厂部财产保险费	1 020
29日	委托银行代收红胜公司货款	100 000
30日	开出转账支票50017号支付设备修理费	980
31日	存入销售产品收到的转账支票一张	63 000
31日	开出转账支票50018号支付货款	14 000
合计	月末余额	847 000

银行对账单的记录

日期	摘要	金额（元）
7月29日	代收红胜公司货款	100 000
29日	代付电费	27 000
31日	代收上海某公司货款	35 000
31日	支付转账支票50016号	1 200
31日	支付转账支票50017号	890
合计	月末余额	805 910

经核查，该企业账面记录有两笔错误：7月29日，开出转账支票50016号预付下半年财产保险费应为1 200元，记账凭证上错记为1 020元；7月29日，开出转账支票50017号支付设备修理费应为890元，过账时企业银行存款日记账上错记为980元。

要求：

（1）请分别指出上述错账应采用何种错账更正方法；

（2）找出未达账项，并编制银行存款余额调节表。

银行存款余额调节表

2008 年 7 月 31 日

项目	金额	项目	金额
银行存款日记账余额	（1）	银行对账单余额	805 910
加：银行已收、企业未收的款项	（2）	加：企业已收、银行未收的款项	（5）
减：银行已付、企业未付的款项	（3）	减：企业已付、银行未付的款项	（6）
调节后存款余额	（4）	调节后存款余额	（7）

4. 假定某企业 2008 年 9 月份发生的部分经济业务的账户记录如下：

账户名称	期初余额		本期发生额	
	借方	贷方	借方	贷方
银行存款	250 000		（1）25 000 （4）300 000	（2）50 000
生产成本	58 000		（3）20 000	
原材料	70 000			（3）20 000
应收账款	55 000			（1）25 000
应付账款		85 000	（2）50 000	
短期借款		60 000		（4）300 000

要求：

（1）根据上述账户记录中的金额及账户对应关系，分别写出相应的经济业务内容，并编制会计分录；

（2）根据以上会计分录编制科目汇总表。

科目汇总表

2008 年 9 月 30 日

会计科目	借方发生额	贷方发生额

5. 某企业是增值税一般纳税企业，适用的增值税税率为 17%，2008 年 12 月发生如下经济业务（A、B 产品期初均无在产品）：

（1）生产 A 产品领用甲材料 50 000 元，生产 B 产品领用甲材料 40 000 元，车间一般耗用甲材料 1 000 元，行政管理部门一般耗用甲材料 2 000 元。

（2）分配结转本月职工工资 70 000 元，其中，A 产品工人工资 30 000 元，B

产品工人工资 20 000 元，车间管理人员工资 9 000 元，行政管理人员工资 11 000 元。

（3）计提固定资产折旧 20 000 元，其中：生产车间负担 12 000 元，企业管理部门负担 8 000 元。

（4）用银行存款支付行政管理部门的水电费 600 元。

（5）按生产工人工资分配并结转本月发生的制造费用。

（6）本月投产的 A 产品 100 件全部完工，B 产品 200 件全部完工，结转完工产品成本。

要求：

（1）根据上述资料编制有关会计分录；

（2）编制该企业 12 月份产品生产成本计算表。

产品生产成本计算表

2008 年 12 月 31 日

项目	A 产品		B 产品	
	总成本（100 件）	单位成本	总成本（200 件）	单位成本
直接材料				
直接人工				
制造费用				
合计				

6. 某企业为增值税一般纳税企业，适用的增值税税率为 17%，假定该企业 2008 年 1～11 月共实现净利润 85 000 元，12 月份的有关资料如下：

科目名称	借方	贷方
主营业务收入		800 000
主营业务成本	540 000	
营业税金及附加	19 000	
管理费用	5 000	
销售费用	2 000	
财务费用	4 000	
营业外收入		20 000
营业外支出	30 000	

2008年12月31日又发生以下业务：

（1）计提本月行政管理部门使用固定资产折旧2 000元。

（2）以银行存款支付广告费8 000元。

（3）计算本月应交城市维护建设税10 000元。

（4）根据上述资料，结转本月损益类账户余额。

（5）假设该企业按月计算所得税费用，本月没有任何调整事项，企业根据利润总额计算企业本期应交纳的所得税（所得税税率为25%），并结转本月所得税费用。

（6）年终结转本年利润账户余额。

（7）按本年税后利润的10%提取法定盈余公积。

（8）经批准，向投资者宣告分配利润150 000元。

（9）年终结转利润分配账户的明细账余额。

要求：

（1）根据上述资料编制有关会计分录；

（2）计算该企业2008年12月的营业利润、利润总额、净利润。

参考答案

一、单项选择题

1. C	2. C	3. D	4. C	5. C
6. D	7. C	8. B	9. A	10. A
11. B	12. D	13. A	14. D	15. B
16. B	17. A	18. C	19. B	20. D

二、多项选择题

1. ABC	2. BCD	3. BC	4. ABCD	5. ABD
6. BCD	7. ACD	8. ABCD	9. AB	10. BD
11. BD	12. AB	13. BCD	14. ABC	15. BD
16. AD	17. ABD	18. ABCD	19. ABC	20. ABCD

三、判断题

1. ○	2. ○	3. ×	4. ×	5. ○
6. ○	7. ×	8. ×	9. ×	10. ○
11. ○	12. ○	13. ○	14. ×	15. ×
16. ×	17. ○	18. ×	19. ×	20. ×

四、综合分析题

1.（本小题12分）

（1）“应收账款”账户借方发生额 =（93 600 + 70 200）- 117 000 = 46 800（元）

（2）销售收入 = 46 800 ÷（1 + 17%）+ 120 000 = 160 000（元）

（3）库存商品账户期末余额 = 100 000 + 90 000 - 160 000 × 60% = 94 000（元）

2.（本小题 6 分）

（1）借：银行存款　　20 000
　　贷：应收账款　　20 000

（2）借：短期借款　　50 000
　　贷：银行存款　　50 000

（3）借：银行存款　　35 100
　　贷：主营业务收入　　30 000
　　　　应交税费——应交增值税（销项税额）　　5 100

（4）借：应付账款　　10 000
　　贷：银行存款　　10 000

银行存款日记账

2008 年		凭证		摘要	对方科目	收入	支出	结余
月	日	种类	号数					
6	29			承前页		90 000	15 000	80 000
	30	银收	28	收到前欠货款	应收账款	20 000		100 000
	30	银付	30	归还短期借款	短期借款		50 000	50 000
6	30			本月合计		110 000	65 000	50 000
7	1	银收	1	销售产品	主营业务收入、应交税费	35 100		85 100
	2	银付	1	归还前欠货款	应付账款		10 000	75 100
				过次页		35 100	10 000	75 100

3.（本小题 9 分）

（1）开出转账支票 50016 号预付下半年财产保险费应为 1 200 元，记账凭证上错记为 1 020 元。应采用补充登记法更正。

（2）开出转账支票 50017 号支付设备修理费应为 890 元，过账时企业银行存款日记账上错记为 980 元。应采用划线更正法更正。

银行存款余额调节表

2008年7月31日

项目	金额	项目	金额
银行存款日记账余额	846 910	银行对账单余额	805 910
加：银行已收、企业未收的款项	35 000	加：企业已收、银行未收的款项	63 000
减：银行已付、企业未付的款项	27 000	减：企业已付、银行未付的款项	14 000
调节后存款余额	854 910	调节后存款余额	854 910

4.（本小题8分）

（1）收到前欠货款25 000元，存入银行。

借：银行存款　　25 000

　　贷：应收账款　　25 000

（2）用银行50 000元偿还前欠货款。

借：应付账款　　50 000

　　贷：银行存款　　50 000

（3）生产产品领用原材料20 000元。

借：生产成本　　20 000

　　贷：原材料　　20 000

（4）借入短期借款300 000元，存入银行。

借：银行存款　　300 000

　　贷：短期借款　　300 000

科目汇总表

2008年9月30日

会计科目	借方发生额	贷方发生额
银行存款	325 000	50 000
应收账款		25 000
原材料		20 000
生产成本	20 000	
短期借款		300 000
应付账款	50 000	
合计	395 000	395 000

5.（本小题9分）

（1）借：生产成本——A产品　　50 000

　　　　　　　　——B产品　　40 000

制造费用 1 000
管理费用 2 000
贷：原材料——甲材料 93 000

（2）借：生产成本——A 产品 30 000
——B 产品 20 000
制造费用 9 000
管理费用 11 000
贷：应付职工薪酬 70 000

（3）借：制造费用 12 000
管理费用 8 000
贷：累计折旧 20 000

（4）借：管理费用 600
贷：银行存款 600

（5）本月制造费用合计 = 1 000 + 9 000 + 12 000 = 22 000（元）

制造费用分配率 = 22 000 ÷（30 000 + 20 000）= 0.44

A 产品应分配制造费用 = 30 000 × 0.44 = 13 200（元）

B 产品应分配制造费用 = 20 000 × 0.44 = 8 800（元）

借：生产成本——A 产品 13 200
——B 产品 8 800
贷：制造费用 22 000

（6）借：库存商品——A 产品 93 200
——B 产品 68 800
贷：生产成本——A 产品 93 200
——B 产品 68 800

产品生产成本计算表

2008 年 12 月 31 日

项目	A 产品		B 产品	
	总成本（100 件）	单位成本	总成本（200 件）	单位成本
直接材料	50 000	500	40 000	200
直接人工	30 000	300	20 000	100
制造费用	13 200	132	8 800	44
合计	93 200	932	68 800	344

6.（本小题 6 分）

（1）借：管理费用 2 000

贷：累计折旧 2 000

（2）借：销售费用 8 000

贷：银行存款 8 000

（3）借：营业税金及附加 10 000

贷：应交税费——应交城市维护建设税 10 000

（4）借：主营业务收入 800 000

营业外收入 20 000

贷：本年利润 820 000

借：本年利润 620 000

贷：主营业务成本 540 000

营业税金及附加 29 000

管理费用 7 000

销售费用 10 000

财务费用 4 000

营业外支出 30 000

（5）所得税费用 =（820 000 - 620 000）×25% =50 000（元）

借：所得税费用 50 000

贷：应交税费——应交所得税 50 000

借：本年利润 50 000

贷：所得税费用 50 000

（6）本年净利润 = 85 000 +（820 000 - 620 000 - 50 000）= 235 000（元）

借：本年利润 235 000

贷：利润分配——未分配利润 235 000

（7）提取的法定盈余公积 = 235 000 × 10% = 23 500（元）

借：利润分配——提取法定盈余公积 23 500

贷：盈余公积——法定盈余公积 23 500

（8）借：利润分配——应付现金股利 150 000

贷：应付股利 150 000

（9）借：利润分配——未分配利润 173 500

贷：利润分配——提取法定盈余公积 23 500

——应付现金股利 150 000

12月营业利润 = 800 000 - 540 000 - 29 000 - 7 000 - 10 000 - 4 000 = 210 000（元）

12月利润总额 = 210 000 + 20 000 - 30 000 = 200 000（元）

12月净利润 = 200 000 ×（1 - 25%）= 150 000（元）

江苏省2008年会计从业资格考试《会计基础》试题

一、单项选择题（下列每小题备选答案中，只有一个符合题意的正确答案。本类题共20分，每小题1分。多选、错选、不选均不得分）

1. 企业在进行现金清查时，查出现金溢余，并将溢余数记入“待处理财产损溢”科目。后经进一步核查，无法查明原因，经批准后，对该现金溢余正确的会计处理方法是（　　）。

A. 将其从“待处理财产损溢”科目转入“管理费用”科目

B. 将其从“待处理财产损溢”科目转入“营业外收入”科目

C. 将其从“待处理财产损溢”科目转入“其他应付款”科目

D. 将其从“待处理财产损溢”科目转入“其他应收款”科目

2. 下列各观点中，正确的是（　　）。

A. 从某个会计分录看，其借方账户与贷方账户之间互为对应账户

B. 从某个企业看，其全部借方账户与全部贷方账户之间互为对应账户

C. 试算平衡的目的是验证企业的全部账户的借贷方金额合计是否相等

D. 复合分录是指同时存在两个以上借方账户和两个以上贷方账户的会计分录

3. 下列各项中，不作为企业资产加以核算和反映的是（　　）。

A. 准备出售的机器设备　　B. 委托加工物资

C. 经营租出的设备　　D. 待处理财产损溢

4. 某工业企业为增值税小规模纳税人，2008年6月5日购入A材料一批，取得的增值税专用发票上注明的价款为42 400元，增值税额为7 208元。该企业适用的增值税征收率为6%，材料入库前的整理挑选费为400元，材料已验收入库。则该企业取得的A材料的入账价值为（　　）元。

A. 40 400　　B. 42 800　　C. 47 608　　D. 50 008

5. 存货日常收发计量上的误差、定额范围内的自然损耗，应记入的账户是（　　）。

A. 生产成本　　B. 制造费用　　C. 管理费用　　D. 营业外支出

6. 将会计凭证划分为原始凭证和记账凭证两大类的依据是（　　）。

A. 凭证填制的时间　　B. 凭证填制的程序和用途

C. 凭证填制的方式　　　　　　D. 凭证反映的经济内容

7. 企业在记录财务费用时，通常所采用的明细账格式是（　　）。

A. 多栏式明细账　　　　　　B. 卡片式明细账

C. 数量金额式明细账　　　　D. 横线登记式明细账

8. 如发现原始凭证金额有错误时，应当（　　）。

A. 由会计人员直接更正并签名

B. 直接由业务经办人更正并签名

C. 由出具单位更正并加盖公章

D. 由出具单位重开，不得在原始凭证上更正

9. 下列关于财务会计报告的表述中，正确的是（　　）。

A. 资产负债表中确认的资产均为企业拥有的资产

B. 资产负债表中的各报表项目均按有关账户期末余额直接填列

C. 利润表是指反映企业在某一特定日期经营成果的会计报表

D. 并非所有的企业均须编制现金流量表

10. 年末结转后，"利润分配"账户的借方余额表示企业（　　）。

A. 累计进行利润分配的总额　　B. 累计实现的利润总额

C. 未弥补的亏损　　　　　　　D. 未分配的利润

11. 某会计人员在月底结账前发现账簿记录中有一笔业务的金额多记，凭证中账户及对应关系没有错，则应采用的更正方法是（　　）。

A. 红字更正法　　B. 划线更正法　　C. 补充更正法　　D. 平行登记法

12. 某企业只生产一种产品，2008 年 3 月 1 日期初在产品成本为 7 万元；3 月份发生如下费用：生产领用材料 12 万元，生产工人工资 4 万元，制造费用 2 万元，管理费用 3 万元，广告费用 1.6 万元；月末在产品成本为 6 万元。该企业 3 月份完工产品的生产成本为（　　）万元。

A. 16.6　　B. 18　　C. 19　　D. 23.6

13. 在一个会计期间发生的一切经济业务，都要依次经过的核算环节是（　　）。

A. 填制审核凭证、复式记账、编制会计报表

B. 填制审核凭证、登记账簿、编制会计报表

C. 设置会计科目、成本计算、复式记账

D. 复式记账、财产清查、编制会计报表

14. 下列说法中正确的是（　　）。

A. 赊购商品会导致资产和负债同时减少

B. 车间管理人员工资能计入产品成本，企业管理人员的工资和在建工程人员的工资不能计入产品成本

C. 银行汇票存款和银行冻结存款也属于企业的“其他货币资金”

D. 持续经营假设规范了会计工作的时间与空间范围

15. 下列关于会计档案管理的说法中错误的是（　　）。

A. 会计档案保管期限，从会计档案形成后的第一天算起

B. 出纳人员不得兼管会计档案

C. 单位负责人应在会计档案销毁清册上签署意见

D. 采用电子计算机进行会计核算的单位，应保存打印出的纸质会计档案

16. 职工出差回来报销差旅费 800 元，出差前已预借 1 000 元，剩余款项交回现金。企业采用专用记账凭证方式，对于报销这项经济业务应编制的记账凭证是（　　）。

A. 收款凭证　　B. 付款凭证

C. 收款凭证和转账凭证　　D. 付款凭证和转账凭证

17. 某企业银行存款日记账余额 112 000 元，银行已收企业未收款项 20 000 元，企业已付银行未付款项 4 000 元，银行已付企业未付款项 16 000 元，调节后的银行存款余额是（　　）元。

A. 108 000　　B. 112 000　　C. 116 000　　D. 124 000

18. 新的会计年度开始，启用新账时，可继续使用不必更换的账簿是（　　）。

A. 总账　　B. 日记账

C. 明细账　　D. 固定资产卡片账

19. 下列各种情况，不需要进行全面财产清查的是（　　）。

A. 更换仓库保管人员时　　B. 单位主要负责人调离工作时

C. 企业股份改造时　　D. 企业改变隶属关系时

20. 如果某一账户的左方登记增加，右方登记减少，期初余额在左方，而期末余额在右方，则表明（　　）。

A. 本期增加发生额低于本期减少发生额的差额小于期初余额

B. 本期增加发生额低于本期减少发生额的差额大于期初余额

C. 本期增加发生额超过本期减少发生额的差额小于期初余额

D. 本期增加发生额超过本期减少发生额的差额大于期初余额

二、多项选择题（本类题共 20 分，每小题 1 分。多选、错选、不选均不得分）

1. 总分类账户发生额及余额试算平衡表中的平衡数字有（　　）。

A. 期初借方余额合计数和期末借方余额合计数相等

B. 期初贷方余额合计数和期末贷方余额合计数相等

C. 期初借方余额合计数和期初贷方余额合计数相等

D. 期末借方余额合计数和期末贷方余额合计数相等

2. 下列可以简化登记总账工作量的会计核算组织程序有（　　）。

A. 记账凭证核算组织程序　　B. 日记总账核算组织程序

C. 科目汇总表核算组织程序　　D. 汇总记账凭证核算组织程序

3. 按照新《企业会计准则》规定，下列各项中，影响营业利润的项目有（　　）。

A. 已售商品成本　　B. 原材料销售收入

C. 出售固定资产净收益　　D. 转让股票所得收益

4. 下列会计科目的期末余额，应当列入资产负债表“存货”项目的有（　　）。

A. 生产成本　　B. 物资采购　　C. 委托加工物资　　D. 受托代销商品

5. 下列各项中，构成企业留存收益的有（　　）。

A. 资本溢价　　B. 未分配利润　　C. 任意盈余公积　　D. 法定盈余公积

6. 下列活动不需要进行会计核算的有（　　）。

A. 订立经济合同　　B. 确定企业投资方案

C. 制订财务收支计划　　D. 以实物形式发放职工福利

7. “平行登记”要求对发生的每一笔经济业务（　　）。

A. 既要记入有关总账，又要记入有关总账所属的明细账

B. 登记总账和所属明细账的依据应相同

C. 必须在同一天登记总账和所属明细账

D. 登记总账和所属明细账的借贷方向相同

8. 下列说法中不正确的有（　　）。

A. 编制银行存款余额调节表时，银行对账单余额项下，应加减银行已入账企业未入账的金额

B. 永续盘存制不需要进行实地盘点

C. 一笔经济业务导致某一会计要素的金额增加，必然导致另一会计要素等额减少

D. 资产负债表是反映企业某一特定日期经营成果的会计报表

9. 下列等式中正确的有（　　）。

A. 期初余额 = 本期增加发生额 + 期末余额 - 本期减少发生额

B. 期末余额 = 本期增加发生额 + 期初余额 - 本期减少发生额

C. 期初余额 = 本期减少发生额 + 期末余额 - 本期增加发生额

D. 期初余额 = 本期增加发生额 - 期末余额 - 本期减少发生额

10. 收入的实现可能引起（　　）。

A. 资产的增加　　B. 负债的增加

C. 所有者权益的增加　　　　　　　　D. 资产的增加和负债的减少

11. 下列做法中，错误的是（　　）。

A. 自制原始凭证无须经办人签名或盖章

B. 外来原始凭证金额错误，可在原始凭证上更正但需签名并盖章

C. 凡是账簿记录金额错误，都可采用“划线更正法”予以更正

D. 销售商品 1 000. 84 元，销货发票大写金额为：壹仟元零捌角肆分

12. 下列说法中不正确的有（　　）。

A. 企业核算成本时，设置的成本项目通常有直接人工、直接材料和待摊费用

B. 待摊费用、预提费用、财务费用均属于损益类账户

C. 车间主任的工资应计入产品成本，总经理的工资应计入管理费用，销售科长的工资应计入营业费用，财务科长的工资应计入财务费用

D. 开出转账支票偿还前欠供应商货款会使企业资产和所有者权益减少

13. 下列各项中，属于资产必须具备的基本特征有（　　）。

A. 预期会给企业带来经济利益

B. 被企业拥有或控制

C. 由过去的交易或事项形成

D. 具有可辨认性

14. 某企业收回货款 25 000 元存入银行，记账凭证的记录为：“借：银行存款 25 800，贷：其他应收款 25 800”，并已登记入账。更正时需要做的会计分录包括（　　）。

A. 用红字金额借记“银行存款”账户 800 元，贷记“其他应收款”账户 800 元

B. 用蓝字金额借记“银行存款”账户 800 元，贷记“其他应收款”账户 800 元

C. 用红字金额借记“银行存款”账户 25 800 元，贷记“其他应收款”账户 25 800 元

D. 用蓝字金额借记“银行存款”账户 25 000 元，贷记“应收账款”账户 25 000 元

15. 下列关于“利润分配”账户的表述中，正确的有（　　）。

A. 年末结转后，贷方余额表示未分配利润

B. 借方登记实际分配的利润数额

C. 年末结转后，本账户应无余额

D. 计提盈余公积可能导致利润分配账户的期末余额增加

16. 下列可以成为“本年利润”账户对应账户的有（　　）。

A. 营业税金及附加　　　　　　　　B. 生产成本

C. 利润分配　　　　　　　　　　　　D. 所得税费用

17. 企业购入价值3 000元的固定资产，误记入“管理费用”账户，其结果会导致当期（　　）。

A. 费用多计3 000元　　　　　　　　B. 资产多计3 000元

C. 利润总额多计3 000元　　　　　　D. 利润总额少计3 000元

18. 在采用专用记账凭证的情况下，银行存款日记账是由出纳员根据（　　）逐日逐笔序时登记的。

A. 银行存款收款凭证　　　　　　　B. 银行存款付款凭证

C. 现金收款凭证　　　　　　　　　D. 现金付款凭证

19. 按照《会计档案管理办法》的规定，下列说法中正确的有（　　）。

A. 会计档案的保管期限分为3年、5年、10年、20年、25年5类

B. 当年形成的会计档案，在会计年度终了后，可暂由本单位会计机构保管1年

C. 会计档案销毁时，单位负责人应当在会计档案销毁清册上签署意见

D. 会计档案的保管期限分为永久和定期两类

20. 下列各项中属于营业外收入的有（　　）。

A. 固定资产盘盈的净收益　　　　　B. 销售多余材料的收入

C. 出租固定资产的收入　　　　　　D. 转让无形资产的收入

三、判断题（本类题共10分，每小题0.5分。判断结果错误、不判断均不得分。正确的用“○”表示，错误的用“×”表示）

1. 凡是特定主体以货币形式表示的经济活动，都是会计核算和监督的内容，也就是会计的对象。（　　）

2. 资本公积和盈余公积均可以用来转增资本，都是从税后利润中提取的有专门用途的资金。（　　）

3. 成本是指企业为生产产品、提供劳务而发生的各种耗费，是按一定的产品或劳务对象所归集的费用，是对象化了的费用。（　　）

4. “主营业务成本”账户的借方登记从“库存商品”等账户结转的本期已销售产品的生产成本，以及企业在产品销售过程中发生的各种销售费用。（　　）

5. 企业年终结账时，有余额的账户，应将其余额直接记入次年新账余额栏内，不需要编制记账凭证。（　　）

6. 企业计算应向投资者分配的现金股利，不会引起留存收益总额的变动。（　　）

7. 银行存款日记账应按企业在银行开立的账户和币种分别设置。（　　）

8. 填制会计凭证时，所有以“元”为单位的阿拉伯数字，除单价一律应填

写到角、分；有角无分的，分位应当写“0”或用符号“—”代替。（ ）

9. 某企业年初未分配利润200万元。本年实现净利润1 000万元，提取法定盈余公积150万元，提取任意盈余公积50万元，则该企业年末可供投资者分配利润为1 000万元。（ ）

10. “营业税金及附加”属于损益类账户，用来核算企业销售过程中，应缴纳的各种税金及附加，包括消费税、营业税、增值税、教育费附加等。（ ）

11. 企业已完成销售手续但购买方在月末尚未提取的商品，仍应作为企业的库存商品核算。（ ）

12. 企业只能使用国家统一的会计制度规定的会计科目，不得自行增减或合并。（ ）

13. 用补充登记法进行错账更正时，应按正确的金额与错误金额之差，用蓝字编制一张借贷方向、账户名称及对应关系与原错误凭证相同的记账凭证，并用蓝字登记入账，以补记少记的金额。（ ）

14. 资产、负债与所有者权益的平衡关系是企业资金运动处于相对静止状态下出现的，如果考虑收入、费用等动要素，则资产与权益总额的平衡关系必然被破坏。（ ）

15. 对未达账项应编制银行存款余额调节表进行调整，并据以编制记账凭证登记入账。（ ）

16. 企业从外单位取得的原始凭证遗失且无法取得证明的，可由当事人写明详细情况，由会计机构负责人、会计主管人员和单位负责人批准后代作原始凭证。（ ）

17. 各单位每年形成的会计档案，都应由会计机构按照归档的要求，负责整理立卷，装订成册，编制会计档案保管清册。（ ）

18. 企业财务会计报告的编制依据应当统一，但向不同的会计信息使用者提供的财务会计报告，其编制依据允许有差别。（ ）

19. 预收账款不多的企业，可不设置“预收账款”账户，将预收的货款直接记入“应付账款”科目的贷方。（ ）

20. 出纳人员在办理收款或付款业务后，应在凭证上加盖“收讫”或“付讫”的戳记，以避免重复收付。（ ）

四、综合题（本类题共6题，共50分。第1~3题，每题5分；第4~5题，每题10分；第6题15分。凡要求计算的项目，均须列出计算过程；“应交税费——应交增值税”账户和“生产成本”账户必须列明明细科目）

1. 甲公司20×8年年末总资产比年初总资产多45 000元，年末流动资产是年末流动负债的3.5倍。20×8年年末的资产负债表（简表）如下：

资产负债表（简表）

编制单位：甲公司　　　　20×8年12月31日　　　　单位：元

资产	期末余额	年初余额	负债及所有者权益	期末余额	年初余额
流动资产：			流动负债：		
货币资金	16 500	12 500	短期借款	9 700	4 500
应收账款	（①）	43 500	应付账款	4 900	（⑩）
预付账款	24 000	（④）	应交水费	（⑦）	6 500
存货	42 000	20 000	流动负债合计	28 400	23 000
流动资产合计	（②）	（⑤）	非流动负债：		
非流动资产：			长期借款	109 600	80 000
固定资产	200 600	164 000	所有者权益：		
			实收资本	120 000	120 000
			盈余公积	（⑧）	32 000
			所有者权益合计	162 000	152 000
资产总计	（③）	（⑥）	负债及所有者权益总计	（⑨）	255 000

要求：计算上表括号中的数据，并将各数据按序号填写在答题纸的对应横线上。

2. 某增值税一般纳税企业单独设置了“预收账款”和“预付账款”账户。20×8年5月，该企业发生下列经济业务：

（1）5日，收到N公司预付的购货款34 000元，已存入银行。

（2）10日，收到M公司货物结算单，其中材料价款50 000元，增值税8 500元。代垫杂费350元，材料已验收入库，企业已于上月10日预付货款40 000元。

（3）20日，向预付货款的N公司销售A产品1 000件，单位售价30元；B产品20件，单位售价1 500元，增值税税率为17%。为对方代垫运费200元，以银行存款支付（暂不考虑产品销售成本结转）。

（4）31日，结账时，发现本月支付管理人员工资2 800元的记账凭证误编为：

借：管理费用　　2 800

　　贷：库存现金　　2 800

发现后，予以更正。

要求：根据以上资料编制相关会计分录。

3. 某企业固定资产采用直线法计提折旧。2008年7月初，该企业应计提折旧的固定资产构成如下表所示：

类别	原价（元）	预计使用年限	预计净残值率
房屋、建筑物	2 400 000	20 年	3%
运输工具	400 000	5 年	4%
设备	3 600 000	10 年	3%

7 月份发生的固定资产有关情况的资料如下（预计使用年限与净残值率同上表）：

（1）7 月 18 日，购入需要安装的设备一套，以银行存款支付买价 440 000 元、运杂费 10 000 元、安装费 30 000 元，当月投入安装，并交付使用。

（2）7 月 21 日，购入卡车一辆，以银行存款支付买价 80 000 元、运杂费 20 000 元，购入后当即投入使用。

（3）7 月 31 日，报废设备一台，该设备原价 240 000 元，已计提折旧 160 000 元。

要求：分别计算该企业 2008 年 7 月、8 月的折旧额。

4. 某企业 2008 年 6 月初“生产成本”明细账资料显示：“生产成本——甲产品”月初余额 11 800 元，其中直接材料 6 000 元，直接人工 3 400 元，制造费用 2 400 元。“生产成本——乙产品”月初余额 4 000 元，其中直接材料 2 800 元，直接人工 1 000 元，制造费用 200 元。

6 月份该企业发生如下经济业务：

（1）30 日，发料凭证汇总表资料显示，本月生产甲产品领用材料 24 000 元，乙产品领用 36 000 元，车间领用 4 400 元，行政管理部门领用 2 000 元。

（2）30 日，计提车间固定资产折旧 7 180 元，计提行政管理部门固定资产折旧 5 000 元。

（3）30 日，计算本月职工薪酬 20 400 元，其中甲产品生产工人薪酬 8 000 元，乙产品生产工人薪酬 4 000 元，车间管理人员薪酬 3 000 元，行政人员薪酬 5 400 元。

（4）30 日，计算制造费用分配率（按生产工人工资比例），结转本月制造费用。

（5）30 日，结转完工产品成本，本月甲产品全部完工，乙产品全部未完工。

要求：

（1）根据上述资料编制会计分录；

（2）登记“生产成本——甲产品”明细账。

生产成本明细账

产品名称：甲产品

2008年		摘要	成本项目			合计
月	日		直接材料	直接人工	制造费用	
6	1					
	30					
	30					
	30					
	30					
	30					

5. 某企业为增值税一般纳税企业，适用增值税税率为17%，20×8年8月31日各分类账账户余额如下（金额单位：元）：

借方	贷方
库存现金6 000	累计折旧6 000
银行存款80 000	短期借款50 000
原材料20 000	应付账款60 000
库存商品30 000	应交税费30 000
应收账款80 000	实收资本300 000
固定资产250 000	资本公积20 000

假设该企业9月份仅发生下列经济业务：

（1）收到投资者追加投资共计130 000元，其中：50 000元现金存入银行，全新设备1台价值80 000元已经交付使用。

（2）用银行存款30 000元归还前欠外单位的购料款。

（3）收回某公司的应收账款50 000元，款项已存入银行。

（4）购入原材料20 000元，增值税专用发票注明增值税额为3 400元，款项尚未支付，材料已验收入库。

（5）用资本公积15 000元转增资本。

要求：

（1）根据上述业务，编制会计分录。

（2）填制完成总分类账户本期发生额及余额试算平衡表。

总分类账户本期发生额及余额试算平衡表

项目	期初余额		本期发生额		期末余额	
	借方	贷方	借方	贷方	借方	贷方
库存现金	6 000					
银行存款	80 000					
原材料	20 000					
库存商品	30 000					
应收账款	80 000					
固定资产	250 000					
累计折旧		6 000				
短期借款		50 000				
应付账款		60 000				
应交税费		30 000				
实收资本		300 000				
资本公积		20 000				
合计	466 000	466 000				

6. 资料：假设某企业为增值税一般纳税企业，20×8 年 12 月发生下列经济业务：

（1）企业销售材料一批，价款 10 000 元，增值税销项税额 1 700 元，货款及税金采用商业汇票结算，收到面额 11 700 元的商业承兑汇票一张。

（2）企业按合同发出商品一批，价款 130 000 元、增值税销项税额 22 100 元、该货款已于上月预收，金额为 100 000 元（该企业未单独设置“预收账款”账户）。

（3）企业用银行存款支付专设的销售部门销售产品的运杂费 5 000 元、向慈善机构支付捐款 5 000 元。

（4）企业以银行存款支付本季度的短期借款利息 1 300 元（未采用预提方式）。

（5）月末，结算本月应付行政管理部门人员的工资及福利 11 400 元。

（6）月末，按规定计算本月的销售产品的消费税等销售税金 2 500 元。

（7）月末，结转已售产品的生产成本 85 000 元，已售材料的成本 5 000 元。

（8）月末，经批准盘盈存货的价值 200 元。

（9）假设企业按月计算所得税费用，本月没有任何调整事项，企业根据利润总额计算企业本期应交纳的所得税（所得税税率为 25%）。

要求：

（1）根据上述材料编制会计分录。

（2）填制完成该企业 20×8 年 12 月利润表。

利润表

编制单位： 20×8年12月 单位：元

项目	本期金额	上期金额
一、营业收入		
减：营业成本		
营业税金及附加		
销售费用		
管理费用		
财务费用		
资产减值损失		
加：公允价值变动收益（损失以“－”号填列）		
投资收益（损失以“－”号填列） 其中：对联营企业和合营企业的投资收益		
二、营业利润（亏损以“－”号填列）		
加：营业外收入		
减：营业外支出		
其中：非流动资产处置损失		
三、利润总额（亏损总额以“－”号填列）		
减：所得税费用		
四、净利润（净亏损以“－”号填列）		
五、每股收益：		
（一）基本每股收益		
（二）稀释每股收益		

参考答案

一、单项选择题

1. B　2. A　3. D　4. D　5. C
6. B　7. A　8. D　9. D　10. C
11. A　12. C　13. B　14. B　15. A
16. C　17. C　18. D　19. A　20. B

二、多项选择题

1. CD　2. CD　3. ABD　4. ABCD　5. BCD
6. ABC　7. ABD　8. ABCD　9. BC　10. ACD
11. ABC　12. ABCD　13. ABC　14. CD　15. AB
16. ACD　17. AD　18. ABD　19. BCD　20. AD

三、判断题

1. ○	2. ×	3. ○	4. ×	5. ○
6. ×	7. ○	8. ×	9. ○	10. ×
11. ×	12. ×	13. ○	14. ×	15. ×
16. ○	17. ○	18. ×	19. ×	20. ○

四、综合题

1. （本小题5分）

① 16 900　② 99 400　③ 300 000　④ 15 000　⑤ 91 000

⑥ 255 000　⑦ 13 800　⑧ 42 000　⑨ 300 000　⑩ 12 000

2. （本小题5分）

（1）借：银行存款　34 000
　　　贷：预收账款——N公司　34 000

（2）借：原材料　50 350
　　　应交税费——应交增值税（进项税额）　8 500
　　　贷：预付账款——M公司　58 850

（3）借：预收账款——N公司　70 400
　　　贷：主营业务收入　60 000
　　　　应交税费——应交增值税（销项税额）　10 200
　　　　银行存款　200

（4）借：管理费用　2 800
　　　贷：库存现金　2 800

借：应付职工薪酬　2 800
　贷：库存现金　2 800

3. （本小题5分）

（1）7月份折旧额：

房屋建筑物折旧额 = [2 400 000 × (1 − 3%)]/(20 × 12) = 9 700（元）

设备折旧额 = [3 600 000 × (1 − 3%)]/(10 × 12) = 29 100（元）

运输工具折旧额 = [400 000 × (1 − 4%)]/(5 × 12) = 6 400（元）

合计：45 200（元）

（2）8月份折旧额：

45 200 + [(480 000 − 240 000) × (1 − 3%)]/(10 × 12) + [100 000 × (1 − 4%)]/(5 × 12) = 45 200 + 1 940 + 1 600 = 48 740（元）

4. （本小题10分）

（1）借：生产成本——甲产品　24 000
　　　　　——乙产品　36 000

制造费用　　4 400
管理费用　　2 000
贷：原材料　　66 400

（2）借：制造费用　　7 180
管理费用　　5 000
贷：累计折旧　　12 180

（3）借：生产成本——甲产品　　8 000
——乙产品　　4 000
制造费用　　3 000
管理费用　　5 400
贷：应付职工薪酬　　20 400

（4）本月发生的制造费用 = 4 400 + 3 000 + 7 180 = 14 580（元）

制造费用分配率 = 14 580/(8 000 + 4 000) = 1.215

甲产品应分摊的制造费用 = 1.215 × 8 000 = 9 720（元）

乙产品应分摊的制造费用 = 1.215 × 4 000 = 4 860（元）

借：生产成本——甲产品　　9 720
——乙产品　　4 860
贷：制造费用　　14 580

（5）借：库存商品——甲产品　　53 520
贷：生产成本 ——甲产品　　53 520

生产成本明细账

产品名称：甲产品

2008 年		摘要	成本项目			合计
月	日		直接材料	直接人工	制造费用	
6	1	期初余额	6 000	3 400	2 400	11 800
	30	分配生产工人工资		8 000		8 000
	30	生产领用材料	24 000			24 000
	30	分配结转制造费用			9 720	9 720
	30	本月合计	30 000	11 400	12 120	53 520
	30	结转完工产品成本	30 000	11 400	12 120	53 520

5.（本小题 10 分）

（1）借：银行存款　　50 000
固定资产　　80 000
贷：实收资本　　130 000

（2）借：应付账款　　30 000

　　　贷：银行存款　　30 000

（3）借：银行存款　　50 000

　　　贷：应收账款　　50 000

（4）借：原材料　　20 000

　　　应交税费——应交增值税（销项税额）　　3 400

　　　贷：应付账款　　23 400

（5）借：资本公积　　15 000

　　　贷：实收资本　　15 000

总分类账户本期发生额及余额试算平衡表

项目	期初余额		本期发生额		期末余额	
	借方	贷方	借方	贷方	借方	贷方
库存现金	6 000				6 000	
银行存款	80 000		100 000	30 000	150 000	
原材料	20 000		20 000		40 000	
库存商品	30 000				30 000	
应收账款	80 000			50 000	30 000	
固定资产	250 000		80 000		330 000	
累计折旧		6 000				6 000
短期借款		50 000				50 000
应付账款		60 000	30 000	23 400		53 400
应交税费		30 000	3 400			26 600
实收资本		300 000		145 000		445 000
资本公积		20 000	15 000			5 000
合计	466 000	466 000	248 400	248 400	586 000	586 000

6.（本小题15分）

（1）借：应收票据　　11 700

　　　贷：主营业务收入　　10 000

　　　　　应交税费——应交增值税（销项税额）　　1 700

（2）借：应收账款　　152 100

　　　贷：主营业务收入　　130 000

　　　　　应交税费——应交增值税（销项税额）　　22 100

（3）借：销售费用 5 000
　　营业外支出 5 000
　　贷：银行存款 10 000
（4）借：财务费用 1 300
　　贷：银行存款 1 300
（5）借：管理费用 11 400
　　贷：应付职工薪酬 11 400
（6）借：营业税金及附加 2 500
　　贷：应交税费 2 500
（7）借：主营业务成本 85 000
　　贷：库存商品 85 000
　借：其他业务成本 5 000
　　贷：原材料 5 000
（8）借：待处理财产损溢 200
　　贷：管理费用 200
（9）借：所得税费用 6 250
　　贷：应交税费——应交所得税 6 250

利润表

编制单位：　　　　20×8年12月　　　　单位：元

项目	本期金额	上期金额（略）
一、营业收入	140 000	
减：营业成本	90 000	
营业税金及附加	2 500	
销售费用	5 000	
管理费用	11 200	
财务费用	1 300	
资产减值损失		
加：公允价值变动收益（损失以“－”号填列）		
投资收益（损失以“－”号填列） 其中：对联营企业和合营企业的投资收益		
二、营业利润（亏损以“－”号填列）	30 000	
加：营业外收入		
减：营业外支出	5 000	

续表

项目	本期金额	上期金额（略）
其中：非流动资产处置损失		
三、利润总额（亏损总额以“-”号填列）	25 000	
减：所得税费用	6 250	
四、净利润（净亏损以“-”号填列）	18 750	
五、每股收益：		
（一）基本每股收益		
（二）稀释每股收益		

江苏省2007年会计从业资格考试《会计基础》试题

一、单项选择题（下列每小题备选答案中，只有一个符合题意的正确答案。请将选定的答案编号，用英文大写字母填入答题纸指定位置。本类题共20分，每小题1分。多选、错选、不选均不得分）

1. 下列错误中能通过试算平衡查找的有（　　）。

A. 某项经济业务未入账　　B. 某项经济业务重复记账

C. 应借应贷账户中借贷方向颠倒　　D. 应借应贷账户中借贷金额不等

2. 在会计核算中，产生权责发生制和收付实现制两种不同的记账基础所依据的会计基本假设是（　　）。

A. 会计主体　　B. 持续经营　　C. 会计分期　　D. 货币计量

3. 会计科目和账户之间的区别主要在于（　　）。

A. 反映的经济内容不同

B. 记录资产和权益的增减变动情况不同

C. 记录资产和权益的结果不同

D. 账户有结构而会计科目无结构

4. 下列账户中，不具有对应关系的是（　　）。

A. “银行存款”账户与“应交税费”账户

B. “固定资产”账户与“销售费用”账户

C. “本年利润”账户与“利润分配”账户

D. “预收账款”账户与“主营业务收入”账户

5. 以下各项中，能引起所有者权益总额发生增减变动的是（　　）。

A. 分配现金股利　　B. 发放股票股利

C. 用资本公积转增资本　　D. 用盈余公积弥补亏损

6. 下列引起资产内部一个项目增加，另一个项目减少，而资产总额不变的经济业务是（　　）。

A. 用银行存款偿还短期借款　　B. 收到投资者投入的机器一台

C. 收到外单位前欠货款　　D. 预收购货单位货款

7. 某公司8月末负债总额100万元，9月份收回外单位所欠货款15万元，用银行存款归还借款10万元，用银行存款预付购货款5万元，则9月末负债总额为（　）万元。

A. 80　　B. 90　　C. 105　　D. 110

8. 下列各项中，应列作“管理费用”处理的事项是（　）。

A. 支付产品的广告费

B. 支付银行借款的手续费

C. 计提固定资产的减值准备

D. 应支付给董事会成员的津贴及咨询费

9. 10 月 31 日，某企业“本年利润”账户有借方余额 98 000 元，表示（　）。

A. 该企业 1 月 1 日至 10 月 31 日累计实现的净利润

B. 该企业 10 月份实现的净利润

C. 该企业 1 月 1 日至 10 月 31 日累计发生的净亏损

D. 该企业 10 月份发生的净亏损

10. 下列账户中，属于成本类账户的是（　）。

A. “主营业务成本”账户　　B. “周转材料”账户

C. “库存商品”账户　　D. “制造费用”账户

11. 某企业为增值税一般纳税人，本期购入原材料一批，发票价款为 40 000 元，增值税额为 6 800 元；运输途中合理损耗 120 元，入库前发生的整理挑选费为 1 400 元。则该批原材料的入账价值为（　）元。

A. 40 000　　B. 41 400　　C. 41 280　　D. 48 320

12. 某公司在 2007 年 5 月查账时发现，接受另一企业投资的评估价为 100 000 元的固定资产在凭证与账簿中记为“借：固定资产 100 000；贷：资本公积 100 000”，对于该错账应采用的更正方法是（　）。

A. 红字更正法　　B. 横线登记法　　C. 划线更正法　　D. 补充登记法

13. 以下会计处理能够通过试算平衡发现错误的是（　）。

A. 开出支票 25 000 元偿还所欠货款，会计分录为：

借：应付账款　　25 000

　　贷：应收账款　　25 000

B. 以银行存款 8 400 元偿还某单位欠款，会计分录为：

借：应付账款　　840

　　贷：银行存款　　840

C. 用现金 960 元购买材料，会计分录为：

借：材料采购　　960

　　贷：库存现金　　960

D. 提取现金 2 000 元，会计分录为：

借：银行存款　　2 000

　贷：库存现金　　2 000

14. 填制原始凭证时应做到大小写数字符合规范，填写正确，如大写金额为“叁仟零捌元肆角整”，其小写金额应为（　　）。

A. 3 008.40 元　　B. ＄3 008.40 元

C. ＄3 008.4　　D. ＄3 008.40

15. 8 月 15 日行政管理人员王某将标明日期为 7 月 20 日的发票到财务科报销，经审核后会计人员依据该发票编制记账凭证时，记账凭证的日期应为（　　）。

A. 8 月 15 日　　B. 8 月 1 日

C. 7 月 31 日　　D. 7 月 20 日

16. 某公司 200×年某月某日因水灾导致库存商品发生毁损，总价值 320 000 元，经清理，收回残料估价 30 000 元，已入库，保险公司经查证同意赔偿 260 000 元，款项已收存银行；其余的经批准后应记入（　　）账户。

A. 管理费用　　B. 营业外收入

C. 营业外支出　　D. 其他应收款

17. 账簿中书写的文字和数字一般应占格距的（　　）。

A. 1/2　　B. 1/3　　C. 2/3　　D. 3/4

18. 某工业企业本月收到上期产品赊销款 20 000 元，本期销售产品 40 000 元，收到货款 30 000 元，余款尚未收到，本期对外出售不需用的原材料收到款项 10 000 元。按权责发生制原则，该企业本月实现的主营业务收入为（　　）元。

A. 30 000　　B. 40 000　　C. 50 000　　D. 60 000

19. 某企业 2007 年 8 月“原材料”账户期末余额为 200 000 元，“库存商品”账户的期末余额为 240 000 元，“生产成本”账户期末余额为 60 000 元，“存货跌价准备”账户期末余额为 10 000 元，“固定资产”账户的期末余额为 400 000 元，则本月资产负债表中“存货”项目的期末金额应填列（　　）元。

A. 430 000　　B. 440 000　　C. 490 000　　D. 890 000

20. 下列内容不属于会计档案的是（　　）。

A. 固定资产卡片　　B. 银行存款余额调节表

C. 生产计划　　D. 光盘存储的会计资料

二、多项选择题（下列每小题备选答案中，有两个或两个以上符合题意的正确答案。请将选定答案编号，用英文大写字母填入答题纸指定位置。本类题共 20 分，每小题 1 分。多选、少选、错选、不选均不得分）

1. 企业收入的取得可能影响下列会计要素的情况有（　　）。

A. 资产的增加　　B. 负债的减少
C. 费用的减少　　D. 所有者权益的增加

2. 下列业务中，应确认为债权的有（　　）。
A. 预收销货款　　B. 预付购货款
C. 应收销货款　　D. 预支差旅费

3. 在填制记账凭证时，以下做法中正确的有（　　）。
A. 将不同类型业务的原始凭证合并编制一份记账凭证
B. 更正错账的记账凭证可以不附原始凭证
C. 一个月内的记账凭证连续编号
D. 从银行提取现金时只填制现金收款凭证

4. 下列记录中可以作为调整账面数字的原始凭证有（　　）。
A. 库存现金盘点报告表　　B. 盘存单
C. 银行存款余额调节表　　D. 盘盈盘亏报告表

5. 某企业购入并验收原材料一批，货款已付，该企业根据这项业务所填制的会计凭证包括（　　）。
A. 收料单　　B. 付款凭证
C. 转账凭证　　D. 累计凭证

6. 下列各项中，会引起固定资产账面价值发生变化的业务有（　　）。
A. 对固定资产计提折旧
B. 发生的固定资产日常修理费用
C. 计提固定资产的减值准备
D. 发生固定资产建造过程中应予以资本化的借款利息

7. 企业实现的净利润可进行下列分配（　　）。
A. 计算缴纳所得税　　B. 提取法定盈余公积
C. 提取任意盈余公积　　D. 向投资者分配股利

8. 产品的制造成本（生产成本）包括的内容有（　　）。
A. 为制造产品而发生的材料费用
B. 为制造产品而发生的人工费用
C. 为制造产品而发生的生产车间固定资产的折旧费用
D. 生产车间的固定资产维修费用

9. 下列收入在“营业外收入”账户中核算的内容有（　　）。
A. 对外转让无形资产使用权　　B. 捐赠收入
C. 购买国债取得的利息　　D. 非流动资产处置利得

10. 各种会计核算组织程序下，登记明细账的依据可能有（　　）。
A. 原始凭证　　B. 汇总原始凭证

C. 记账凭证　　D. 汇总记账凭证

11. 下列在“营业税金及附加”账户中核算的内容有（　　）。

A. 增值税　　B. 消费税　　C. 所得税　　D. 营业税

12. 下列单据中，经审核无误后可以作为编制记账凭证依据的有（　　）。

A. 填制完毕的工资计算单　　B. 运费发票

C. 银行转来的进账单　　D. 银行转来的对账单

13. 下列各观点中，不正确的有（　　）。

A. 从某个企业来看，其全部借方账户与全部贷方账户之间互为对应账户

B. 从某个会计分录来看，其借方账户与贷方账户之间互为对应账户

C. 通过试算平衡，若企业的全部账户的借贷方金额合计相等，则账户记录正确

D. 企业不能编制多借多贷的会计分录

14. 损益类账户一般具有以下特点（　　）。

A. 费用类账户的增加额记借方

B. 收入类账户的减少额记借方

C. 期末一般无余额

D. 年末一定要结转到“利润分配”账户

15. 以下内容中，属于对账范围的有（　　）。

A. 账簿记录与有关会计凭证的核对

B. 库存商品明细账余额与库存商品实有数的核对

C. 日记账余额与有关总分类账户余额的核对

D. 库存现金日记账账面余额与库存现金实有数相互核对

16. 账簿按外形特征可以分为（　　）。

A. 订本式账簿　　B. 多栏式账簿　　C. 活页式账簿　　D. 卡片式账簿

17. 由于仓库保管员工作调动对其保管的全部存货进行盘点属于（　　）。

A. 定期清查　　B. 不定期清查　　C. 全面清查　　D. 局部清查

18. 期末下列哪些账户的余额应转入“本年利润”账户（　　）。

A. 资产减值损失　　B. 财务费用　　C. 制造费用　　D. 投资收益

19. 下列业务中，需要通过“待处理财产损溢”账户核算的有（　　）。

A. 库存现金的短缺　　B. 存货的盘亏或毁损

C. 无法收回的应收账款　　D. 固定资产的清理损失

20. 关于利润表的表述，正确的有（　　）。

A. 是动态报表　　B. 是对外报表

C. 是反映企业财务状况的报表　　D. 其格式为报告式

三、判断题（本类题共10分，每小题0.5分。判断结果错误，不判断的均

不得分。要求在答题纸的指定位置答题，正确的用“○”表示，错误的用“×”表示）

1. 会计主体界定了从事会计工作和提供会计信息的空间范围。一般来说，法律主体都是会计主体，会计主体一定都有法人资格。（ ）

2. 任何一项经济业务的发生都不会破坏会计等式的平衡关系，只会使资产和权益总额发生同增或同减的变化。（ ）

3. 企业选择一种不导致虚增资产，多计利润的做法，所遵循的是会计的谨慎性原则。（ ）

4. 平行登记是指经济业务发生后，根据会计凭证，一方面要登记有关的总分类账户，另一方面要登记该总分类账户所属的各有关明细分类账户。（ ）

5. 收入能够导致企业所有者权益增加，但导致所有者权益增加的不一定都是收入。（ ）

6. 费用与成本是既有联系又有区别的两个概念，费用与特定计量对象相联系，而成本则与特定的会计期间相联系。（ ）

7. 外来原始凭证都是一次凭证，而自制原始凭证都是累计凭证或汇总原始凭证。其中，累计凭证是指记载一项经济业务，或同时记载若干项同类经济业务，凭证填制手续是一次完成的自制原始凭证。（ ）

8. 在一项经济业务中，如果既涉及现金和银行存款的收付，又涉及转账业务的，应同时编制收（付）款凭证和转账凭证。（ ）

9. 我国资产负债表中资产项目是按流动性排列的。（ ）

10. 一般情况下，债权债务结算类账户明细账采用数量金额式，各种财产物资类账户明细账采用三栏式。（ ）

11. 某工业企业为小规模纳税企业，2007 年 8 月购入原材料取得增值税专用发票注明：货款 10 000 元。增值税 1 700 元，在购入材料中另支付运杂费 300 元。则该企业原材料的采购成本为 12 000 元。（ ）

12. 实地盘存制是指平时根据会计凭证在账簿中登记各种财产的增加数和减少数，在期末时再通过盘点实物，来确定各种财产的数量，并据以确定账实是否相符的一种盘存制度。（ ）

13. 企业计算所得税费用时应以净利润为基础，加上或减去各项调整因素。（ ）

14. 未达账项是指在企业和银行之间，由于凭证的传递时间不同而导致一方已接到有关结算凭证且已登记入账，而另一方尚未接到有关结算凭证而未入账的款项。（ ）

15. 会计报表按其反映的内容，可以分为动态会计报表和静态会计报表。资产负债表是反映企业在某一特定时期内企业财务状况的会计报表，属于静态会计

报表。（　）

16. 企业年末结账后，“利润分配”账户的贷方余额表示本年实现的净利润。（　）

17. 会计要素是对会计对象的基本分类，是会计对象的具体化，是反映会计主体的财务状况和经营成果的基本单位。（　）

18. 采用科目汇总表账务处理程序，可以减少登记总分类账的工作量，但不便于了解账户之间的对应关系。（　）

19. 通过利润表，可以帮助报表使用者全面了解企业的财务状况，分析企业的债务偿还能力，从而为未来的经济决策提供参考信息。（　）

20. 为了加强会计档案的管理，企业当年及历年形成的会计档案都必须由专门的档案机构统一管理，而不能由会计机构暂行管理。（　）

四、综合分析题（本类题共6题，共50分。第1~3题，每题5分；第4~5题，每题10分；第6题15分。凡要求计算的项目，均须列出计算过程；“应交税费（金）”账户和“生产成本”账户必须列明明细科目）

1. 资料：已知某商品流通企业2007年4月某商品存货的购、销、存情况如下表所示，企业发出存货的计价方法采用全月一次加权平均法。

日期	摘要	数量（件）	单位金额（元）	实地盘存制	永续盘存制
4月1日	期初结存	200	10	2 000	2 000
4月5日	购进	500	11	5 500	5 500
4月6日	销售	600	13	7 800	7 800
4月10日	购进	700	9	6 300	6 300
4月15日	购进	700	8.5	5 950	5 950
4月22日	销售	1 300	13	16 900	16 900
4月28日	购进	200	12	2 400	2 400
本期销售收入					
本期购货成本					
本期可供销售商品成本合计					
本期销售成本（月末实地盘存数量为398件）					
本期销售毛利					

要求：分别采用永续盘存制和实地盘存制，计算填列上表中的数字（加权平均单位成本计算精确到分）。

2. 资料一：假定A、B、C三公司共同投资组成ABC有限责任公司。按ABC有限公司的章程规定，注册资本为900万元，A、B、C三方各占三分之一的股份。

假定A公司以厂房投资，该厂房原值500万元，已提折旧300万元，投资各方确认的价值为300万元（同公允价值）；

B公司以价值200万元的新设备一套和价值100万元的一项专利权投资，其价值已被投资各方确认，并已向ABC公司移交了专利证书等有关凭证；

C公司以货币资金300万元投资，已存入ABC公司的开户银行。

资料二：假定D公司有意投资ABC公司，经与A、B、C三公司协商，将ABC公司变更为ABCD公司，注册资本增加到1 200万元，A、B、C、D四方各占四分之一股权。D公司需以货币资金出资400万元，以取得25%的股份。协议签订后，修改了原公司章程，D公司所出资400万元已存入ABCD公司的开户银行，并办理了变更登记手续。

要求：

（1）根据资料一，分别就ABC公司实际收到A公司、B公司、C公司投资时编制有关会计分录。

（2）根据资料二，编制实际收到D公司投资时的会计分录。

3. 某企业某月末有关账户的余额资料如下：

账户名称	借方金额	账户名称	贷方金额
库存现金	1 000	短期借款	40 000
银行存款	30 740	应付账款	64 800
应收账款	53 400	应交税费	16 400
原材料	56 000	实收资本	454 000
库存商品	72 460	本年利润	248 000
生产成本	12 800	累计折旧	143 200
固定资产	650 000		
利润分配	90 000		
合计	966 400	合计	966 400

其中：“应收账款”明细账户金额：A公司借方余额81 900；B公司贷方余额25 300；C公司贷方余额3 200；“应付账款”明细账户金额：D公司贷方余额102 000；E公司借方余额37 200。

要求：根据上述资料，计算资产负债表中的货币资金、存货、应收账款、预付账款、固定资产、应付账款、预收账款、未分配利润、短期借款、实收资本等项目的金额，并列出必要的计算过程。

4. 某公司为增值税一般纳税企业，假设20×7年12月发生如下经济业务；

（1）12月1日，向工商银行借入期限为3个月的借款60 000元，年利率

6%，借款到期还本付息，借入的款项存入银行。

（2）12月8日，开出转账支票一张，向甲公司预付货款50 000元；同日收到乙公司预付的购货款40 000元，已存入银行。

（3）12月12日，收到甲公司货物结算单，其中材料价款40 000元，增值税6 800元，材料已验收入库，货款已于本月8日预付，多余款项尚未退回。

（4）12月23日，向预付货款的乙公司销售A产品200件，单位售价100元；B产品300件，单位售价100元，增值税税率17%，其余款项尚未收回；公司另用银行存款为对方代垫运费500元。

（5）12月24日，接到银行通知，本季度企业存款利息收入300元已划入企业账户（假设以前月份没有预计）。

要求：

（1）根据上述经济业务，编制该公司12月份的会计分录；（该公司单独设置了"预付账款"、"预收账款"账户）

（2）根据上述会计分录登记银行存款日记账，已知银行存款日记账的期初余额为200 000元。

5. 某企业系增值税一般纳税人，适用的增值税税率为17%，2007年6月有关资料如下：

（1）该企业生产A、B两种产品，根据月末编制的"发料凭证汇总表"，当月生产车间共领用甲材料198 000元（其中，用于A产品生产120 000元，用于B产品生产78 000元），车间管理部门领用甲材料3 000元，行政管理部门领用甲材料2 000元。

（2）根据月末编制的"工资结算汇总表"，本月应付生产工人薪酬（含福利费，下同）为114 000元（其中，生产A产品的工人薪酬为67 000元，生产B产品的工人薪酬为47 000元），应付车间管理人员薪酬为17 100元，应付行政管理人员薪酬为22 800元。

（3）本月计提固定资产折旧5 000元，其中，生产车间固定资产折旧4 000元，行政管理部门固定资产折旧1 000元。

（4）本月以银行存款支付其他制造费用4 400元。

（5）分配制造费用，制造费用按生产工人薪酬比例分配。

（6）月末，本月生产的A、B两种产品全部完工并验收入库，其中A产品计20件，B产品计30件，且无月初在产品。计算并结转完工产品成本。

（7）销售A产品18件，不含税每件单价16 000元，B产品25件，不含税每件单价8 000元，均已收到款项存入银行。

（8）结转已售产品成本。（假设该企业月初无库存商品）

（9）本月盘盈原材料一批，价值23 000元。（尚未批准转销）

(10) 一笔应收丙公司账款 100 000 元，因丙公司破产确实无法收回，经批准予以转销。(采用备抵法)

要求：根据以上业务编制有关会计分录。

6. 某企业会计人员在期末结账前，发现下列错账：

(1) 生产 A 产品领用原材料 65 000 元，编制的会计分录为：

借：生产成本　　56 000
　　贷：原材料　　56 000

并已据以登记入账。

(2) 收到投资者投入机器设备一台价值 20 000 元，编制的会计分录为：

借：固定资产　　20 000
　　贷：资本公积　　20 000

并已据以登记入账。

(3) 计提应由本期负担的短期借款利息 1 800 元，编制的会计分录为：

借：管理费用　　8 100
　　贷：应付利息　　8 100

并已据以登记入账。

(4) 分配结转本期发生的制造费用 69 000 元，编制的会计分录为：

借：生产成本　　96 000
　　贷：制造费用　　96 000

并已据以登记入账。

(5) 结转本期完工产品生产成本 538 000 元，编制的会计分录为：

借：库存商品　　538 000
　　贷：生产成本　　538 000

登记入账时，误记为 583 000 元。

(6) 职工预借差旅费 5 000 元，编制的会计分录为：

借：管理费用　　5 000
　　贷：库存现金　　5 000

并已据以登记入账。

(7) 计提管理用固定资产的折旧 10 000 元，编制的会计分录为：

借：管理费用　　1 000
　　贷：累计折旧　　1 000

并已据以登记入账。

(8) 销售部门领用材料 6 000 元，编制的会计分录为：

借：销售费用　　60 000
　　贷：原材料　　60 000

并已据以登记入账。

(9) 管理部门购买办公用品500元，编制的会计分录为：

借：管理费用　　500

　　贷：库存现金　　500

但是登记账簿时，误将“管理费用”账户登记为50元。

(10) 管理部门领用甲材料300元，填制的会计分录为：

借：生产成本　　300

　　贷：原材料　　300

并已据以登记入账。

要求：分别指出上述错账应采用何种更正方法，并编制相应的错账更正会计分录。

参考答案

一、单项选择题

1. D	2. C	3. D	4. B	5. A
6. C	7. B	8. D	9. C	10. D
11. B	12. A	13. C	14. D	15. A
16. C	17. A	18. B	19. C	20. C

二、多项选择题

1. ABD	2. BCD	3. BC	4. AD	5. AB
6. ACD	7. BCD	8. ABCD	9. BD	10. ABC
11. BD	12. ABC	13. ACD	14. ABC	15. ABCD
16. ACD	17. BD	18. ABD	19. AB	20. AB

三、判断题

1. ×	2. ×	3. ○	4. ○	5. ○
6. ×	7. ×	8. ○	9. ○	10. ×
11. ○	12. ×	13. ×	14. ○	15. ×
16. ×	17. ○	18. ○	19. ×	20. ×

四、综合分析题

1. （本小题5分）

本期销售收入24 700；24 700

本期购货成本20 150；20 150

本期可供销售商品成本合计22 150；22 150

本期销售成本（月末实地盘存数量为398件）18 316.26；18 297

本期销售毛利 6 383.74；6 403

加权平均单位成本：22 150 ÷（200 + 500 + 700 + 700 + 200）= 9.63（元/件）。

2.（本小题 5 分）

（1）收到 A 公司投资时

借：固定资产　　3 000 000

　　贷：实收资本——A　　3 000 000

收到 B 公司投资时

借：固定资产　　2 000 000

　　无形资产　　1 000 000

　　贷：实收资本——B　　3 000 000

收到 C 公司投资时

借：银行存款　　3 000 000

　　贷：实收资本——C　　3 000 000

（2）收到 D 公司投资时

借：银行存款　　4 000 000

　　贷：实收资本——D　　3 000 000

　　　　资本公积——资本溢价　　1 000 000

3.（本小题 5 分）

（1）货币资金 = 1 000 + 30 740 = 31 740

（2）存货 = 56 000 + 72 460 + 12 800 = 141 260

（3）应收账款 = 81 900

（4）预付账款 = 37 200

（5）固定资产 = 650 000 − 143 200 = 506 800

（6）应付账款 = 102 000

（7）预收账款 = 25 300 + 3 200 = 28 500

（8）未分配利润 = 248 000 − 90 000 = 158 000

（9）短期借款 = 40 000

（10）实收资本 = 454 000

4.（本小题 10 分）

（1）借：银行存款　　60 000

　　　　贷：短期借款　　60 000

（2）借：预付账款——甲公司　　50 000

　　　　贷：银行存款　　50 000

借：银行存款　　40 000

　　贷：预收账款——乙公司　　40 000

（3）借：原材料　40 000
　　应交税费——应交增值税（进项税额）　6 800
　　贷：预付账款——甲公司　46 800
（4）借：预收账款——乙公司　59 000
　　贷：主营业务收入　50 000
　　　　应交税费——应交增值税（销项税额）　8 500
　　　　银行存款　500
（5）借：银行存款　300
　　贷：财务费用　300

银行存款日记账

20×7年		凭证		摘要	收入	支出	余额
月	日	种类	编号				
12	1			期初余额			200 000
	1			向银行借款	60 000		260 000
	8			预付货款		50 000	210 000
	8			预收货款	40 000		250 000
	23			代垫运费		500	249 500
	24			存款利息	300		249 800
12	31			本期发生额及期末余额	100 300	50 500	249 800

5.（本小题10分）
（1）借：生产成本——A产品　120 000
　　　　　　　——B产品　78 000
　　制造费用　3 000
　　管理费用　2 000
　　贷：原材料——甲材料　203 000
（2）借：生产成本——A产品　67 000
　　　　　　　——B产品　47 000
　　制造费用　17 100
　　管理费用　22 800
　　贷：应付职工薪酬　153 900
（3）借：制造费用　4 000
　　管理费用　1 000
　　贷：累计折旧　5 000
（4）借：制造费用　4 400

贷：银行存款 4 400

(5) 制造费用合计 = 3 000 + 17 100 + 4 000 + 4 400 = 28 500（元）

借：生产成本——A 产品 16 750

——B 产品 11 750

贷：制造费用 28 500

(6) A 产品单位成本 = (120 000 + 67 000 + 16 750) ÷ 20 = 10 187.5（元/件）

B 产品单位成本 = (78 000 + 47 000 + 11 750) ÷ 30 = 4 558.33（元/件）

借：库存商品——A 产品 203 750

——B 产品 136 750

贷：生产成本——A 产品 203 750

——B 产品 136 750

(7) 借：银行存款 570 960

贷：主营业务收入 488 000

应交税费——应交增值税（销项税额） 82 960

(8) 借：主营业务成本 297 333.25

贷：库存商品——A 产品 183 375

——B 产品 113 958.25

(9) 借：原材料 23 000

贷：待处理财产损溢 23 000

(10) 借：坏账准备 100 000

贷：应收账款——丙公司 100 000

6.（本小题 15 分）

(1) 补充登记法

借：生产成本 9 000

贷：原材料 9 000

(2) 红字更正法

借：固定资产 [20 000]

贷：资本公积 [20 000]

借：固定资产 20 000

贷：实收资本 20 000

(3) 红字更正法

借：管理费用 [8 100]

贷：应付利息 [8 100]

借：财务费用 1 800

贷：应付利息 1 800

（4）红字更正法

借：生产成本 [27 000]

贷：制造费用 [27 000]

（5）划线更正法

用红线划掉583 000，在其上方更正为538 000。

（6）红字更正法

借：管理费用 [5 000]

贷：库存现金 [5 000]

借：其他应收款 5 000

贷：库存现金 5 000

（7）补充登记法

借：管理费用 9 000

贷：累计折旧 9 000

（8）红字更正法

借：销售费用 [54 000]

贷：原材料 [54 000]

（9）划线更正法

将管理费用账户中的50用红线划掉，在上方更正为500。

（10）红字更正法

借：生产成本 [300]

贷：原材料 [300]

借：管理费用 300

贷：原材料 300

江苏省2006年会计从业资格考试《会计基础》试题

一、单项选择题（下列每小题备选答案中，只有一个符合题意的正确答案。请将选定的答案编号，用英文大写字母填入括号内。本类题共15分，每小题1分。多选、错选、不选均不得分）

1. 由企业在日常活动所发生的、会导致所有者权益减少的、与向所有者分配利润无关的经济利益的总流出称为（　　）。

A. 损失　　B. 费用　　C. 负债　　D. 所有者权益

2. 某企业6月初资产总额为150 000元，负债总额为50 000元，6月份发生下列经济业务：取得收入共计60 000元，发生费用共计40 000元，则6月底该企业的所有者权益总额为（　　）元。

A. 120 000　　B. 60 000　　C. 35 000　　D. 170 000

3. 下列项目中属于货币资金的是（　　）。

A. 商业承兑汇票　　B. 银行承兑汇票

C. 银行本票存款　　D. 可转换债券

4. 有关会计科目与账户的关系，下列说法中不正确的是（　　）。

A. 两者口径一致，性质相同

B. 账户是设置会计科目的依据

C. 没有账户，就无法发挥会计科目的作用

D. 会计科目不存在结构，而账户则具有一定的格式和结构

5. 下列账户中属于损益类的是（　　）。

A. 预提费用　　B. 营业费用　　C. 制造费用　　D. 利润分配

6. 下列明细账户中应采用贷方多栏式账页格式的是（　　）。

A. 管理费用　　B. 本年利润

C. 主营业务收入　　D. 应交税金——应交增值税

7. 下列记账错误中不能通过试算平衡检查发现的是（　　）。

A. 将某一账户的发生额500元，误写成5 000元

B. 漏记了某一账户的发生额

C. 将应记入“管理费用”账户的借方发生额，误记入“制造费用”账户的借方

D. 重复登记了某一账户的发生额

8. 下列关于借贷记账法的表述中，正确的是（　　）。

A. 在借贷记账法下，“借”代表增加，“贷”代表减少

B. 在借贷记账法下，资产增加记借方，负债减少记贷方

C. 在借贷记账法下，可以利用试算平衡检查出所有记账错误

D. 借贷记账法是复式记账法的一种

9. 某公司于2005年10月12日开出一张现金支票，对出票日期正确的填写方法是（　　）。

A. 贰零零伍年壹拾月拾贰日　　B. 贰零零伍年零壹拾月壹拾贰日

C. 贰零零伍年拾月壹拾贰日　　D. 贰零零伍年零拾月壹拾贰日

10. 账户发生额试算平衡方法是根据（　　）来确定的。

A. 借贷记账法的记账规则　　B. 资产=负债+所有者权益

C. 收入-费用=利润　　D. 平行登记原则

11. 下列错账中，可以采用补充登记法更正的是（　　）。

A. 在结账前发现账簿记录有文字或数字错误，而记账凭证没有错误

B. 记账后在当年内发现记账凭证所记的会计科目错误

C. 记账后在当年内发现记账凭证所记金额大于应记金额

D. 记账后发现记账凭证填写的会计科目无误，只是所记金额小于应记金额

12. 各种账务处理程序的主要区别是（　　）。

A. 凭证格式不同　　B. 设置账户不同

C. 程序繁简不同　　D. 登记总账的依据不同

13. 某公司2005年12月31日编制的利润表中“本月数”一栏反映了（　　）。

A. 2005年12月31日利润或亏损的形成情况

B. 2005年1~12月累计利润或亏损的形成情况

C. 2005年12月利润或亏损的形成情况

D. 2005年第4季度利润或亏损的形成情况

14. 下列既可以作为登记总账依据，又可以作为登记明细账依据的是（　　）。

A. 记账凭证　　B. 汇总记账凭证

C. 原始凭证　　D. 汇总原始凭证

15. 对实物资产进行清查盘点时，（　　）必须在场。

A. 实物保管员　　B. 记账人员

C. 会计主管　　D. 单位领导

二、多项选择题（下列每小题备选答案中，有两个或两个以上符合题意的正确答案。请将选定答案的编号，用英文大写字母填入括号内。本类题共 20 分，每小题 1 分。多选、少选、错选、不选均不得分）

1. 下列说法中正确的有（　　）。

A. 会计核算过程中采用货币为统一的计量单位

B. 我国企业进行会计核算只能以人民币作为记账本位币

C. 业务收支以外币为主的单位可以选择某种外币作为记账本位币

D. 在境外设立的中国企业向国内报送的财务报告，应当折算为人民币

2. 下列项目中可以作为一个会计主体进行核算的有（　　）。

A. 母公司　　B. 分公司

C. 母公司和子公司组成的企业集团　　D. 销售部门

3. 下列项目中属于财务成果的计算和处理内容的有（　　）。

A. 利润的计算　　B. 所得税的计算

C. 利润分配　　D. 亏损弥补

4. 下列各项经济业务中，能使企业资产总额和负债总额同时发生减少变化的有（　　）。

A. 用现金支付职工工资

B. 从某企业购买材料一批，货款未付

C. 将资本公积转增资本

D. 用银行存款偿还所欠货款

5. 有关损益类账户，下列表述正确的有（　　）。

A. 费用类账户的增加额记借方

B. 收入类账户的减少额记借方

C. 期末一般无余额

D. 年末一定要直接结转到“利润分配”账户

6. 关于会计科目，下列说法正确的有（　　）。

A. 会计科目是对会计要素的进一步分类

B. 会计科目按其所提供信息的详细程度及其统驭关系不同，分为总分类科目和明细分类科目

C. 会计科目可以根据企业的具体情况自行设定

D. 会计科目是设置账户的依据

7. 在填制记账凭证时，下列做法中错误的有（　　）。

A. 将不同类型业务的原始凭证合并编制一份记账凭证

B. 一个月内的记账凭证连续编号

C. 从银行提取现金时只填制现金收款凭证

D. 更正错账的记账凭证可以不附原始凭证

8. 下列项目中应计入材料采购成本的有（　　）。

A. 材料买价　　B. 采购人员的差旅费

C. 入库前的挑选整理费　　D. 运输途中合理损耗

9. 记账凭证的填制可以根据（　　）。

A. 每一张原始凭证　　B. 若干张同类原始凭证

C. 原始凭证汇总表　　D. 不同内容和类别的原始凭证

10. 记账凭证填制以后，必须有专人审核，下列各项中属于其审核的主要内容的有（　　）。

A. 是否符合原始凭证

B. 会计分录是否正确，对应关系是否清晰

C. 经济业务是否合法、合规，有无违法乱纪行为

D. 有关项目是否填列完备，有关人员签章是否齐全

11. 下列说法中正确的有（　　）。

A. 从个人取得的原始凭证，必须有填制人员的签名盖章

B. 对于已预先印有编号的原始凭证在写错作废时不需进行任何处理，但不得撕毁

C. 外来原始凭证遗失时，只需取得原签发单位盖有公章的证明，可代作原始凭证

D. 会计凭证具有监督经济活动，控制经济运行的作用

12. 下列说法中不正确的有（　　）。

A. 企业应收、应付账款明细账与对方单位账户记录核对属于账账核对

B. 所有账簿，每年必须更换新账

C. 除结账和更正错账外，一律不得用红色墨水登记账簿

D. 账簿记录正确并不一定保证账实相符

13. 下列项目中属于对账范围的有（　　）。

A. 账簿记录与有关会计凭证的核对

B. 库存商品明细账余额与库存商品的核对

C. 日记账余额与有关总分类账户余额的核对

D. 账簿记录与报表记录的核对

14. 资产负债表的数据来源，可以通过下列（　　）方式取得。

A. 根据总账科目余额直接填列　　B. 根据总账科目余额计算填列

C. 根据记账凭证直接填列　　D. 根据明细科目余额计算填列

15. 下列对账工作中，属于账账核对的有（　　）。

A. 银行存款日记账与银行对账单的核对

B. 应收、应付款项明细账与债权、债务人账项核对

C. 财产物资明细账与财产物资保管明细账核对

D. 现金日记账余额与现金总账余额核对

16. 下列（ ）情况下，企业应对其财产进行全面清查。

A. 年终决算前　　B. 企业进行股份制改制前

C. 更换仓库保管员　　D. 企业破产

17. 企业年度、半年度财务会计报告应当包括（ ）。

A. 资产负债表、利润表、现金流量表及相关附表

B. 会计账簿

C. 会计报表附注

D. 财务情况说明书

18. 编制资产负债表时，下列项目中需根据有关总账账户期末余额分析、计算填列的有（ ）。

A. 货币资金　　B. 预付账款　　C. 存货　　D. 应收票据

19. 下列项目中属于总账与明细账平行登记要点的有（ ）。

A. 所依据的会计凭证相同

B. 借贷方向相同

C. 所属会计期间相同

D. 记入总账的金额与记入所属明细账金额合计相等

20. 下列会计档案中需要永久保管的有（ ）。

A. 会计档案移交清册　　B. 会计档案保管清册

C. 现金和银行存款日记账　　D. 年度决算会计报表

三、判断题（请在每小题后面的括号内填入判断结果，认为正确的用“○”表示、错误的用“×”表示。每小题判断结果正确的得0.5分，判断结果错误、不判断的均不得分。本类题共10分，每小题0.5分）

1. 会计主体与法人并非是对等的概念，会计主体可以是法人，但法人不一定是会计主体。（ ）

2. 企业如果在一定期间内发生了亏损，必将导致该企业的所有者权益减少。（ ）

3. 在借贷记账法下，损益类账户的借方登记增加数，贷方登记减少数，期末一般无余额。（ ）

4. 会计科目是根据账户设置的，具有一定的格式和结构，用于分类反映会计要素增减变动情况及其结果的载体。（ ）

5. 利润表的格式主要有多步式利润表和单步式利润表两种，我国企业采用的是多步式利润表格式。（ ）

6. 借贷记账法的记账规则为：有借必有贷，借贷必相等。即对于每一笔经济业务均只要在两个账户中以借方和贷方相等的金额进行登记。（ ）

7. 应收账款明细账户若出现贷方余额，而该账户的余额栏前又未印明余额方向的，应用红字登记其余额。（ ）

8. 通过平行登记，可以使总分类账户与其所属明细分类账户保持统驭关系，便于核对与检查，纠正错误与遗漏。（ ）

9. 预收账款是资产类科目，预付账款是负债类科目。（ ）

10. 发生额试算平衡是根据资产与权益的恒等关系，检验本期发生额记录是否正确的方法。（ ）

11. 记账以后，发现记账凭证中会计科目及账户对应关系正确，而所记金额大于应记金额，可以用红字登记法予以更正。（ ）

12. 现金日记账的账页格式均为三栏式，而且必须使用订本账。（ ）

13. 银行已经付款记账而企业尚未付款记账，会使开户单位银行存款账面余额大于银行对账单的存款余额。（ ）

14. 待摊费用是指预先提取，以后再计入成本的费用。（ ）

15. 科目汇总表账务处理程序的优点在于：既简化了核算手续，又保持了科目之间的对应关系。（ ）

16. 无论采用永续盘存制还是实地盘存制，都需要对财产物资进行清查。（ ）

17. 从银行提取现金的业务应同时根据现金收款凭证登记现金日记账和银行存款日记账。（ ）

18. 复式记账法是以资产与权益平衡关系作为记账基础，对于每一笔经济业务，均要在两个或两个以上相互联系的账户中进行登记，系统地反映资金运动变化结果的一种记账方法。（ ）

19. 年终结账后，“利润分配——未分配利润”账户余额在借方表示尚未弥补的亏损。（ ）

20. 会计报表按其反映的内容，可以分为动态会计报表和静态会计报表，资产负债表是反映在某一时期企业财务状况的会计报表。（ ）

四、综合分析题（本类题共6题，共55分。第1小题9分，第2小题6分，第3小题8分，第4小题10分，第5小题10分，第6小题12分。凡要求计算的项目，均须列出计算过程；“应交税金”账户和“生产成本”账户必须列明明细科目）

1. A公司2006年6月发生的经济业务已编成如下会计分录：

（1）借：银行存款　　300 000
　　贷：实收资本　　300 000
（2）借：应收账款——B 公司　　58 500
　　贷：主营业务收入——甲产品　　50 000
　　　　应交税金——应交增值税（销项税额）　　8 500
（3）借：现金　　200
　　管理费用　　1 800
　　贷：其他应收款——张某　　2 000
（4）借：物资采购——乙材料　　30 000
　　应交税金——应交增值税（进项税额）　　5 100
　　贷：银行存款　　35 100
（5）借：应付账款——C 公司　　20 000
　　贷：银行存款　　20 000

要求：

（1）根据上述每笔会计分录分别写出相对应的经济业务内容。

（2）根据上述会计分录编制科目汇总表。

科目汇总表

2006 年 6 月 30 日

会计科目	借方发生额	贷方发生额
现金		
银行存款		
应收账款		
其他应收款		
物资采购		
应付账款		
应交税金		
实收资本		
管理费用		
主营业务收入		
合计		

2. 某企业 2006 年 3 月 31 日的银行存款日记账账面余额为 385 200 元，银行对账单上存款余额为 357 500 元。经逐笔核对，发现有以下未达账项及相关错误：

（1）3月26日企业开出转账支票29 000元支付前欠货款，持票人尚未到银行办理转账。

（2）3月27日企业采用托收承付方式销货，银行已收到货款18 000元，企业未接到入账通知单。

（3）3月28日企业送存转账支票一张12 900元，企业已登记入账，银行尚未入账。

（4）3月29日银行代企业支付水电费5 800元，企业尚未收到银行的付款通知。

（5）3月30日企业收到甲公司转账支票一张56 000元，偿付其前欠货款，银行尚未入账，但企业编制记账凭证时误记成如下会计分录，并登记入账。

借：银行存款　　65 000

　　贷：应收账款　　65 000

要求：

（1）对于上述3月30日的错误请指出应采用何种更正方法，并加以更正。

（2）编制银行存款余额调节表。

银行存款余额调节表

2006年3月31日

项目	金额	项目	金额
银行存款日记账余额 加：银行已收企业未收的款项 减：银行已付企业未付的款项		银行对账单余额 加：企业已收银行未收的款项 减：企业已付银行未付的款项	
调节后存款的余额		调节后存款的余额	

3. 已知B公司2005年年末总资产比年初总资产多200 000元，年末流动资产是年末流动负债的6倍。2005年年末的资产负债表（简表）如下：

资产负债表（简表）

2005年12月31日

制表单位：B公司　　单位：元

资产	年初数	年末数	负债所有者权益	年初数	年末数
流动资产：			流动负债		
货币资金	67 500	57 200	短期借款	20 000	23 600
应收账款	73 500	（　）	应付账款	22 500	（　）
存货	（　）	138 200	应交税金	（　）	16 500
待摊费用	26 000	29 500	流动负债合计	（　）	62 700

续表

资产	年初数	年末数	负债所有者权益	年初数	年末数
流动资产合计	（ ）	（ ）	长期负债		
固定资产			长期借款	180 000	350 000
固定资产原价	（ ）	（ ）	所有者权益		
减：累计折旧	65 200	73 200	实收资本	315 000	315 000
固定资产净值	385 000	（ ）	盈余公积	72 000	（ ）
			所有者权益合计	（ ）	（ ）
资产总计	（ ）	（ ）	负债及所有者权益总计	615 000	（ ）

要求：请填写完成上表括号中的数据。

4. ABC 公司 2005 年 12 月 31 日部分总分类及明细账户的期末余额如下：

总分类账户余额

总分类账户	借方余额	贷方余额
现金	1 895	
银行存款	1 298 000	
应收账款	4 000	
待摊费用	2 800	
物资采购	26 500	
原材料	176 000	
库存商品	9 200	
生产成本	18 000	
应付福利费	12 500	
利润分配	16 400	
预收账款		8 500
短期借款		40 000
预提费用		5 800
长期借款		200 000

有关明细账户余额

账户		金额
应收账款	借	4 000
——A 公司	借	5 500
——B 公司	贷	1 500
预收账款	贷	8 500
——C 公司	贷	10 000

续表

账户		金额
——D公司	借	1 500
预提费用	贷	5 800
——借款利息	贷	6 200
——大修理费	借	400

补充资料：长期借款中将于一年内到期归还的长期借款为60 000元。

要求：根据上述资料，计算ABC公司2005年12月31日资产负债表的下列项目：

（1）货币资金 =

（2）应收账款 =

（3）待摊费用 =

（4）预收账款 =

（5）预提费用 =

（6）短期借款 =

（7）长期借款 =

（8）存货 =

（9）应付福利费 =

（10）未分配利润 =

5. 大明公司为增值税一般纳税企业，2006年1月发生下列经济业务（假定发生的运费不考虑增值税扣除问题）：

（1）1月4日，购入甲、乙两种材料，取得的增值税专用发票上注明：甲材料5000千克，每千克30元，计150 000元，增值税25 500元；乙材料8 000公斤，每公斤40元，计320 000元，增值税54 400元；甲、乙两种材料的运杂费3 900元（其中甲分担1 500元，乙分担2 400元），全部款项均以银行存款支付。

（2）1月7日，甲、乙两种材料已运到并验收入库，结转其实际成本。

（3）1月8日，仓库发出材料，用于产品生产，资料如下：

A产品领用：甲材料2 000公斤，计60 000元；乙材料3000公斤，计120 000元；

B产品领用：甲材料500公斤，计15 000元；乙材料1 000公斤，计40 000元；

车间一般耗用：甲材料200公斤，计6 000元；

厂部一般耗用：乙材料100公斤，计4 000元。

（4）1月15日，计提固定资产折旧6 300元，其中生产车间负担4 300元，企业管理部门负担2 000元。

（5）1月31日，分配结转本月份职工工资100 000元，其中：

A产品生产工人工资　　50 000元

B产品生产工人工资　　30 000元

管理人员工资　　5 000元

厂部管理人员工资　　15 000元

（6）1月31日，按工资总额的14%计提本月职工福利费。

（7）1月31日，计算并结转本月发生的制造费用（按生产工人工资比例分配）。

（8）1月31日，计算并结转本月份完工入库产品成本（假定A、B产品均已全部完工，且期初均无在产品）。

要求：根据上述经济业务编制会计分录。

6. 假定和平公司为增值税一般纳税人，适用的增值税税率为17%，2005年1~11月“本年利润”账户贷方余额为792 610元。12月份发生如下经济业务：

（1）出售给甲公司A产品500件，价款为200 000元，增值税为34 000元；B产品300件，价款为180 000元，增值税为30 600元，全部款项尚未收到。

（2）以银行存款支付广告费8 600元。

（3）向希望工程捐款30 000元，用转账支票支付。

（4）摊销本月应由行政管理部门负担的房租2 400元。

（5）结转本月产品销售成本196 000元（其中A产品成本为110 000元，B产品成本为86 000元）。

（6）计算本月应交营业税18 000元，应交城市维护建设税11 000元。

（7）结转本月损益类账户余额。

（8）按33%的税率计算并结转本月所得税。

（9）按本年税后利润的10%提取法定盈余公积金。

（10）经股东大会批准，本年度向投资者分配利润580 000元。

（11）年终结转本年利润账户余额。

（12）年终结转利润分配明细账户余额。

要求：根据上述资料编制有关会计分录。

参考答案

一、单项选择题

1. B　　2. A　　3. C　　4. B　　5. B

6. C　7. C　8. D　9. B　10. A
11. D　12. D　13. C　14. A　15. A

二、多项选择题

1. ACD　2. ABCD　3. ABCD　4. AD　5. ABC
6. ABD　7. AC　8. ACD　9. ABC　10. ABD
11. AD　12. ABC　13. ABC　14. ABD　15. CD
16. ABD　17. ACD　18. AC　19. ABCD　20. BD

三、判断题

1. ×　2. ×　3. ×　4. ×　5. ○
6. ×　7. ○　8. ○　9. ×　10. ×
11. ○　12. ×　13. ○　14. ×　15. ×
16. ○　17. ×　18. ×　19. ○　20. ×

四、综合分析题

1.（本小题9分）

经济业务内容：

（1）收到投资者投入货币资金300 000元，存入银行账户。

（2）向B公司销售甲产品一批，货款50 000元，增值税额8 500元，款项尚未收到。

（3）管理部门职工张某报销差旅费1 800元，退还现金200元，张某出差前预借差旅费2 000元。

（4）采购乙材料一批，货款30 000元，增值税额5 100元，款项已通过银行支付。

（5）用银行存款偿还前欠C公司货款20 000元。

科目汇总表

2006年6月30日

会计科目	借方发生额	贷方发生额
现金	200	
银行存款	300 000	55 100
应收账款	58 500	
其他应收款		2 000
物资采购	30 000	
应付账款	20 000	

续表

会计科目	借方发生额	贷方发生额
应交税金	5 100	8 500
实收资本		300 000
管理费用	1 800	
主营业务收入		50 000
合计	415 600	415 600

2.（本小题6分）

采用红字更正法更正

借：银行存款　　　　9 000

　贷：应收账款　　　　9 000

银行存款余额调节表

2006年3月31日

项目	金额	项目	金额
银行存款日记账余额	385 200	银行对账单余额	357 500
加：银行已收企业未收的款项	18 000	加：企业已收银行未收的款项	68 900
减：银行已付企业未付的款项	5 800	减：企业已付银行未付的款项	29 000
调节后存款的余额	397 400	调节后存款的余额	397 400

3.（本小题8分）

资产负债表（简表）

2005年12月31日

制表单位：B公司　　　　单位：元

资产	年初数	年末数	负债所有者权益	年初数	年末数
流动资产：			流动负债		
货币资金	67 500	57 200	短期借款	20 000	23 600
应收账款	73 500	（151 300）	应付账款	22 500	（22 600）
存货	（63 000）	138 200	应交税金	（5 500）	16 500
待摊费用	26 000	29 500	流动负债合计	（48 000）	62 700
流动资产合计	（230 000）	（376 200）	长期负债		
固定资产			长期借款	180 000	350 000

续表

资产	年初数	年末数	负债所有者权益	年初数	年末数
固定资产原价	(450 200)	(512 000)	所有者权益		
减：累计折旧	65 200	73 200	实收资本	315 000	315 000
固定资产净值	385 000	(438 800)	盈余公积	72 000	(87 300)
			所有者权益合计	(387 000)	(402 300)
资产总计	(615 000)	(815 000)	负债及所有者权益总计	615 000	(815 000)

4.（本小题10分）

（1）货币资金 = 1 895 + 1 298 000 = 1 299 895

（2）应收账款 = 5 500 + 1 500 = 7 000

（3）待摊费用 = 2 800 + 400 = 3 200

（4）预收账款 = 10 000 + 1 500 = 11 500

（5）预提费用 = 6 200

（6）短期借款 = 40 000

（7）长期借款 = 200 000 - 60 000 = 140 000

（8）存货 = 26 500 + 176 000 + 9 200 + 18 000 = 229 700

（9）应付福利费 = -12 500

（10）未分配利润 = -16 400

5.（本小题10分）

（1）借：在途物资——甲材料　151 500
　　　　　　　——乙材料　322 400
　　　应交税金——应交增值税（进项税额）　79 900
　　　贷：银行存款　553 800

（2）借：原材料——甲材料　151 500
　　　　　　——乙材料　322 400
　　　贷：在途物资——甲材料　151 500
　　　　　　　　——乙材料　322 400

（3）借：生产成本——A产品　180 000
　　　　　　　——B产品　55 000
　　　制造费用　6 000
　　　管理费用　4 000
　　　贷：原材料——甲材料　81 000
　　　　　　　——乙材料　164 000

（4）借：制造费用　　4 300
　　管理费用　　2 000
　　贷：累计折旧　　6 300
（5）借：生产成本——A 产品　　50 000
　　　　——B 产品　　30 000
　　制造费用　　5 000
　　管理费用　　15 000
　　贷：应付职工薪酬——工资　　100 000
（6）借：生产成本——A 产品　　7 000
　　　　——B 产品　　4 200
　　制造费用　　700
　　管理费用　　2 100
　　贷：应付职工薪酬——职工福利　　14 000
（7）制造费用分配率 = 16 000 ÷（50 000 + 30 000）= 0.2
A 产品应负担制造费用 = 50 000 × 0.2 = 10 000
B 产品应负担制造费用 = 30 000 × 0.2 = 6 000
借：生产成本——A 产品　　10 000
　　　　——B 产品　　6 000
　　贷：制造费用　　16 000
（8）A 产品生产成本 = 180 000 + 50 000 + 7 000 + 10 000 = 247 000
B 产品生产成本 = 55 000 + 30 000 + 4 200 + 6 000 = 95 200
借：库存商品——A 产品　　247 000
　　　　——B 产品　　95 200
　　贷：生产成本——A 产品　　247 000
　　　　——B 产品　　95 200

6.（本小题 12 分）
（1）借：应收账款　　444 600
　　贷：主营业务收入　　380 000
　　　　应交税金——应交增值税（销项税额）　　64 600
（2）借：销售费用　　8 600
　　贷：银行存款　　8 600
（3）借：营业外支出　　30 000
　　贷：银行存款　　30 000
（4）借：管理费用　　2 400
　　贷：待摊费用　　2 400

（5）借：主营业务成本 196 000
　　贷：库存商品——A产品 110 000
　　　　　　　——B产品 86 000
（6）借：营业税金及附加 29 000
　　贷：应交税费——应交营业税 18 000
　　　　　　　——应交城市维护建设税 11 000
（7）借：主营业务收入 380 000
　　贷：本年利润 380 000
借：本年利润 266 000
　贷：主营业务成本 196 000
　　营业税金及附加 29 000
　　管理费用 2 400
　　销售费用 8 600
　　营业外支出 30 000
（8）本年所得税费用＝（380 000－266 000）×33%＝37 620
借：所得税费用 37 620
　贷：应交税费——应交所得税 37 620
借：本年利润 37 620
　贷：所得税费用 37 620
（9）提取的法定盈余公积＝（792 610＋380 000－266 000－37 620）×10%＝86 899
借：利润分配——提取法定盈余公积 86 899
　贷：盈余公积——法定盈余公积 86 899
（10）借：利润分配——应付现金股利 580 000
　　贷：应付股利 580 000
（11）借：本年利润 868 990
　　贷：利润分配——未分配利润 868 990
（12）借：利润分配——未分配利润 666 899
　　贷：利润分配——提取法定盈余公积 86 899
　　　　　　　——应付现金股利 580 000

江苏省2005年会计从业资格考试《会计基础》试题

一、单项选择题（下列每小题备选答案中，只有一个符合题意的正确答案。请将选定的答案编号，用英文大写字母填入括号内。本类题共15分，每小题1分。多选、错选、不选均不得分）

1. 下列业务不影响会计等式中资产总额变化的是（　　）。

A. 以银行存款支付税款　　B. 向银行借款存入银行

C. 用银行存款购入原材料　　D. 提取固定资产折旧

2. （　　）是会计主体在可以预见的未来，将根据正常的经营方针和既定的经营目标经营下去。

A. 会计分期　　B. 持续经营　　C. 会计主体　　D. 货币计量

3. 有价证券是指表示一定财产拥有权或支配权的证券，如（　　）。

A. 银行汇票　　B. 银行本票　　C. 股票　　D. 支票

4. 开设明细分类账户的依据是（　　）。

A. 总分类科目　　B. 明细分类科目

C. 试算平衡表　　D. 会计要素内容

5. 下列会计分录中，属于简单分录的有（　　）。

A. 一借一贷　　B. 一借多贷　　C. 一贷多借　　D. 多借多贷

6. 向银行提取现金备用，应根据有关原始凭证填制（　　）。

A. 收款凭证　　B. 付款凭证

C. 转账凭证　　D. 收款和付款凭证

7. 下列选项中不能作为编制记账凭证依据的是（　　）。

A. 收货单　　B. 发票　　C. 发货单　　D. 购销合同

8. 在启用之前就已将账页装订在一起，并对账页进行了连续编号的账簿称为（　　）。

A. 订本账　　B. 活页账　　C. 卡片账　　D. 联合式账

9. 将每一相关的业务登记在一行，从而可依据每一行各个栏目的登记是否齐全来判断该项业务的进展情况的明细分类账格式属于（　　）。

A. 三栏式　　B. 多栏式　　C. 数量金额式　　D. 横线登记式

10. 下列项目中，属于汇总记账凭证账务处理程序和科目汇总表账务处理程序共同具有的优点是（　　）。

A. 总分类账可以较详细地反映经济业务的发生情况

B. 减轻了登记总分类账的工作量

C. 能反映账户之间的对应关系

D. 简明易懂，方便易学

11. 对于大量成堆难以逐一清点的财产物资的清查，一般采用（　　）法进行清查。

A. 实地盘点　　B. 抽查检验　　C. 查询核对　　D. 技术推算

12. 某公司同时购进A、B两种材料。A材料3 000千克，单价25元，计价款75 000元，增值税为12 750元；B材料2 000千克，单价40元，计价款80 000元，增值税为13 600元。发生运杂费1 500元，所有款项均以银行存款支付。运杂费按材料的重量比例进行分配（不考虑运费的增值税扣除问题）。则其中A材料的采购成本为（　　）元。

A. 75 900　　B. 88 650　　C. 80 600　　D. 87 750

13. 我国企业利润表采用（　　）。

A. 账户式　　B. 单步式　　C. 报告式　　D. 多步式

14. 企业的现金日记账和银行存款日记账保管期限为（　　）。

A. 15年　　B. 3年　　C. 25年　　D. 永久

15. 在借贷记账法下，所有者权益类账户的期末余额等于（　　）。

A. 期初贷方余额 + 本期贷方发生额 – 本期借方发生额

B. 期初借方余额 + 本期贷方发生额 – 本期借方发生额

C. 期初借方余额 + 本期借方发生额 – 本期贷方发生额

D. 期初贷方余额 + 本期借方发生额 – 本期贷方发生额

二、多项选择题（下列每小题备选答案中，有两个或两个以上符合题意的正确答案。请将选定答案的编号，用英文大写字母填入括号内。本类题共20分，每小题2分。多选、少选、错选、不选均不得分）

1. 下列经济业务中会引起资产总额发生变动的业务有（　　）。

A. 向银行提取现金备用　　B. 以银行存款偿还短期借款

C. 银行存款购买机器设备　　D. 收到投资者投入货币资本

2. 采用借贷记账法时，账户的借方一般用来登记（　　）。

A. 资产的增加　　B. 收入的减少　　C. 费用的增加　　D. 负债的增加

3. “限额领料单”属于（　　）。

A. 累计凭证　　B. 记账凭证　　C. 汇总凭证　　D. 自制凭证

4. 差旅费报销时，可能涉及的记账凭证有（　　）。

A. 收款凭证　　B. 付款凭证　　C. 转账凭证　　D. 原始凭证

5. 下列账簿中，一般采用数量金额式的有（ ）。

A. 原材料明细账　　B. 库存商品明细账

C. 产成品明细账　　D. 资本明细账

6. 账账核对主要包括（ ）。

A. 总分类账簿有关账户的余额核对

B. 总分类账簿与所属明细分类账簿核对

C. 总分类账簿与日记账核对

D. 明细分类账簿之间的核对

7. 下列说法不正确的有（ ）。

A. 账户中哪一方登记增加，哪一方登记减少取决于账户的性质

B. 结账前发现账簿记录和记账凭证均有错误，只能用红字更正法

C. 银行存款日记账余额与银行对账单核对属于账实核对

D. 科目汇总表账务处理程序能反映账户的对应关系

8. 下列选项中，可作为编制记账凭证直接依据的有（ ）。

A. 实存账存对比表　　B. 存货盘存清单

C. 现金盘点报告表　　D. 银行存款余额调节表

9. 企业对外报送的财务报告包括（ ）。

A. 会计报表主表　　B. 会计报表附表

C. 会计报表附注　　D. 财务情况说明书

10. 下列项目中属于负债的有（ ）。

A. 预收账款　　B. 资本公积　　C. 待摊费用　　D. 预提费用

三、判断题（请在每小题后面的括号内填入判断结果，认为正确的用“○”表示、错误的用“×”表示。每小题判断结果正确的得1分，判断结果错误、不判断的均不得分。本类题共10分，每小题1分）

1. 货币计量这一基本前提规定了会计核算只能以货币为计量单位。（ ）

2. 会计科目与会计账户反映的经济内容是相同的。（ ）

3. 确实无法取得已丢失的原始凭证，可以由经办人员写明详细情况即可代替原始凭证。（ ）

4. 现金日记账的账页格式均为三栏式，而且必须使用订本账。（ ）

5. 各类账簿都必须直接根据记账凭证登记。（ ）

6. 不论哪种账务处理程序，明细分类账都是根据原始凭证、汇总原始凭证和记账凭证来登记的。（ ）

7. 定期清查可以是局部清查也可以是全面清查。（ ）

8. 资产负债表中各项目的金额反映的是累计发生额，利润表中各项目的金

额反映的是本期发生额。 （ ）

9. 国有企业销毁会计档案时，无须由上级财政部门派员参加监销。 （ ）

10. 如果定期汇总的全部账户记录平衡，说明账户金额记录完全正确。 （ ）

四、综合分析题（本类题共6题，共55分。第1小题10分，第2小题12分，第3小题8分，第4小题5分，第5小题6分，第6小题14分。凡要求计算的项目，均须列出计算过程；"应交税金"账户和"生产成本"账户必须列明明细科目）

1. A公司2005年2月27日银行存款日记账的记录见下表：

2005年		凭证号数	摘要	对方科目	收入	支出	结余
月	日						
2	27		承前页		60 000	20 000	80 000

2月28日至3月2日发生下列收支业务：

（1）2月28日收到甲公司用转账支票支付的前欠货款30 000元。

（2）2月28日以银行存款归还本月到期的短期借款10 000元。

（3）3月1日出售给乙公司产品一批，价款50 000元，增值税8 500元，乙公司以转账支票支付了全部款项。

（4）3月2日以银行存款支付前欠B公司货款6 000元。

要求：

（1）根据上述业务编制会计分录；

（2）登记银行存款日记账，并进行2月份的"月结"；

（3）3月2日的业务登记后，假定该账页已用完，请结计"过次页"。

2. 东方公司2005年3月发生下列经济业务：

（1）6日，以现金购买厂部用办公用品500元；

（2）10日，仓库发出材料一批，用途及金额如下（单位：元）：

用途	甲材料	乙材料	合计
生产 A 产品耗用	35 000		35 000
生产 B 产品耗用	20 000		20 000
车间一般耗用		2 000	2 000
厂部管理部门一般耗用		1 000	1 000
合计	55 000	3 000	58 000

（3）31 日，结转本月职工工资如下（单位：元）：生产 A 产品工人工资 200 000元；生产 B 产品工人工资 150 000 元；车间管理人员工资 50 000 元；厂部管理人员工资 30 000 元；合计 430 000 元。

（4）31 日，按工资总额的 14%计提职工福利费；

（5）31 日计提本月固定资产折旧 30 000 元，其中：车间为 25 000 元，厂部为 5 000 元；

（6）31 日，将本月发生的制造费用转入“生产成本”账户（按生产工人工资比例在 A、B 两种产品之间进行分配）。

要求：

（1）根据上述业务编制会计分录；

（2）计算填列制造费用分配表。

制造费用分配表

2005 年 3 月 31 日

产品名称	生产工人工资（元）	分配率	分配额（元）
A 产品			
B 产品			
合计			

3. 某企业进行财产清查，发现下列情况：

（1）盘亏机器设备一台，原价 6 000 元，已提折旧 2 400 元。

（2）甲材料账面结存数为 300 公斤，单价为 20 元/公斤，实地盘点数为 292 公斤。乙材料账面结存数为 450 公斤，单价为 15 元/公斤，实地盘点数为 460 公斤。经查甲材料盘亏系材料收发过程中计量误差所致。

（3）库存现金短缺 55 元，经查系出纳过失造成。

经批准，上述盘盈、盘亏的实物资产按现行企业会计制度的有关规定处理，短缺现金责成有关过失人赔偿。

要求：根据上述资料编制财产清查结果批准前后的会计分录。

4. 资料：某公司 2005 年 7 月发生下列经济业务（不考虑增值税）：

（1）销售产品5 000元，收到货款存入银行。

（2）销售产品15 000元，货款尚未收到。

（3）预付下半年房屋租金6 000元。

（4）收到A公司上月所欠货款2 000元。

要求：分别按权责发生制和收付实现制原则，计算该公司本月收入和费用，并填入下表。

业务号	权责发生制		收付实现制	
	收入	费用	收入	费用
合计				

5. 红星公司2005年9月30日有关账户的余额如下（单位：元）：

账户	借方余额	贷方余额
现金	1 000	
银行存款	200 000	
材料采购	5 000	
原材料	10 000	
库存商品	20 000	
生产成本	3 000	
应收账款	20 000	
其中：甲公司	30 000	
乙公司		10 000
应付账款		30 000
其中：甲公司	20 000	
乙公司		50 000
应付福利费	15 000	
本年利润		20 000
利润分配		5 000

要求：根据上述资料计算该公司9月30日资产负债表中下列项目的金额。

（1）货币资金＝

（2）应收账款＝

（3）应付账款 =

（4）应付福利费 =

（5）预收账款 =

（6）预付账款 =

6. ABC公司为一般纳税人，适用增值税税率为17%。该公司2005年5月发生以下经济业务：

（1）1日，出售给新华公司A产品500件，单价为100元，款项已收到；

（2）3日，出售给西部公司B产品100件，单价为1 000元，款项尚未收到；

（3）6日，以银行存款支付广告费6 000元；

（4）31日，一次结转本月已销产品的销售成本90 000元，其中：A产品为30 000元，B产品为60 000元；

（5）31日，计算应交城市维护建设税为1 800元；

（6）31日，将收入、费用账户余额转入“本年利润”账户；

（7）31日，按本月利润总额的33%计算应交所得税，并将所得税费用转入“本年利润”账户（不考虑纳税调整）。

要求：

（1）根据上述业务编制会计分录；

（2）根据上述资料分别计算该公司本月的主营业务利润、营业利润、利润总额和净利润。

参考答案

一、单项选择题

1. C	2. B	3. C	4. B	5. A
6. B	7. D	8. A	9. D	10. B
11. D	12. A	13. D	14. C	15. A

二、多项选择题

1. BD	2. ABC	3. AD	4. ABC	5. ABC
6. ABCD	7. BD	8. AC	9. ABCD	10. AD

三、判断题

1. ×	2. ○	3. ×	4. ×	5. ×
6. ○	7. ○	8. ×	9. ○	10. ×

四、综合分析题

1.（本小题10分）